人大重阳
RDCY
【 RDCY Academic Series 】
人大重阳学术作品系列

绿色金融：金融强国的新动能

GREEN FINANCE:
New Momentum of Financial Power

王文　刘锦涛　著

中国金融出版社

责任编辑：张怡姮
责任校对：孙　蕊
责任印制：陈晓川

图书在版编目（CIP）数据

绿色金融：金融强国的新动能／王文，刘锦涛著．—北京：中国金融出版社，2023.9
ISBN 978-7-5220-2166-9

Ⅰ.①绿…　Ⅱ.①王…②刘…　Ⅲ.①金融业—绿色经济—研究—中国　Ⅳ.①F832

中国国家版本馆CIP数据核字（2023）第178186号

绿色金融：金融强国的新动能
LÜSE JINRONG：JINRONG QIANGGUO DE XIN DONGNENG

出版
发行　中国金融出版社

社址　北京市丰台区益泽路2号
市场开发部　(010)66024766，63805472，63439533（传真）
网上书店　www.cfph.cn
　　　　　(010)66024766，63372837（传真）
读者服务部　(010)66070833，62568380
邮编　100071
经销　新华书店
印刷　保利达印务有限公司
尺寸　165毫米×230毫米
印张　19.5
字数　213千
版次　2023年9月第1版
印次　2023年9月第1次印刷
定价　86.00元
ISBN 978-7-5220-2166-9

➤绪　论

金融强国是经济强国的前提和基础，金融业为我国实体经济的发展提供了强有力的支撑作用，并且在推动人民币国际化、提升资本市场的开放化等领域发挥了重要价值。充分利用金融资源、发挥金融实力，有助于为我国的现代化进程挖掘更大规模的国内外投融资机遇，以支持中国的基础设施建设、产业升级和创新发展，促进贸易活动，增加外汇储备，维护国际支付的稳定性。可以说，一个经济强国、贸易强国、科技强国的背后必然也是一个金融强国，并将在全球经济格局和金融体系中扮演着重要的角色，通过金融实力和影响力对国际经济发展产生深远影响。在未来推进中国式现代化的进程之中，我国势必要高度重视金融强国的必要性和重要性，不断在金融体系的改革与升级中促进经济社会的高质量发展。

绿色金融已成为金融强国的新引擎与新动能。在当前“双碳”目标的经济转型需求之下，我国产业经济迎来低碳升级的转折点与增长点，经济高质量发展面临新的要求和挑战，即需要在保障经济增长的同时，重视环境的保护，积极应对全球气候变化，提升生产活动的生态友好性与环境兼容性，实现人与自然和谐共生的现代化。在这一需求之下，金融业支持实体经济绿色发展的新方向得以明确，刚刚起步并蓬勃发展发展的绿色金融有望通过对绿色低碳转型活动与产业的支持和倾斜，为金融强国挖掘新的动能。

因此，在碳中和目标引发全球绿色转型浪潮的重要节点上，从底层逻辑上理解并认识绿色金融的本质，对为何发展绿色金融、怎样发展绿色金融建立理论基础，将有助于为绿色金融相关政策和业务明确科学的目标和方向，塑造"双碳"目标的时代性和创新性。

为此，中国人民大学重阳金融研究院（人大重阳）自2014年以来就开始对绿色金融、气候变化等展开深入研究，组建中国金融学会绿色金融专业委员会，力求为绿色金融建立理论框架和实践方向，包括参与撰写中国首部阐述构建中国绿色金融体系的框架性设想的著作《构建中国绿色金融体系》；发布中国首部关于绿色金融支持"一带一路"国际合作与发展的著作《绿色金融与一带一路》；在2020年提出"双碳目标"后，推出《碳中和与中国未来》一书指引了"双碳"发展的未来方向，为中国绿色低碳经济作出展望；开展一系列专家讲座并出版《碳中和九问》，充分挖掘碳中和目标的重大意义与价值，向世界讲好中国碳中和故事。

自2017年至今，人大重阳每年发布《中国绿色金融发展报告》，阐述绿色金融的最新进展，并扎根地方绿色实践，在2021年推出全球首个"双碳智慧城市监测管理平台"，并在一些县市落地合作。在众多研究成果的基础上，2023年再推出《绿色金融：金融强国的新动能》一书，希望以金融强国的叙事逻辑与脉络，为绿色金融的核心展开了更新的论述。

本书第一篇“理论逻辑”开篇从逻辑和思想升级的角度为绿色金融作出了新的诠释，绿色金融是应对环境问题的一系列金融活动，在资源环境矛盾与可持续发展理念的综合推动下，绿色金融诞生并逐渐深化，并在21世纪应对全球气候变化和碳排放空间约束下焕发了新的生命力，在于中国生态文明建设相结合之后，绿色金融在中国实现了加速演进，成为了金融强国支持生态强国的核心推动力。

第二篇“产业进展”全面阐述了绿色金融为何能在中国实现蓬勃发展，并逐渐渗透到产业经济的各个方面，为绿色发展舒筋活血。自我国提出“双碳”目标以来，以碳中和为基础的一系列顶层政策设计为绿色金融的未来发展指明了新方向，带来了越来越多的金融创新机遇，这使得绿色金融将持续为中国的绿色实体产业和国民经济绿色转型提供源源不断的资金支持。本部分以绿色冬奥和ESG投资等多个新兴绿色金融领域的成就和创新，探讨产业经济背后的绿色金融力量，并从构建中国特色ESG投资生态圈的角度为相关企业参与绿色金融市场及业务提供方向和路径。

第三篇“地方实践”指出了当前我国绿色金融深入地方发展的两大基础方向，一是气候投融资，二是转型金融，二者在此前绿色金融改革创新试验区的基础上，进一步发展、完善并扩充了绿色金融的内涵和外延。气候投融资试点公布后为地方探索应对气候变化、提高绿色低碳产业增量提供未来方向，实现了气候治理的地方分工和市场细化；转型金融则是为地方探索高碳产业存量市场减排路径提供行动方式，关注到了绿色资金很少覆盖到的高碳高排放棕色产业在“双碳”绿色转型过程中的客观需求。在这些产业绿色化升级的基础上，地方建立碳中和城市群将为绿色发展提供更多的区域活力。

第四篇“国际合作”以全球能源格局作为切入点，探讨了当前全球绿色合作的三大趋势：一是欧洲脱碳进程减速，全球绿色发展重心向东移；二是随着气候行动中的利益分化，各种代表特殊利益的“气候联盟”将会形成，成为国际性组织的“最小公倍数”；三是绿色经济的制度型开放优势开始凸显，相比于要素流动和资源竞争，各国寻求绿色标准、规则、框架层面的开放和合作，其成本收益比将会更高。在这一背景下，绿色金融国际合作也正在面对更多元化、更复杂的环境，探索绿色金融的国际合作新方式，将成为中国未来参与全球可持续发进程的重要切入点，也为中国成为国际性金融强国带来了机遇。

第五篇“风险防范”提出了绿色滞涨的新概念，当前部分国家和地区的绿色产业发展之路还尚未找准方向，存在投资失衡、资金错位、增长匮乏、低碳减排效应不明显等问题，产生停滞性的绿色通胀，即绿色滞胀。本部分探讨了中国绿色金融如何防范绿色滞涨，实现绿色产业的稳定健康发展。

第六篇“未来演进”论述了绿色金融不仅仅是绿色产业的发展问题和金融业的变革问题，更应从生态文明和人类命运共同体的视角展开探讨。本部分从生态共同体、中美绿色合作、碳中和大国博弈循序渐进的脉络为中国未来的绿色金融指引前进方向，实现了从人与自然和谐共生的角度看待金融业的本质。

纵观全书，金融强国是一个不断演进和完善的过程，随着中国经济现代化进程的推进，金融强国在不同时期均有其时代性和先进性。在经济进入绿色高质量发展的新阶段，绿色金融为金融强国发挥了新的活力，通过促进社会、环境和经济的协调发展，进一步推动了绿色技术进步和产业低碳升级。可以说，绿色金融将成为金融强国的未来方向，是中国实现绿色现代化的金融基础。

目　录

第一篇　理论逻辑

第二篇　产业进展

第三篇 地方实践

第四篇　国际合作

第五篇　风险防范

第六篇 未来演进

第一篇　理论逻辑

导语：金融对实体经济提供了重要的支持作用，无论是经济强国、科技强国还是贸易强国，背后都离不开金融强国。我国从经济大国走向经济强国的过程，必然伴随着金融 市场和成熟和强大。而在中国式现代化进程开启之后，如何进一步推动经济社会的高质量发展，有待于金融业挖掘新的增长点。为此，刚起步发展的绿色金融凭借着对绿色低碳转型的支持和倾斜，在我国碳达峰、碳中和目标提出之后，为产业经济的升级革命提供了重要的推动作用，逐渐成为金融强国的新动能。因此，从底层逻辑上理解和认识绿色金融的本质，对为何发展绿色金融、怎样发展绿色金融提供了理论基础，也是推进绿色金融相关政策和业务必要性存在的前提。

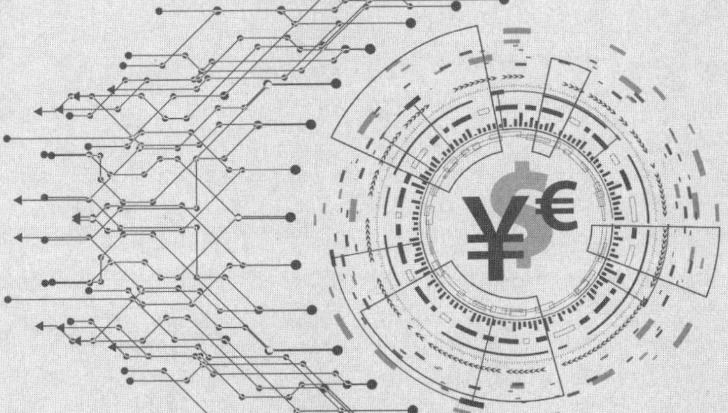

第一章　绿色金融逻辑升级：金融强国思想新动能

经济强国的实现离不开金融强国。在 21 世纪可持续发展的新进程之中，要实现经济绿色化、低碳化的高质量发展，推动绿色强国的实现，则离不开绿色金融的重要动力。绿色金融作为金融强国的新动能，是大国实现可持续发展的必然方向。

绿色金融是应对环境问题的一系列金融活动，在资源环境矛盾与可持续发展理念的综合推动下，绿色金融概念诞生并逐渐深化，并在 21 世纪应对全球气候变化和碳排放空间约束下产生了新增长极。

第一节　碳中和视角下的绿色金融

虽然绿色金融在国内外尚未有统一的标准定义，但从狭义上来看可视为面向一系列环境问题的金融对策，或是支持环境改善与应对气候变化的金融活动，[①] 从广义上来看也可视为一种有助于可持续发展的金融系统。[②] 2015 年 9 月，中共中央、国务院印发《生态文明

① 马骏．中国绿色金融的发展与前景［J］．经济社会体制比较，2016（6）：25-32.

② 国务院发展研究中心“绿化中国金融体系”课题组，张承惠，谢孟哲，田辉，王刚．发展中国绿色金融的逻辑与框架［J］．金融论坛，2016，21（2）：17-28.

体制改革总体方案》，首次提出“建立绿色金融体系”；[①] 2016 年 8 月，中国人民银行、财政部等七部门联合印发了《关于构建绿色金融体系的指导意见》，将绿色金融定义为“为支持环境改善、应对气候变化和资源节约高效利用的经济活动，即对环保、节能、清洁能源、绿色交通、绿色建筑等领域的项目投融资、项目运营、风险管理等所提供的金融服务”，[②] 正式对绿色金融工作展开了全面部署。历经数年发展，2020 年与 2021 年中国绿色投融资资金总量分别达到 26962. 4 万亿元与 28691. 15 万亿元，[③] 绿色金融在中国通过绿色政策和绿色产业分类目录等形式得以规范开展。在中国的现代化建设过程中，随着对美好环境与可持续发展需求的不断扩大，绿色金融正充分融入中国社会经济发展的各个方面，通过对绿色发展的支持实现产业转型升级、提升经济增长潜力，[④] 并成为落实和推进生态文明思想的重要引擎和实践方向。[⑤]

若以传统金融的逻辑和视角看待绿色金融的发展，仅以具备可持续效益的绿色投融资活动而言，其并未体现出绿色金融的独特性和必要性。换言之，金融是逐利的，盈利是金融业持久发展的根本，[⑥] 绿色金融的环境属性意味着它具备“绿色社会责任”与公益

① 中共中央，国务院：《生态文明体制改革总体方案》，中共中央政治局召开会议审议通过，2015 年 9 月 21 日。

② 中国人民银行，财政部，发展改革委，环境保护部，银监会，证监会，保监会：《关于构建绿色金融体系的指导意见》，中华人民共和国国务院新闻办公室，2016 年 8 月 31 日印发。

③ 朱信凯，周月秋，王文，蓝虹，殷红．中国绿色金融发展研究报告 2021 [M]．北京：中国金融出版社，2021：2.

④ 马骏．论构建中国绿色金融体系 [J]．金融论坛，2015，20 (5)：18-27.

⑤ 陈修山．生态文明背景下绿色金融经济管理研究 [J]．环境工程，2021，39 (10)：258.

⑥ 李晓西．绿色金融盈利性与公益性关系分析 [J]．金融论坛，2017，22 (5)：3-11.

性,① 这与传统金融的本质相悖。若某个可持续投资具备较高收益或受到相关部门支持，则市场会加大对其的投入，令逐利性的属性增强，但不具备足够收益将会令其失去投资价值，令公益性的属性增强。这种公益性和逐利性的平衡②是过去相当长时间内绿色金融的发展态势，但事实上，在 21 世纪 20 年代，绿色金融自从与应对全球气候变化紧密挂钩后，产生了飞跃性的新增长极，气候问题揭示了绿色金融的逻辑与本质，而绿色金融与传统金融的区别是明确绿色金融未来发展意义和价值的一大前提。

2021 年可称为“碳中和元年”,③ 全球进入以碳中和目标为核心的应对气候变化与可持续发展新进程,④ 碳中和背后的气候治理变局⑤为 21 世纪带来了前所未有的世界变局，而绿色金融对传统金融的冲击也是这场变局中的重要组成部分。面对变局，中国正以生态文明思想作为顶层指导，以碳中和目标⑥与人类命运共同体⑦为最终方向，开展全社会经济的转型升级。⑧ 对此，应当以碳中和与气候变化背景下绿色金融对传统金融的冲击与融合为切入点，挖掘绿色金融

---

① 詹小颖．我国绿色金融发展的现实困境与制度创新［J］．南方金融，2017（12）：69-75.

② 陈经伟，姜能鹏，李欣．“绿色金融”的基本逻辑、最优边界与取向选择［J］．改革，2019（7）：119-131.

③ 王文，刘锦涛．“碳中和”逻辑下的中国绿色金融发展：现状与未来［J］．当代金融研究，2021（1）：18-26.

④ 王文，刘锦涛．碳中和元年的中国政策与推进状况——全球碳中和背景下的中国发展（上）［J］．金融市场研究，2021（5）：1-14.

⑤ 王彬彬．全球气候治理变局分析及中国气候传播应对策略［J］．东岳论丛，2017，38（4）：43-51.

⑥ 习近平：《在第七十五届联合国大会一般性辩论上的讲话》，2020 年 9 月 22 日，北京.

⑦ 习近平：《携手构建合作共赢新伙伴 同心打造人类命运共同体》，纪念联合国成立 70 周年大会讲话，2015 年 9 月 28 日，纽约联合国总部.

⑧ 王文，刘锦涛．碳中和对中国未来的意义——全球碳中和背景下的中国发展（下）［J］．金融市场研究，2021（6）：1-7.

的深层逻辑与本质，并系统性地探讨绿色金融与生态文明之间的综合关系，为生态文明思想在金融体系中的贯彻探索出中国对策。

第二节　绿色金融的思想溯源与历史演变

尽管绿色金融在不同的场合下有不同的定义，但本书以七部门在《关于构建绿色金融体系的指导意见》中给出的定义为基础，结合国内外各种论述，将从更为宽泛的角度研究绿色金融的理念与思想——凡是应对气候和环境问题的金融行为，都可以纳入绿色金融的讨论范畴，而不同国家所提出的涉及相关领域的概念（例如可持续金融①、生态金融②、气候金融③、环境金融④等）也作为组成部分包含其中。

绿色金融被冠以“绿色”之名，即意味着环境属性是绿色金融的本质属性，自然环境生态保护、人与自然和谐共生、可持续发展等均是绿色金融活动的基本特征或主要目标。绿色金融的发展理念自诞生以来不断深化，其过程伴随着生态文明的演进和金融文明的升级，且这二者之间也存在紧密联系——金融生态化的普及，是金融文明升级的重大表征：金融不能单纯以追逐利润为目标，而应提高金融

---

① 唐斌，薛成容．赤道原则：银行社会责任与可持续金融的行动指南［J］．福建金融，2007（9）：10-11.

② 李小燕，王林萍，郑海荣．绿色金融及其相关概念的比较［J］．科技和产业，2007（7）：82-85.

③ 吴晓青．大力发展绿色金融和气候金融 力争实现 2060 碳中和国际承诺［J］．中国科技产业，2021（3）：34-35.

④ 邓翔．绿色金融研究述评［J］．中南财经政法大学学报，2012（6）：67-71.

活动的社会责任性。[①]

绿色金融理念的诞生和历史变迁过程，包含了两条发展线路：首先从理念诠释角度，绿色金融的诠释经历了由资源节约和环境保护，到可持续发展，再到气候、生态与人类命运共同体的深化；其次从金融目标角度，绿色金融对应的目标经历了由环境责任的挖掘与承担，到可持续金融概念和体系的建立，再到全面整合与配置金融资源应对气候变化的深化（见表1-1）。

表1-1　绿色金融历史发展变迁

时期	发展阶段	主要特征
前工业时代：人类经济活动对自然环境的影响低于后者对前者的影响		
18世纪末至20世纪中叶	工业时代资源环境矛盾下的“绿色”理念起源阶段	代表成果：马尔萨斯的人口论、亚当·斯密与大卫·李嘉图的资源制约论、马歇尔的土地边际报酬递减规律 理念诠释：在工业生产需求与资源环境约束的矛盾下，开展资源节约和环境保护 金融目标：挖掘环境与社会责任的承担
分界：可持续发展综合理念的系统化		
20世纪后半叶	可持续发展理念诞生后带来全球绿色革命阶段	代表成果：丹尼斯·米都斯《增长的极限》、世界环境与发展委员会《我们共同的未来》、联合国《21世纪议程》、联合国环境规划署《银行业关于环境可持续发展的声明》、商业银行《赤道原则》、世界银行《环境和社会框架》 理念诠释：可持续发展理念 金融目标：可持续金融体系

① 西南财经大学发展研究院，环保部环境与经济政策研究中心课题组，李晓西，夏光，蔡宁．绿色金融与可持续发展［J］．金融论坛，2015，20（10）：30-40.

续表

时期	发展阶段	主要特征
分界：碳排放空间约束共识的达成		
21 世纪上半叶	碳排放空间约束推动绿色金融实现全面应对气候变化的资源配置引导阶段	代表成果：联合国《巴黎协定》等 理念诠释：在联合国气候治理框架下构建气候、生态与人类命运共同体 金融目标：全面整合与配置金融资源应对气候变化
未来：绿色金融充分融入从工业文明到生态文明的演化		

第一阶段，工业文明下的资源环境问题成为“绿色”理念的初衷和起源。

工业文明时期，受限于生产方式和生产技术，工业和经济的发展，始终伴随着资源环境问题：自 18 世纪下半叶的第一次工业革命开始，英国等西方国家相继进入了以煤炭、冶金、化工为基础的蒸汽工业时代，① 1900 年时，英国、美国、德国、法国、日本五个工业国的煤炭产量总和已达 6. 641 亿吨，② 以煤炭资源为基础能源的蒸汽工业带来了大量烟尘、硫化物、重金属等多种污染物，相继引发了一系列空气污染、水体污染、土地污染事件。19 世纪后半叶，自第二次工业开始后，全球工业生产规模迅速扩张，资源急剧消耗，环境污染问题逐渐加重，尤其是 20 世纪中叶集中爆发了大量环境公害事件。③同时，还带来了一项新问题——化石燃料积累了上百年的温室气体排放（以二氧化碳排放为主），以温室效应为主的一系列气候变化问题在 21 世纪造成了全球范围内的各种政治、经济、生态、环境、粮

① 梅雪芹．工业革命以来西方主要国家环境污染与治理的历史考察［J］．世界历史，2000（6）：20-28，128.

② 李京文，方汉中．国际技术经济比较——大国的过去、现在和未来［M］．北京：中国社会出版社，1990：6.

③ 宫克．世界八大公害事件与绿色 GDP［J］．沈阳大学学报，2005（4）：3-6，11.

食、人口迁移、国际安全等问题，[①] 引起联合国与全球各国的高度重视。

工业文明引发的环境污染、资源枯竭、生态失衡等问题，带动了工业文明危机的生态反思。[②] 18 世纪末，马尔萨斯在《人口论》[③] 和《政治经济学原理》[④] 中提出了自然资源对经济增长的限制作用，[⑤] 警告了人口增长所带来的资源危机，古典政治经济学家亚当·斯密与大卫·李嘉图意识到，经济的持续增长将由于日益削弱的资源基础的制约而变为不可能，[⑥] 而新古典经济学派的马歇尔和克拉克等人通过土地报酬递减规律[⑦]等理论阐释了资源稀缺性下如何合理优化资源配置。可见，当资源与环境带来的矛盾超出了工业生产力提高带来的收益，人类活动对自然环境的超负荷影响使得“绿色”理念的诞生和孕育存在现实意义，这也为未来的绿色金融打下了基础。

第二阶段，可持续发展理念带动全球绿色革命。

对环境与经济之间复杂关系的思考，可以追溯到 1972 年丹尼斯·米都斯研究小组发布的研究报告——《增长的极限》[⑧]，指出生态的承载力是有限的，资源的数量也是有限的，[⑨] 而现行的经济增长

---

① 佘庆年，施国庆．环境、气候变化和人口迁移［J］．中国人口·资源与环境，2010，20（7）：42-47.

② 申曙光．工业文明危机的生态反思［J］．道德与文明，1994（5）：44-45.

③ 马尔萨斯．人口论［M］．郭大力译．北京：北京大学出版社，2008.

④ 斯拉法．大卫·李嘉图全集 第 2 卷：马尔萨斯《政治经济学原理》评注［M］．蔡受百译．北京：商务印书馆，2013.

⑤ 周纪昌．马尔萨斯的自然资源稀缺论［J］．生态经济，2012（5）：24-27，31.

⑥ 申曙光．生态文明及其理论与现实基础［J］．北京大学学报（哲学社会科学版），1994（3）：31-37，127.

⑦ 许善达．“报酬递减律”思想演变小史［J］．经济科学，1985（1）：65-70.

⑧ 丹尼斯·米都斯．增长的极限——罗马俱乐部关于人类困境的研究报告［M］．长春：吉林人民出版社，1997.

⑨ 丁任重．经济增长：资源、环境和极限问题的理论争论与人类面临的选择［J］．经济学家，2005（4）：11-19.

模式建立在过度消耗大量资源以及环境破坏的基础上，缺乏对地球系统承载能力的审视，这种模式是不可持续的。

1987 年，世界环境与发展委员会在《我们共同的未来》[①] 报告中首次提出了“可持续发展”的概念；1992 年，联合国环境与发展大会以可持续发展为方针颁布《关于环境与发展的里约环境与发展宣言》[②] 和《21 世纪议程》[③]，可持续发展成为全球的普遍共识，绿色革命随之席卷全球；[④] 同样在 1992 年，联合国环境规划署与一些商业银行联合发起《银行业关于环境可持续发展的声明》，其中首次提出“可持续金融”的概念，[⑤] 可持续金融理念在全球形成了潮流，其本质在于正确处理金融业、环境保护与可持续发展的关系，[⑥] 这是绿色金融发展史上的重要里程碑；2003 年，花旗银行、荷兰银行、巴克莱银行等十家国际大银行共同签署了“赤道原则”（Equator Principles），成为金融机构的企业社会责任基准，[⑦] 绿色金融开始在金融业得到广泛实践；2014 年，世界银行发布了《环境和社会框架：为可持续发展确定标准》，[⑧] 绿色金融的标准化和国际实践在联合国

---

① 世界环境与发展委员会．我们共同的未来［M］．王之佳，柯金良等译．长春：吉林人民出版社，1997.

② 联合国环境与发展大会．里约环境与发展宣言［J］．环境保护，1992（8）：2-3.

③ 联合国：《21 世纪议程》，联合国环境与发展会议 1992 年 6 月 14 日通过，联合国公约与宣言检索系统 https：//www. un. org/zh/documents/treaty/files/21stcentury. shtml.

④ 何建奎，江通，王稳利．“绿色金融”与经济的可持续发展［J］．生态经济，2006（7）：78-81.

⑤ 魏丽莉，杨颖．绿色金融：发展逻辑、理论阐释和未来展望［J］．兰州大学学报（社会科学版），2022，50（2）：60-73.

⑥ 任辉．环境保护与可持续金融体系构建［J］．财经问题研究，2008（7）：66-70.

⑦ 张长龙．金融机构的企业社会责任基准：赤道原则［J］．国际金融研究，2006（6）：14-20.

⑧ 2016.“World Bank Environmental and Social Framework.” World Bank，Washington，DC. https：//thedocs. worldbank. org/en/doc/837721522762050108 - 0290022018/original/ESFFramework. pdf.

与世界银行的层面得到广泛关注和推进。[①]

第三阶段，绿色金融将实现应对气候变化的资源配置引导作用。

21 世纪，日益迫切的气候变化问题引发碳中和目标与全球气候治理共识，[②] 并带来碳排放空间约束，[③] 这令绿色金融理念诠释得到升级，并在全球范围内进一步得到更为广泛的接受。2015 年 12 月，联合国 195 个成员国在气候峰会中通过《巴黎协定》等各项协议，[④] 努力采取一切手段减缓全球升温幅度，其中就包括一系列绿色投资活动。

要推进联合国的各项气候目标，进中国就至少需要数百万亿元规模的绿色投资，[⑤] 将刺激在实体经济绿色转型的巨大需求，从而绿色金融发挥融资功能和服务创新是必要的，借助绿色金融的资源配置功能发挥应对气候变化将是绿色金融在新时期的理念升级与实践发展方向，这分别可以从外部性和产权的角度予以理解：

从外部性角度，产生环境影响的活动具有外部性，[⑥] 碳排放可谓是 21 世纪最大的负外部性问题，[⑦] 重要性、复杂性、影响范围远超

---

① 陈经伟，姜能鹏，李欣．“绿色金融”的基本逻辑、最优边界与取向选择［J］．改革，2019（7）：119-131.

② 肖兰兰．碳中和背景下的全球气候治理：中国推动构建人类命运共同体的生态路径［J］．福建师范大学学报（哲学社会科学版），2022（2）：33-42，169，170.

③ 戴瀚程，张海滨，王文涛．全球碳排放空间约束条件下美国退出《巴黎协定》对中欧日碳排放空间和减排成本的影响［J］．气候变化研究进展，2017，13（5）：428-438.

④ 巢清尘，张永香，高翔，王谋．巴黎协定——全球气候治理的新起点［J］．气候变化研究进展，2016，12（1）：61-67.

⑤ 马骏．绿色金融如何支持中国“30·60 目标”［J］．国际金融，2021（5）：3-7.

⑥ 丁明峰，杨巧敏．全球气候变化与外部性及应对策略［J］．财富时代，2022（4）：74-76.

⑦ 唐跃军，黎德福．环境资本、负外部性与碳金融创新［J］．中国工业经济，2010（6）：5-14.

其他环境问题，而发展绿色金融具有强烈的环境正外部性，在绿色溢价[①]较高的初期，绿色发展在市场中的经济效应并不高，融资缺乏利益驱动，从而绿色金融在社会责任阶段的正外部性大多依赖于政府提供。但是，政府资金运用远低于气候目标的最终需求，从而应当引导市场资源和社会资金进入气候领域，并激发绿色金融走向新的发展阶段。

从产权角度，生态环境权益[②]的界定与市场化是推动外部性内部化的重要路径，[③] 当政府发挥自身政策作用，明确相关环境权益在气候目标下的优先地位，或者环境负外部性开始存在政策风险和市场风险，绿色金融的市场机制会促使资源在气候领域的政策优化配置。[④] 当充分调动社会资金进入绿色产业中后，绿色溢价逐渐实现降低、归零并转负，也会因此提高对市场资金的吸引力，当低碳产业收益与高碳产业持平，在风险对比与收益对比下，市场资金会逐渐倾向于投资低碳产业。从而绿色金融在应对气候变化新阶段的资源配置作用会倾向于推动社会资本进入低绿色溢价的产业。

第三节　绿色金融与传统金融的分歧与融合

传统金融是逐利的，这与绿色金融的环境属性方向不一致，高税

---

① 赵志耘，李芳．碳中和技术经济学的理论与实践研究［J］．中国软科学，2021（9）：1-13.

② 周心欣，方世南．习近平生态文明思想的环境权益观研究［J］．南京工业大学学报（社会科学版），2021，20（1）：23-31，111.

③ 张伟．外部性是绿色金融的重要特征［J］．中国战略新兴产业，2018（5）：95.

④ 刘传江，张劭辉．源头活水：绿色金融之于经济发展——基于金融理论视角的解构［J］．西北师大学报（社会科学版），2022，59（3）：134-144.

收、高盈利的企业，目前仍然属于两高行业。如果只是投资清洁能源等绿色产业，绿色金融与传统金融从逻辑上并没有本质区别，但绿色金融对传统金融的冲击其实应当在于逐“利”的对象发生了改变。

各种关于绿色金融的政策论述，总是在强调要明确“绿色”的范围和定义，覆盖到了绿色项目应遵循的认定规范，以明确概念和分类再进一步开展标准化工作。当前针对绿色金融支持产业转型[①]的论述，往往是从积极引导资金投入绿色项目、提升相关绿色产业的绿色资金供给为主，[②] 对应的金融工具和服务创新也从这些角度出发，包括各类的绿色证券、绿色基金以及排放权和碳汇项目的抵质押贷款。

但是，仍需要进一步研究和回答什么是绿色金融、为什么要发展绿色金融、怎样发展绿色金融。如果聚焦于绿色投资上的项目绿色转型，那么金融机构的行为并没有跳脱于传统金融的逻辑，也不会发生群体性的道德约束和环境责任的全面承担——绿色项目具备短期盈利能力，金融机构倾向于开展绿色投资；绿色债券具备发行优势，企业就倾向于做绿色债券融资。在这种传统逻辑的束缚下，绿色金融的本质变化并没有得到挖掘，从而无法在未来充分发挥绿色金融的潜在价值。

金融虽然是逐利的，但在气候变化与碳排放约束下，“利”的概念应当发生改变，金融不仅需要追求货币收益，气候问题下也存在另一种可持续发展的无形收益，这种收益在威廉·诺德豪斯提出的“福祉收益率”[③] 的贴现下，其现值正在逐渐接近和超过高碳收益的

---

① 李中．绿色金融创新与我国产业转型问题研究［J］．当代经济，2011（7）：6-8.

② 王修华，刘娜．我国绿色金融可持续发展的长效机制探索［J］．理论探索，2016（4）：99-105.

③ 威廉·诺德豪斯．气候赌场［M］．北京：中国出版集团东方出版中心，2019：240.

现值。这种收益在绿色金融框架下的显性化，并非高碳资产有形成本和潜在风险迅速提升的内在原因，而是碳排放约束下的必然结果。

一、自然资源稀缺性、公地悲剧与气候定价

（一）从生态资源稀缺性的角度，绿色金融是应对21世纪最大公地悲剧——气候变化的外在金融实践

绿色金融是一种面对环境问题的金融对策，处理的问题是经济与环境之间的平衡问题。[①] 历经200多年的工业文明，人类社会的生产力水平不断提高，前工业时代人类开发自然资源和利用环境的程度还不足以引发严重的经济与环境矛盾，但是从表1-1来看，19至20世纪社会各界关于资源环境问题引发了一系列争论，比如以《增长的极限》[②] 为主的资源过度开采问题（公共资源的稀缺性凸显后，对公共资源过度利用将产生“公地悲剧”[③]）、人口爆发增长问题、化石燃料储量限制问题以及最严峻的污染与环保问题。事实上，21世纪的客观现实表明，主要大国的人口增长率有所下降甚至进入负增长，[④] 并没有呈现指数式爆发；随着生产效率的提升和技术的进步，化石燃料不仅探明了更多储量，也得以长期继续开采利用，甚至发生“油气供应过剩”[⑤]；能量转换效率的提升降低了单位产值的资源消耗，并且能在成本可控的条件下减少环境污染。因

---

① 威廉·诺德豪斯．平衡问题［M］．北京：中国出版集团东方出版中心，2020：20.

② 丹尼斯·米都斯．增长的极限——罗马俱乐部关于人类困境的研究报告［M］．长春：吉林人民出版社，1997.

③ 沈满洪，谢慧明．公共物品问题及其解决思路——对公共物品理论文献综述［J］．浙江大学学报（人文社会科学版），2009，39（6）：133-144.

④ 刘媛，熊柴．全球人口变局、影响及中国应对［J］．经济学家，2022（1）：26-35.

⑤ 栾锡武．世界油气资源现状与未来发展方向［J］．中国地质调查，2016，3（2）：1-9.

此，如果仅以资源利用和环境保护为主要目标，绿色金融承担的作用和规模有限，也仅会以政府提供公共物品的主要形式所存在。

但是从全球范围来看，绿色金融在 21 世纪应当成为主流环境对策的核心因素在于，全球气候变暖是一个典型的和标准的公地悲剧，[①] 也是 21 世纪影响范围最大、时间跨度最长、参与主体最多的公地悲剧，此时，稀缺的公共资源是剩余可以排放的温室气体总量，而非自然环境。公地悲剧的解决途径有很多可能的选择，以制度化的管理和约束、参与主体提高对自身的道德约束、对公共资源确权后的市场化机制为主，[②] 这些环节都包含了绿色金融的深层逻辑创新与外在实践：

第一，管理约束需要政府对碳排放空间进行自上而下的统一管理，建立金融激励与惩罚制度，实现了绿色金融的制度实践。

第二，道德约束主要集中在国家间对减少碳排放和应对气候变化的公共协议，比如《京都议定书》[③] 和《巴黎协定》[④]，并且国家与国家之间对于道德约束需要建立起金融补偿机制——公地悲剧中过度开采的主体要对其他群体进行补偿，而在碳排放问题上，历史累积排放最高的 G8 国家应当为其他发展中国家进行补偿，例如对应于联合国敦促发达国家每年像发展中国家提供 1000 亿美元气候援助。[⑤]

---

① 韩立新，逯达．实现碳达峰、碳中和多维法治研究［J］．广西社会科学，2021（9）：1-12.

② 张磊．温室气体排放权的财产权属性和制度化困境——对哈丁“公地悲剧”理论的反思［J］．法制与社会发展，2014，20（1）：101-110.

③ 联合国：《联合国气候变化框架公约》京都议定书，1998 年，https：//unfccc. int/resource/docs/convkp/kpchinese. pdf.

④ 联合国：《巴黎协定》，2015 年，https：//unfccc. int/sites/default/files/chinese_paris_agreement. pdf.

⑤ 佘群芝，李雪平．气候减缓援助、气候政策与受援国碳排放［J］．统计与决策，2022，38（7）：156-160.

第三，市场化机制需要对于碳排放和碳汇进行确权并实现市场化，这也是绿色金融解决碳排放公地悲剧问题的核心手段。

（二）在气候治理目标与碳排放约束下绿色金融的实质是为《巴黎协定》的温控目标和减排路径进行“气候定价”

在联合国环境署（UNEP）每年发布的排放差距报告中，摘要部分均会反复重申1.5摄氏度的理想目标——以2021年《排放差距报告》为例，按照当前政策情景，2050年全球气温有66%概率比工业化之前提高2.8摄氏度，1.5摄氏度目标则需要至少实现400亿吨的碳排放约束路径。①

无论是可持续投融资，还是气候政策，其目的其实是平衡应对气候变化的成本与收益，而绿色金融实现了为气候目标和路径进行定价，包括了成本定价与收益定价。气候变化的成本是显性的，物理风险损失与转型资产搁浅可以定价，② 而每减少排放一单位温室气体的成本也基本可以计算，但收益中的很大一部分其实是隐性的，这部分隐性成本在传统金融的视角下难于确定或者没有合适的方法，仅从项目角度开展的绿色投资并没有充分挖掘出气候定价的模式与方法，而绿色金融则把一些明确的气温临界点、不明确的突发气候灾难等多种因素纳入了碳排放约束的成本效益分析之中，且对于每一个可能的路径情况（例如1.5摄氏度、2摄氏度或其他路径），绿色金融令减排路径实现了货币化，即实现了气候定价。

---

① United Nations Environment Programme (2021). Emissions Gap Report 2021: The Heat Is On – A World of Climate. Nairobi. https://wedocs.unep.org/bitstream/handle/20.500.11822/36990/EGR21.pdf.

② 张帅，陆利平，张兴敏，王晖．金融系统气候风险的评估、定价与政策应对：基于文献的评述［J］．金融评论，2022，14（1）：99-120，124.

二、绿色金融改变能源文明的进化方向

（一）实现气候适应需要改变能源活动中的能量流动方式，绿色金融是这一过程的外在货币化表达

绿色金融是面向一系列环境问题的金融对策，21 世纪最核心的环境问题是全球气候变化，绿色金融与传统金融的分歧就在于其金融行为是否实现对碳排放的空间约束。碳排放约束是 21 世纪可持续发展和应对气候变化的客观要求，但约束是要求，并不是单纯以减排作为目标（即倒果为因地为了减排而减排），最终目标是实现气候适应与碳中和（碳净零排放）。

在更宏观的角度上，气候适应时代与工业文明时代的核心差异之一是人类运用能源开展活动的能量流动方式的改变。从历史上来看，人类开展能源运用活动的核心是能量在不同形式中的转换，并且再以某种形式进行空间流动。[①] 比如工业时代，化石能源的化学能通过燃烧转化为热能，热能通过蒸汽机热膨胀或者内燃机转化为机械能；21 世纪各国大力推进的风能和光伏等清洁能源，即为动能和太阳能转化为电能，电能通过输电实现能量的空间流动，这一转变的最重要的结果是碳排放由增多转为减少——这也可以从碳元素流动的角度来看待，[②] 光伏和风电的循环过程没有原材料的化学变化，便极少有碳元素参与。

在此基础之上，以货币和资金流动为核心的金融活动，与能量流

① 瓦茨拉夫·斯米尔．能量与文明［M］．北京：九州出版社，吴玲玲，李竹译．2021：45.

② 胡静．碳元素的生命之旅［J］．流程工业，2021（8）：1.

动之间的关系是密不可分的，金融活动是一系列跨时空的价值交换[①]行为：投资化石能源投入价值，未来通过生产活动取得收益、回收更高的价值，其中能量转换和流动的过程也伴随了金融资金实现循环和增值的过程，这同样也可扩展到其他能源类型。从而工业文明和气候文明之间差异，也成为传统金融和绿色金融之间的一大核心分歧，绿色金融对应的能量循环过程减少甚至消除了人类能源需求的过程中大量碳排放。若21世纪应对气候变化的最终方向是朝着以碳中和目标为基础建立零碳能量循环体系，则绿色金融就会始终伴随这一过程，并实现外在的货币化表达。

（二）能源文明的进步令化石燃料发生资产搁浅与金融撤离，但绿色金融通过挖掘生态气候效益回归金融的本质与初衷——促进资源流动实现合理优化配置

按照能源文明的发展方向，可以预见的是，在全球性的碳排放约束收紧后，工业生产方式与碳排放逐渐脱钩的过程将带来能源演化历程中的化石燃料文明衰落。[②] 工业时代，气候变化与金融行为的关联度较低，但自“赤道原则”以来，银行业的金融思想已逐渐发生改变，[③] 碳减排不再仅仅被视为社会责任，绿色金融活动也不再仅仅被视为政府提供的公共产品。

在部分国家所开展的绿色项目中，绿色转型需求加快了化石能

---

① 杨慧玲．金融不稳定性的逻辑：一个马克思主义的阐释［J］．当代经济研究，2018（1）：5-14，97.

② 邹才能，马锋，潘松圻，等．论地球能源演化与人类发展及碳中和战略［J］．石油勘探与开发，2022，49（2）：411-428.

③ 姜安印，胡宁宁．不同类型商业银行社会责任、声誉溢出与市场效应——基于我国商业银行执行赤道原则事件的分析［J］．山东财经大学学报，2021，33（3）：80-88.

源向新能源的转换，[①] 清洁能源的替代成本已经等于甚至低于化石能源的边际成本，棕色资产和投资的违约风险不断提升，金融市场的资金配置动向也在反映出这一点，金融具备收益偏好且风险厌恶的特征，金融资产配置倾向于从棕色领域转移到绿色领域。但从广义上来看，绿色金融并单纯等同于绿色投资，因为从收益差距看待能源转型替代，绿色投资并没有跳脱传统金融逐利的束缚。在应对气候变化和构建人类命运共同体的目标下，发展绿色金融应当推动金融回归其本质，金融的本质是资金的跨时空的融通，资金的本质是用于经济活动中的物资与货币，货币的本质是一般等价物，[②] 用以实现不同资产和资源之间的交换与流通。因此，开展金融活动的初衷其实应当是促进资源流动实现合理优化配置，令社会经济生产活动顺利和高效地进行，服务于生产。

其中，从事金融服务的机构，在这一行动中通过利差获取收益，从而从事金融活动具备逐利的属性，但有时逐利的方向和资源优化配置的方向本身存在是不一致，尤其是面对气候变化问题，平衡逐利与环境的跨时空矛盾是绿色金融跳脱于传统金融的重要特征，应当重新建立金融服务于气候文明时代社会经济活动的新框架——在碳排放约束下，资源合理优化配置的方向和状态将有所不同，过去经常用货币收益来衡量和评价人类活动，产量越多、产品价值较高的方向即为资源配置和生产活动遵循的方向；但在人类命运共同体、人与自然和谐发展的绿色金融新理念诠释下，生态环境和气候治理的效

① 邹才能，赵群，张国生，等．能源革命：从化石能源到新能源［J］．天然气工业，2016，36（1）：1-10.

② 卫兴华．货币的本质规定究竟是什么？——评《超越货币本质“一般论”与“特殊论”的对立》［J］．当代经济研究，2005（2）：3-8，73.

益也应当用来衡量和评价人类活动，金融在这一背景下将有望重新回归自身的初衷。

三、信用体系的绿色转型

绿色金融扩展了传统金融的信用体系框架，可持续发展的即时价值和未来价值将会因此得到确定。

金融实现了资金的融通，货币交换行为是金融活动的主要载体，实现这一过程的大前提是各主体本身的信用，而现代金融体系很大程度上建立在信用体系的基础之上，社会信用文化对金融体系的效率和金融体系结构的选择具有重要影响。① 信用的来源是货币交换行为双方之间相互信任的生产关系和社会关系的综合，受制于双方之间信任关系的牢固程度，无条件信用难以满足，从而金融活动需要提供其他形式补偿这部分缺少的信用，核心形式之一即为抵押。以抵押物为基础，金融活动在更大的时间和空间范围内得以顺利开展，抵押物本身应当具有被认可的稀缺性和即时价值，或者能带来未来价值与未来收益。

绿色金融与传统金融的另一大分歧之处在于，绿色金融在早期主要作为由公共资金驱动的公益性较强的金融活动，② 早在 20 世纪末，绿色金融便以项目投资的形式投入一些自然保护领域，很大程度上可以归结为企业对社会责任的履行，③ 因为企业必须牺牲一定的资金回报率，所以其规模有限，并且宣传性大于获利性。其原因在

① 陈雨露，马勇．社会信用文化、金融体系结构与金融业组织形式［J］．经济研究，2008（3）：29-38.

② 刘俊．绿色金融盈利性与公益性的关系分析［J］．时代经贸，2019（26）：19-20.

③ 丁涵，刘慧宏．基于社会责任的绿色金融发展市场动力研究［J］．科技与经济，2022，35（1）：66-70.

于，而“环境友好型”[①] 的资产（生态产品或生态资源）难以确定即时价值和未来价值，或者按照当前客观条件无法实现盈利，使得绿色金融活动抵押物不足，[②] 从而绿色金融早期的公益性大于逐利性，更难以带动市场资金进入相关领域。

在日益紧迫的21世纪气候危机下，应对气候变化以实现碳中和（碳净零排放）目标几乎已成为《巴黎协定》签约国的高度共识，碳排放的空间约束共识迅速达成。在碳排放空间约束下，根据能源文明的进化方向，高碳资产将发生“资产搁浅”，[③] 以此为抵押和基础的金融活动将受到各种制约因素。但是，绿色金融却得以在更基础的信用体系的逻辑上获得接受和认可，并迅速发展，这源于信用体系在碳排放约束下的变化，可持续发展能力的即时价值和未来价值会得到确定，尤其是其未来价值。在碳排放约束下，绿色金融活动的信用来源将得到扩展，分为三个方面的表现形式。

第一，剩余可排放的碳排放空间（举例为碳排放交易市场的抵质押融资）：碳排放约束下，剩余可排放的碳排放空间提高了国家或企业的信用。对国家而言意味着碳减排的国际责任谈判，发达国家压缩发展中国家工业化进程中的碳排放权利是压缩其国家信用的一种手段；[④] 对企业而言，主要代表是碳排放权交易市场，企业可以通过碳排放权的配额分配来利用剩余排放空间，碳排放权可以作为信用

---

① 秦书生，杨硕．习近平的绿色发展思想探析［J］．理论学刊，2015（6）：4-11.

② 西南财经大学发展研究院，环保部环境与经济政策研究中心课题组，李晓西，夏光，蔡宁．绿色金融与可持续发展［J］．金融论坛，2015，20（10）：30-40.

③ 危平，舒浩，成静涛．气候变化背景下搁浅资产理论的演变［J］．金融论坛，2021，26（9）：70-80.

④ 樊星，张彦宁，张诗艺，等．发达国家2020年前减排承诺进展评估及相关建议［J］．环境保护，2022，50（Z2）：84-90.

来源进行抵质押融资。①

第二，能高效运用排放空间的能力（举例为低碳技术和低碳环保的生产设备等，没有改变生产方式和最终产品，但提高了环境效益）：能高效运用排放空间的能力意味着拥有更优质的信用，在同等资源约束的条件下，若能运用更少的碳排放来获得更高的生产效率和产量，意味着某个国家或企业获得生态效益的潜在能力更强，在生态信用②的评估上将天然获得优势。从实际行动中可以看出，大量国家和企业都在积极布局低碳生产技术和基础设备，即便部分情况下并没有改变生产方式和最终产品，但提高了环境效益预期。

第三，能通过接近零排放的生产方式实现同等价值替代有碳排放的生产方式（举例为清洁能源与数字经济结合等，也包括产品替代和产业替代）：通过接近零排放的生产方式实现同等价值，来完全替代有碳排放的生产方式，意味着生态信用对具备碳排放元素的信用部分的完全替代。可以看到，工业文明以来大部分生产设备，以及基础的化石能源和矿产资源，都是以能够通过具备释放碳元素的方式进行生产活动的，这种碳排放和产业挂钩的工业生产模式下的信用是与碳排放高度挂钩的。

以上三种信用来源和方式按照生态友好型程度（或“绿色”程度）逐级递增，也是生态信用引入这种与碳排放挂钩的信用体系的过程，并且随着气候治理能力的提升，生态信用占比不断提升并成为主流。当实现了零碳价值替代，以及碳排放与生产基本脱钩的最终模

---

① 苏州市农村金融学会课题组，樊震宙．商业银行碳资产抵质押信贷业务风险研究——基于国内碳市场试点经验的分析［J］．现代金融，2017（8）：25-27.

② 马雁．论生态信用的立法基础［J］．武汉理工大学学报（社会科学版），2003（4）：389-393.

式，则生态信用将对传统信用实现高度替代。

四、时间价值与气候福祉的绿色金融诠释

（一）人类生产生活与碳排放脱钩的趋势在货币时间价值层面令绿色金融活动顺利开展

金融的本质是资金的融通，通过资金的流动实现资源的跨时空配置，货币是资金的表现形式，而货币本身具有时间价值，[①] 货币作为一般等价物，具有价值尺度的职能，[②] 计量了背后的资产和资源。价值的认定不能跳脱于人自身，时间价值的来源是时间，人的寿命是有限的，从而人们倾向于及时享受而非等到未来，即更偏好于现在持有货币，因而未来的没单位货币价值低于当前。这一观念也符合费雪所给出的“利率”的定义——利率就是将当前消费行为与未来消费行为之间进行交换所付出的价格。[③]

从投资和货币需求方的角度来看，货币具有时间价值，投资活动产生的实际收益应当大于机会成本，则这一投资行为才有进行下去的意义，这个机会成本就是货币供给方应当索取的利息，也就是时间价值。进一步而言，只有实现了货币时间价值的交换，才能令金融活动得到顺利开展，并支持金融活动背后的一系列社会生产活动。

工业文明以来，生产活动和消费产品都与碳排放高度绑定，在绿色金融起步之初且以公共资金提供社会责任为主的时期，绿色金融

① 陈方平，孙燕娜．资金时间价值的自然源泉及其应用方式探讨［J］．产业与科技论坛，2021，20（1）：234-235.

② 张霄．货币诞生的界碑是价值尺度契约标准替代自然标准［J］．经济论坛，2021（9）：92-100.

③ Fisher I. Mathematical investigations in the theory of value and prices. Bull. Amer. Math. Soc，1893，2：204-211.

支持的投资和生产因存在绿色溢价的缘故，并没有覆盖资金的机会成本。而绿色金融得到广泛接受，其根源在于日益紧迫的气候变化下的碳排放空间约束，这一约束不仅使得绿色溢价有减少、归零并变负的趋势，也在令生产与消费和碳排放实现脱钩，从而再对比资金的机会成本之后，绿色金融活动中的货币时间价值交换越来越具有开展下去的条件和意义。

另外，碳排放约束下绿色金融的兴起，也伴随着消费行为交换逻辑的升级，资金背后所计量的资产和资源正在碳约束下逐渐与碳排放脱钩。人们过去倾向于现阶段排放更多的温室气体而非等到未来，但在碳约束下的绿色金融资金价值交换过程中，人类活动对环境的过量负荷以及气候变化的临界影响，正在令人们的美好环境需求不断提升，使之客观上越来越倾向于低碳的环境与生产生活方式，在碳排放约束下实现现阶段更少的碳排放。

最后，时间价值逻辑带来了贴现问题，碳排放空间约束使得与化石燃料相关的高碳项目具备价值损失的风险，提高了碳排放的贴现率，并且碳排放空间约束越强，碳排放贴现率就越高，同时现金流本身的不确定性也更高；而新能源、低碳技术、碳捕集等碳减排的贴现率则会更低，二者存在的绿色利率溢价使得绿色金融得以为金融体系所接受。

以上多种因素，综合促进了绿色金融时间价值交换活动的顺利开展。

（二）绿色金融扩展了福祉的概念，在人与自然和谐共生的目标框架下，生态价值将融入财富体系

在时间价值的基础上，未来的美好环境与生态和谐等元素也存

在贴现率，即通过诺德豪斯所提出的“福祉收益率”[①] 进行贴现——应该以子孙后代获得的生态环境价值与生态财富[②]贴现到今天，来对比当前实现碳排放空间约束的成本，这是绿色金融时间价值在非货币层面的运用。人与自然和谐共生的目标转变了人类文明进化的方向和逻辑，发展的过程中要处理好经济与环境之间的关系，[③] 在人民群众美好的生态环境需求下，环境就是民生，良好的生态环境是最普惠的民生福祉，福祉成为了生态文明与人类活动之间发生紧密联系的重要桥梁。无论是从应对气候变化的角度，还是从人与自然和谐共生的角度，福祉的概念和逻辑和正在发生扩展，尤其是时间跨度与空间跨度。

20 世纪以来，随着文明的发展和生活水平的不断提高，人类对生态环境的需求和重视、生态系统服务价值不断提升，[④] 逐渐确立起了以全球可持续发展、人类文明存续为基础的未来福祉的作用。在 21 世纪碳排放空间约束下，碳约束进一步又带来了绿色金融对福祉的三种新诠释。

第一，确立了未来福祉的生态属性，福祉，就是符合人类的福利和利益，人类福祉正在逐渐依赖于气候问题对排放约束的需求，降低气候问题引发的一系列环境、社会、经济影响在福祉中的作用和比重不断提升，生态属性是未来福祉的重要属性：生态就是经济，生态就是文明，生态就是未来。

---

① 威廉·诺德豪斯．气候赌场［M］．北京：中国出版集团东方出版中心，2019：240.

② 洪银兴．可持续发展的经济学问题［J］．求是学刊，2021，48（3）：19-33.

③ 郇庆治．习近平生态文明思想的理论与实践意义［J］．马克思主义理论学科研究，2022，8（3）：15-25.

④ 谢高地，张彩霞，张昌顺，等．中国生态系统服务的价值［J］．资源科学，2015，37（9）：1740-1746.

第二，强调了福祉在时间属性上的作用，或者说提升了未来福祉的权重，在人类文明的长远视角下，需要持续的、长期的、不间断的未来福祉，这有别于工业文明时代为了当前利益所牺牲未来福祉的发展模式，人与自然和谐共生的框架需要将当前利益与未来福祉的贴现共同作为某个生产活动的预期收益，进行权衡和决策，这也是绿色金融在福祉层面的进步与升级。并且，随着碳排放约束的共识越强、程度越高，未来福祉的权重和贴现后所占比重也越高。

第三，将生态价值纳入财富系统之中，金融活动是以资金的跨时空流动为表现形式的，其载体是货币，其中也伴随着的财富的增值或转移。财富的形成具有一定的惯性，工业文明以来，工业生产活动、人民生活与社会活动主要依赖于含碳资源的能源化过程，资产的计价、财富的形成和积累也与这一过程方向相一致，但这一过程一直是朝着自然资本退化的方向进行的。建筑物、基础设施、矿产、化石能源等，是资产和财富，但在碳排放空间约束下，风险和环境挂钩、收益与碳排放脱钩的趋势逐渐增强，金融市场的资产配置行为正在逐渐产生相应的财富脱碳倾向。当前的 GDP 统计模式尚无法确定一国发展的可持续性，同时物质生活的范围和范畴，也在随着人类需求的进阶而扩展，从而财富的核算也应当考虑到其产生未来福祉的潜力。在此趋势下，绿色金融对财富扩展了新的诠释。在人与自然和谐共生的理念下，生态财富与人类财富应当系统性地融为一体，[①] 金融系统中的价值评估体系必然会在绿色金融的理论框架下产生绿色生态变革。

---

① 张夺．习近平生态文明思想的生成逻辑、科学内涵与原创性贡献［J］．邓小平研究，2022（2）：82-93.

第四节　生态文明思想下绿色金融的中国实践

2005年8月，习近平总书记在浙江提出“绿水青山就是金山银山”的科学论断，是生态文明思想的起源。[①] 绿色金融在中国的发展离不开生态文明思想的重要指导，习近平总书记就生态文明建设曾提出过一系列思想和战略，指引中国未来的绿色发展新方向。[②] 从中国绿色金融发展历程之中可以看出中国特色生态文明思想的演进过程，以及可持续发展理念的中国化过程。

一、中国生态文明思想的深化历程

回顾中国生态文明思想（见表1-2）的发展历程以及与绿色金融之间的关系，“绿水青山就是金山银山”重要理念所蕴含的生态文明思想创新性和可持续性在于，生态环境问题归根结底是发展方式和生活方式问题，应当把自然生态同人类文明紧密联系起来，保护生态环境就是保护生产力、改善生态环境就是发展生产力。在生态文明思想的指引下，中国的绿色金融要走向世界，就需要跳出金融投资和项目运营的传统框架，建立起生态优势、金融优势、经济优势之间的一致性和连贯性。

① 郭亚军，冯宗宪．“绿水青山就是金山银山”的辩证关系及发展路径［J］．西北农林科技大学学报（社会科学版），2022，22（1）：8-14.

② 黄娟．“生态优先、绿色发展”新道路的提出依据与重大意义［J］．湖湘论坛，2020，33（4）：5-15.

表 1–2　生态文明思想重大文件与论述汇编

时间	文件或论述	重要观点
2005 年 8 月	习近平考察浙江湖州安吉时提出“绿水青山就是金山银山”科学论断	绿水青山可带来金山银山，但金山银山却买不到绿水青山，绿水青山与金山银山既会产生矛盾，又可辩证统一
2013 年 11 月	中国共产党第十八届中央委员会第三次全体会议通过《中共中央关于全面深化改革若干重大问题的决定》	紧紧围绕建设美丽中国深化生态文明体制改革，加快建立生态文明制度，健全国土空间开发、资源节约利用、生态环境保护的体制机制，推动形成人与自然和谐发展现代化建设新格局
2015 年 4 月	中共中央、国务院发布《关于加快推进生态文明建设的意见》	生态文明建设是中国特色社会主义事业的重要内容，关系人民福祉，关乎民族未来，事关“两个一百年”奋斗目标和中华民族伟大复兴中国梦的实现
2015 年 9 月	中共中央、国务院印发《生态文明体制改革总体方案》	为加快建立系统完整的生态文明制度体系，加快推进生态文明建设，增强生态文明体制改革的系统性、整体性、协同性，制定本方案
2017 年 10 月	生态文明思想与“两山理论”写入党的十九大报告	建设生态文明是中华民族永续发展的千年大计，必须树立和践行绿水青山就是金山银山的理念，坚持节约资源和保护环境的基本国策
2018 年 6 月	中共中央、国务院发布《关于全面加强生态环境保护 坚决打好污染防治攻坚战的意见》	坚持生态兴则文明兴，建设生态文明是关系中华民族永续发展的根本大计，功在当代、利在千秋，关系人民福祉，关乎民族未来
2021 年 1 月	习近平在联合国生物多样性峰会上发表讲话	中国用生态文明理念指导发展，从道法自然、天人合一的中国传统智慧，到创新、协调、绿色、开放、共享的新发展理念，中国把生态文明建设放在突出地位，融入中国经济社会发展各方面和全过程，努力建设人与自然和谐共生的现代化

续表

时间	文件或论述	重要观点
2021 年 4 月	习近平在“领导人气候峰会”上发表讲话《共同构建人与自然生命共同体》	中国以生态文明思想为指导，贯彻新发展理念，以经济社会发展全面绿色转型为引领，以能源绿色低碳发展为关键，坚持走生态优先、绿色低碳的发展道路
2021 年 10 月	习近平在《生物多样性公约》第十五次缔约方大会领导人峰会发表视频讲话	绿水青山就是金山银山，良好生态环境既是自然财富，也是经济财富，关系经济社会发展潜力和后劲。我们要加快形成绿色发展方式，促进经济发展和环境保护双赢，构建经济与环境协同共进的地球家园

资料来源：笔者根据公开文件与报告整理。

从历史角度来看，生态环境与经济发展之间的关系随着碳排放的暴增而受到重新思考与重视，且引发关注的时候，几乎已经到了为时已晚的紧急时刻。用里夫金的话说，“碳泡沫是人类历史上最大的经济泡沫”，[①] 打破碳泡沫是推进可持续发展进程的客观要求，且碳泡沫被破后，最先迎来的是化石能源文明的迅速衰落。工业革命以来，碳排放活动完全伴随着以生产为主的经济活动，既然被称为碳泡沫，就反映了碳排放量的大幅上涨远远超过了生产本身所带来的实际价值。

环境与经济不是矛盾对立的，其原因在于碳排放活动不等同于生产活动，只要合理改革和升级生产方式，就能实现对应于实际价值的较低的碳排放，避免产生泡沫，甚至零排放——这一观念的根源是处理好生态环境与经济发展之间的关系，这也是中国生态文明思想

① 杰瑞米·瑞弗金．零碳社会——生态文明的崛起和全球绿色新政［M］．北京：中信出版集团，2020：30.

中的重要观念。

生态文明思想指导使人类活动朝着生态环境自然循环相一致的方向进行。

习近平总书记指出，“生态兴则文明兴，生态衰则文明衰”，[①] 生态文明与人类文明高度绑定，其核心在于人与自然是一个和谐共生的整体。生态环境是孕育文明的根基，生态环境影响了人类文明的兴衰，四大文明古国均发源于河流且周围具备良好的森林与耕地环境，[②] 而生态环境恶化和自然灾害有时则会导致经济和文明的衰落。

随着人类文明的不断发展，技术进步的方向是提高生产效率并令人类日常活动更为便捷，并且技术进步还使得在进入工业文明之后，农业文明时代自然环境对人类文明发展的影响，要明显低于工业文明时代生产力水平对人类文明发展的影响——提高生产力显得更为重要，在人类文明发展的过程中，受制于技术发展的阶段性水平，人类活动不一定总是和生态环境的自然循环方向兼容一致，从而工业文明时代，即便牺牲一定的环境优势，工业化国家仍然要以提高生产力作为必要的国际竞争手段。

工业文明时代的人类活动核心方式就是通过燃烧来自于化石燃料的碳元素以产生热能，热能再用于生产和生活需求，这一过程产生的二氧化碳在达到一定的累积规模后，将产生远远超过自然循环能力的环境影响，超出临界值后将达到人类无法修正的水平，令自然环境对人类文明的影响达到工业化过程中所没有的水平。因此，生态文

---

① 习近平．习近平在全国生态环境保护大会上强调坚决打好污染防治攻坚战推动生态文明建设迈上新台阶［N］．人民日报，2018-05-20（1）．

② 周丽晓，王姗姗，刘小才．浅析文明古国的兴衰与地理环境的关系［J］．知识经济，2010（18）：162．

明思想指引人类活动朝着生态环境自然循环相一致的方向进行，同时也是城镇化和工业化达到一定阶段后，人类进入下一个更高质量阶段的客观需求。

从绿色金融的角度来看，传统金融通过资金融通实现了资源配置，而资源配置的过程主要服务于碳元素产生热能和二氧化碳的过程，碳排放成本的忽略使得环境责任在传统金融活动中被割裂了出来，成为具有公益属性的产品和活动。而在应对气候变化核心目标下，碳排放空间约束使得碳排放成本发生显性化，若要实现自然环境与人类活动的协调，就需要绿色金融实现环境责任在资源配置中的融合，实现生态与文明的融合，这是绿色发展的核心诉求与最终目标。

二、生态文明思想指引绿色金融发展方向

（一）生态文明思想揭示了经济发展的客观规律，指引了绿色金融的发展方向

气候变化和碳排放空间约束均是生态环境领域的组成部分，而以政策措施和投资活动降低温室气体排放，其所处的思想层面存在局限性，需要提高到人与自然和谐共生以及人类命运共同体的高度。或者说，仅以绿色金融支持节能环保，还不足以充分解释“两山理念”的金融本质，生态文明思想正式揭示了经济发展的客观规律，辩证看待了经济与生态在演进过程中的相互关系。

我国发展绿色金融的核心职能是挖掘生态红利。无论从贴现的角度，还是信用的角度，生态环境价值都充分融合进了绿色金融的发展之中，在碳排放空间约束越来越收紧的背景下，绿色金融在全球范围内都将迅速得到更大程度的认可和推进。

具体而言，从贴现的角度，运用生态文明思想发展绿色金融，将令生态红利的未来价值得到确认，生态兼容性产品（清洁能源、碳减排技术、碳汇项目等）的未来收益得以计算并贴现，绿水青山向金山银山转化的方式和程度也得到确定，同时不利于绿水青山的高污染高排放产品将被确认为生态负价值，在碳排放空间约束不断收紧后，生态红利的利率和风险低于两高产品，前者现值将高于后者，绿色溢价降低并转负，充分实现了生态红利的最大化，市场行为也将朝着生态与经济兼容最优的方向进行。

另外，从信用的角度，拥有金山银山可以提高信用主体的信用水平，而生态红利的充分挖掘，则将使得绿水青山成为最优的信用，也是持久的、可持续的信用来源，生态文明就是红利，生态文明就是信用，从而建立在信用体系上的金融系统在生态文明建设下将不断向绿色发展所倾斜。

（二）运用生态文明思想开绿色金融活动，中国更能接受绿色金融的核心逻辑与本质，将其融入生态与经济协调发展之中

在生态文明思想中，要实现人与自然和谐共生，客观上需要应对资源环境生态约束。在全球气候变化的环境下，生态文明思想的提出和深入在应对碳排放约束的需求下占据了正确的优势时机。

第一，从群众认知的角度，中国目前正从发展中国家步入中等收入国家，在这个过程中，人民群众对于生态环境的认识较高，同时在对美好生活的需求中兼具对经济发展和生态环境的需求，生态文明建设具有牢固的群众基础。

第二，从产业结构和发展阶段的角度，中国正处于工业化和城市化的关键进程中，尤其是经济转型期和多种国际变局交汇的十字路

口，运用生态文明指导思想，在工业文明新阶段下探索人与自然和谐共生的现代化社会运行规律，是改变落后地位并提升中国在世界产业链中所处位置的重要手段。其中，绿色金融也是碳排放约束下创造新增长极的优势领域。

第三，从民生角度，环境就是民生，生态文明思想下兼顾生态环境建设与文明经济发展才真正符合可持续发展理念，从而杜绝了任何为了经济发展而牺牲环境或者为了减少环境影响而关停生产的错误方向。

三、绿色金融与人类文明的新升级

从绿色金融推动实现人类文明新形态的生态兼容性升级。

人类文明，可以包含物质文明和精神文明在内的一系列生产活动、生存活动、交流活动、大规模社会活动等。回顾人类文明的发展历程（从原始文明到农业文明，再从农业文明到工业文明），人类文明发展的主要方向，是以生产活动的组织方式为基础，朝着现代化的方向进行的。对美好生活的向往是人类探索文明发展的客观需求，而科学技术是人类文明进步的根本动力。

习近平总书记在庆祝中国共产党成立100周年大会上的重要讲话中指出，“我们坚持和发展中国特色社会主义，推动物质文明、政治文明、精神文明、社会文明、生态文明协调发展，创造了中国式现代化新道路，创造了人类文明新形态”，而在人类文明下一阶段的发展之中，处理好生态文明与其他文明之间的共生关系，是中国领衔探索人类文明新形态的重要落脚点。

第一，从物质文明下的生产活动角度来看，在绿色技术发展的推动下，工业生产正朝着生态环境兼容的方向发展，实现从增碳、到减碳、到零碳、再到负碳的生态友好型升级。

第二，从精神文明下的人类社会生活需求角度来看，当物质条件发展到一定高度后，人类对于美好生态环境的需求远高于以往，社会文明和必然向着实现美好生存生活环境的方向演进。

第三，从支持生产活动和社会关系的金融活动角度来看，以及从金融和文明之间关系的角度来看，金融可以视为更好地处理人类文明中一系列社会活动和社会关系的推手，比如：私有财产的确认和交易；社会资源的配置和财富转移；那么在人类文明新形态下，通过生态文明框架发展绿色金融，应当是更好地处理绿色生产生活关系的推手，实现人类文明新形态的生态兼容性升级。

第五节　绿色金融赋能强国未来

改革开放以来，中国的金融业经历了迅速发展，但与发达国家仍有一定差距，过去的中国金融业是落后者、追随者、学习者，但在生态文明思想的指引下，中国的绿色金融与生态文明建设有望成为全球的引领者、超越者、示范者，成为金融强国的新动能。而中国未来要走好绿色金融发展之路，就必须以新的逻辑框架和理论视角来看待绿色金融的本质，国家、企业、金融机构都应当改变看待绿色金融的思维方式。

一、气候变化下的世界变局，也是一场生产方式变革下的金融变局，中国应通过绿色金融抓住变局下的中国机遇

绿色金融的兴起和新阶段的演化，伴随着一场以气候变化主导的世界变局，其变局的来源可归结为两个方面。

第一，应对气候变化目标下的碳排放约束需求。面对世纪性的环境危机以及由此引发的一系列社会经济金融风险，构建人类命运共同体以应对共同危机是人类唯一的出路。而绿色金融对传统金融行业的冲击正是大变局中较为基础与核心的层面，因为资金流动的状态蕴含着生产生活和社会运行方式的动态与变化，如果金融在碳约束下走向了绿色循环，那么世界经济也会朝着与自然循环方向相一致和兼容的方向进行——这一思考也表明了在世界变局下为什么要发展绿色金融。

第二，人类文明走向新形态的金融探索，面对气候格局、政治格局、产业格局、贸易格局等诸多层面的变局，世界各国都应该思考人类文明如何再进一步迈向新的阶段，其中金融升级是文明升级的客观需求，在文明升级的过程中，金融在多个层面都将在绿色视角下发生转变，比如：资产的定义将得到升级（碳排放约束下，碳排放空间的稀缺性造成了资产计价逻辑因碳排放而变化）；收益的获取方式将得到升级（未来环境预期效益的显性化）；风险的度量模式将得到升级（气候风险的影响范围和结果几乎覆盖了生产和社会活动的方方面面）；以及信用体系的构成基础也将得到升级（碳约束下，信用的来源得到扩展，传统信用体系在信用的实际价值上发生了质和量的转变）——这一思考表明了在世界变局下怎么发展绿色金融。

二、作为发展中国家，在碳中和目标下，中国应从经济发展与能源系统之间关系出发探索绿色金融的实践方式

实现碳中和目标在碳排放约束下实现的是将生产关系中的一部分碳循环降低至自然系统可承受的范围（节能减排，或者只有极少量碳元素参与的清洁能源），以及尽可能实现人类活动碳元素的自循

环（比如 CCUS 碳捕捉），目标是达成工业文明与生态文明的兼容并进，生态文明重要思想的理念揭示了这一过程，绿色金融则实现了这个过程的市场化以及成本收益的定价。

从经济发展与能源消费之间的关系来看，能源与经济密切相关，工业生产需要能源，日常生活也需要能源，能源不仅和工业生产规模、生产效率等领域密切相关，并且生活水平和生活质量的提升也会带动能源消费需求的持续增长。回顾这一过程，工业文明以来的能源体系和工业体系，对于碳排放的依赖和惯性是非常强的，自人类学会用火以后，工业革命时期人类学会用化石燃料生产以后，本质都是化石燃料转化为热能，这一过程中人为制造了大量超过自然系统承受能力的碳循环。

但是，经济发展与碳循环的关系并非螺旋上升，要想发展经济，未必只能通过提高碳排放，这其中就需要产业结构调整和升级，其方式在于三个层面：第一，短期内实现经济增长和能源消费的脱钩，调整第二产业中与能源消费高度相关且高耗能、高排放的产业在整体经济中的比例和结构，建立第三产业、数字经济等新的经济增长极。第二，中期内要进一步实现能源系统与碳循环的逐步脱钩，也就是需要调整能源结构，在实现同等数量的能源供给的基础上降低这一过程中碳元素的参与率，也就是比如风能和太阳能转化为电能，减少热能转化过程的参与。第三，长期内要实现人类碳排放的自循环，人为碳排放要实现在人类工业文明中的流动，不借助自然碳汇实现碳净零排放，是碳中和的终极形式。

从处理好经济发展与能源系统之间关系来看，如果要在碳排放约束下实现碳中和目标，那么至少需要实现生产关系和人为碳循环的逐渐脱钩。

三、中国应充分转变绿色金融的思维逻辑，以全新的生态文明框架看待绿色金融的中国未来

首先，绿色金融为碳循环和碳排放约束实现了金融定价，只有实现了“气候定价”，才能将气候问题全面纳入金融系统之中，而不是仅仅以社会责任的形式存在，没有定价的社会责任承担相当于公共品和做公益，这是传统金融的框架和逻辑，同时也不会令绿色金融成为主流。

其次，绿色金融令经济发展与碳元素脱钩的过程实现了市场化，比如碳市场和清洁电力市场，市场化之后就可以对碳中和过程中的一系列活动建立成本和收益框架，为绿色金融支持碳脱钩提供市场基础和金融基础，因为绿色金融本质上还是金融。

最后，就目前的全球能源发展现状而言，中国已经建立起了全球最大规模的能源系统，无论是化石能源还是清洁能源。也就是说，在碳中和下全球能源转型的整个过程中，作为独立的能源市场，中国的市场规模是全球最大的，从而中国在生态文明的指导思想下处理好经济发展与能源系统之间的关系，发挥绿色金融在其中的定价作用，对于中国在未来全球经济发展以及国际治理中掌握主导权都将具有支柱作用。

第二章　生态文明强国与绿色金融的加速演进

党的二十大报告对中国未来的现代化建设与绿色转型进行了全面的系统性论述，推动经济社会发展绿色化、低碳化是中国实现高质量发展的关键环节。[①] 自“两山理念”与生态文明思想提出、形成并深化以来，我国不断推动人与自然和谐共生并广泛开展各类绿色投资与科技创新，提升生产方式与生活方式的绿色化水平，真正做到了“站在人与自然和谐共生的高度谋划发展”，最终实现“生态强国”。

而未来如何继续推进美丽中国建设并开辟新时代新征程中的中国特色绿色发展之路，其关键应当是实现中国式的绿色现代化，大力推动节能环保与清洁低碳等可持续发展目标的有序衔接和推进，持续降低工业生产和能源利用环节中的资源消耗利用与污染物排放，实现经济社会高质量发展。由此可见，为实现绿色现代化的重要目标，绿色转型进程将不断加快，这也为绿色金融业带来了高速增长的战略新机遇。党的二十大后，绿色金融在中国将加速发展，这不仅是绿色转型进程加快的内在推动力，更是在新的动荡变革期中应对百年未有之国际变局的客观需求。[②]

---

① 宋国新，董雪．我国“双碳”目标实现的主要挑战与路径选择［J］．东北亚经济研究，2022，6（6）：109-119.

② 王文．世界进入新的动荡变革期［J］．前线，2022（7）：30-32.

第一节　中国式现代化的思想升级

生态文明理念的确立，是一场中国式现代化的思想升级，生态优先的核心思想以及以此为基础的环境兼容性的可持续发展观念为中国式现代化建立了理论与环境基础。

党的二十大报告提出，要“以中国式现代化全面推进中华民族伟大复兴”，[①] 这是党在新时代新征程中的使命任务。全面建设社会主义现代化，其首要基础是对中国式现代化作出诠释。中国式现代化，本质之一是人与自然和谐共生的现代化，当“两山理念”与生态文明思想得到进一步确立、升级、完善后，将成为包括绿色金融、清洁能源、生产生活方式绿色转型在内的首要思想指引，更是绿色金融支持生态文明建设落到实处的道路根基。并且从绿色金融的本质而言，绿色金融更是落实“绿水青山就是金山银山”[②] 理念的金融实践，具有相当重要的现实意义。

一、正确而深刻理解“绿色发展”理念

“绿色发展”意味着促进经济增长和发展，同时确保自然资源继续提供我们福祉所依赖的资源和环境服务。

近年来，中国的快速工业化、农业生产集约化和城市化为许多人带来了更大的繁荣和更高的生活水平，但同样也造成了对能源和原

① 习近平：高举中国特色社会主义伟大旗帜 为全面建设社会主义现代化国家而团结奋斗——在中国共产党第二十次全国代表大会上的报告，2022 年 10 月 16 日。

② 李学敏，王永昌．“绿水青山”转化为“金山银山”内在逻辑的国内研究进展与展望［J］．观察与思考，2021（10）：5–17.

材料的高需求，增加了生态系统的压力并影响了健康。中国很早便意识到了这个问题，并致力于实现绿色经济。“十一五”规划（2006—2010年）旨在增加可再生能源的消费。[①] 环境污染治理总投资年均增长15%，2009年环境投资占GDP的比重达到1.33%。与此同时，中国改革了环境管理机构，向公众开放环境信息，成立了国家应对气候变化和节能减排领导委员会，明确能源效率和污染减排目标，鼓励采取措施地方政府追求环境卓越，采用市场机制减少污染。在“十二五”规划（2011—2015年）中，明确指出，改善饮用水源和质量；控制危险化学品和危险废物造成的污染；改善城市环境基础设施运营；扭转生态恶化；提高核安全；加强环境监管机构。环境目标包括单位GDP碳排放降低17%，单位GDP能耗降低16%，森林覆盖率提高到21.66%。[②]

（一）中国在绿色发展领域积累了重要经验

20世纪下半叶，西方科学家关注环境的危机状态，提出了包含经济和人口零增长原理的社会发展理论。与零增长模型相关的一种妥协是低经济增长率原则（根据该理论，GDP增长率每年不应超过2%~3%）。然而，中国科学家陆大道认为，中国不能接受低经济增长模式，更不能接受零增长模式[③]。因为一旦发达经济体和发展中经济体都坚持零增长的理念来保护环境，这将加深它们之间的不平等

① 国务院公报2006年第12号：中华人民共和国国民经济和社会发展第十一个五年规划纲要，2006年3月14日第十届全国人民代表大会第四次会议批准。

② 国务院：中华人民共和国国民经济和社会发展第十二个五年规划纲要，第十一届全国人民代表大会第四次会议批准。

③ D. Lu, “The environmental crisis in the next 25 years and the strategy to overcome it,” in *Luise Zhanlue*, Ed. by Zh. Li (Qingdao Chubanshe, Qingdao, 1997), pp. 118-126 [in Chinese].

和大多数国家贫困和落后的保护①。因此没有一个发展中国家愿意接受以零增长原则作为行动指南的全球均衡理论。

所以，在西方最初的理论里，“可持续绿色发展”的概念可以看作是进一步经济增长和环境保护之间的一种妥协。与罗马俱乐部提出的全球均衡理论不同，中国式绿色理念并不意味着放弃经济增长。即，这个概念的中心思想是发展，是提高生活质量，是消除贫困和贫富生存条件的差距。另外，实现这些目标应包括尽量减少对环境的破坏和成本。中国式绿色发展理念的基本思想在于综合解决经济、社会和环境问题，以达到三点平衡。②

（二）中国对“绿色发展”的概念进行了重新诠释

中国对“绿色发展”理念的主要思想与“正统”的解释有很大不同。里约热内卢会议承认的“可持续发展”理念，只有在有一些保留和限制的情况下才有可能实现进一步的经济增长，这是对有关于无节制的经济增长的警告。以欧美的“可持续绿色发展”理念为基础而诞生的新文明发展模式的基本要求之一是，国际社会应摒弃将无限的经济增长以提高人民生活水平视为进步的经济陈规定型观念。然而值得特别注意的是，中国由于其历史发展的特殊性，尤其是人口状况，比其他国家更早，即到 20 世纪末，在很大程度上便已经接近了使用自然资源和人为对环境造成的压力。当时中国的形势，对“绿色发展”急迫性和必要性，是中国历史进程中的一种巨大实验——这种实验的结果可以帮助人类寻找摆脱全球危机的出路。而

---

① D. M. Gvishiani，*Club of Rome*：*History of Creation*，*Selected Reports*，*Official Materials*（URSS，Moscow，1998）［in Russian］．

② 毕然．生态伦理的现代管理价值研究［D］．哈尔滨：黑龙江大学，2021．

这种人口状况膨胀造成的特殊性，使得在其国家可持续发展计划中，中国强调以每年 GDP 的 8%～9% 的高速度进一步经济增长的任务[①]。

这一立场得到了历史的证实[②]：中国是发展中国家；因此，发展经济是首要任务。没有经济发展，就没有实施环境保护政策或进行创造性改造的物质基础。与其他发展中国家一样，经济的快速发展是中国特别关注和最迫切需要的问题。只有在经济加速稳定发展的条件下，才有能力有效地保护和改善中国乃至世界的环境状况。

（三）绿色发展理念是社会发展的指导方针，而社会经济发展、绿色金融的支持则是可持续绿色发展的基石

历史经验表明，如果人民生活在落后和贫困之中，就不可能实现可持续发展。中国必须坚定不移地把发展国民经济作为第一要务，着力消除贫困，提高人民生活水平。经济发展是国家一切事业的物质基础，是实现人口、资源、环境和经济等问题相互依存的根本保证[③]。

不同于西方的先掠夺性开采自然资源以谋求经济增长，后利用积累的资本保护环境的方式，中国式绿色发展理念，一直坚持自己的可持续发展国家模式，只有协调经济和社会动态与自然资源的可持续利用和环境保护，才能逐步加大对环境的投入，以便当前的发展为

---

① “China’s Agenda 21：White paper on China’s population，environment，and development in the 21st century，” China Popul. Today，No. 4，5-8（1994）. https：//pubmed. ncbi. nlm. nih. gov/12288811/. Cited November 15，2007.

② Sh. Cai，“China’s environmental policy，” Huanjing Daobao，No. 6，1-5（1997）.

③ National report on sustainable development，June 1997，China，Articles 1. 2，1. 3，1. 4，1. 7，4. 35，4. 39，5. 14-5. 17. http：//www. acca21. edu. cn/. Cited November 15，2007.

未来奠定基础[①]。而事实也恰恰证实，随着中国经济的飞速发展，中国用于自然保护的预算拨款在相当短的时间内（1993—1999 年）从 GDP 的 0.7% 增加到 1.1%[②]，2021 年全国财政生态环保投入总额达到了 8210 亿元。根据这一指标，中国很快赶上了世界发达国家，其中 1%~2% 的 GDP 用于环境保护[③]。20 世纪 90 年代，中国实现了固定资产加速更新和现代化，服务业呈现增长趋势。其份额在 20 世纪最后十年从 31.3% 上升到 34.0%，进一步带动了中国经济的服务化和环境负担的减轻。正如周骥在他的文章[④]中所写，走上绿色发展道路标志着中国历史进入了一个全新的阶段。现阶段的中国正在创建一种全新的社会经济发展模式，旨在取代不符合绿色和可持续要求的先前模式。

二、中国对绿色发展理念的思想升级

21 世纪第三个十年，中国仍是“世界工厂”；从 2000 年到 2021 年，GDP 增长了近 10 倍，通货膨胀率相对较低[⑤]。为了改变经济增长主要按照资源密集型、破坏环境的模式进行的现状，避免加重环境的负担。党的十八大以来，习近平总书记多次强调绿色发展的重要

① H. Ma, “Finding ways to reconcile environmental and economic development in China,” in *Luise Zhanlue*, Ed. by Zh. Li (Qingdao Chubanshe, Qingdao, 1997), pp. 102-109 [in Chinese].

② China's year 2000 state of the environment report. www.usembassy-china.org.cn/SOTE4web. Cited November 15, 2007.

③ G. Jiu, “Assessing the prospects for environmental protection in China,” in *Luise Zhanlue*, Ed. by Zh. Li (Qingdao Chubanshe, Qingdao, 1997) [in Chinese].

④ J. Zhou et al., “Embarking on a sustainable development path: environmental policy choices,” in *Luise Zhanlue*, Ed. by Zh. Li (Qingdao Chubanshe, Qingdao, 1997), pp. 82-93 [in Chinese].

⑤ Gross Domestic Product 3-1. http://www.stats.gov.cn/ tjsj/ndsj/2019/indexeh.htm. Cited November 16, 2021.

性，要求深刻吸取历史经验教训，根据现代环境安全要求进行技术改造和绿色升级，尽快扭转过去资源浪费和环境污染的发展方式，提高人民的生活水平和实施环境保护措施，以实现社会的高质量经济发展。

从强调经济的量增长到高质量的发展，促进人与自然和谐共生，是我们党自十九届五中全会提出以来一以贯之的要求，先后落实到《中华人民共和国国民经济和社会发展第十四个五年规划和2035年远景目标纲要》等一系列重要政策文件中，党的二十大报告再次提出，就是要求我国在建设新时代中国特色社会主义的过程中坚定不移地坚持绿色发展理念，走绿色发展道路。伴随着生态文明理念写入中国宪法，社会也形成将自然资源视为“无价之宝”的态度。党的二十大报告中指出要“以中国式现代化全面推进中华民族伟大复兴”，这是党在新时代新征程中的使命任务。中国式现代化，本质之一是人与自然和谐共生的现代化。从主抓经济到生态优先，也是从理念走向行动的一个中国式绿色现代化。① 生态优先为中国式现代化建立环境基础推动绿色发展，“两山理念”与生态文明思想的进一步确立、升级、完善，既阐明了经济与生态辩证统一关系，也体现了可持续、可循环的科学发展观。② 这是经济发展与生态环境保护之间矛盾的最高阶段，即矛盾双方由 对立走向统一的“合题”。人和自然和谐发展的中国式现代化，指出了经济发展与生态环境保护之间的内在一致性，其实质内涵，主要体现在两个方面，一是守住自然生态安全

① 余玉湖，李景源．人与自然和谐共生的中国式现代化道路生态图景［J］．当代世界与社会主义，2022（5）：42-48.

② 曾淋．自然辩证法视域下“两山”理论的时代意蕴及实践路径探析［J］．秦智，2022（6）：13-17.

边界；二是促进经济社会全面绿色转型，具体来说，就是把生态规律、生态资本、生态空间、生态效益和生态产品优先放在经济发展、社会活动、资源开发、城市建设等的前面，这也是“两山”理论转化的内在逻辑，既是包括绿色金融、清洁能源、生产生活方式绿色转型在内的首要思想指引，更是将绿色金融支持生态文明建设落到实处的道路根基，绿色发展，正是“两山理念”的补充和延续，为将理论转化为实际发展，提出了实质性的方法路径，同时又是新发展理念的重要组成部分，也是我国经济发展的重要指南，以及经济发展顶层设计的重要组成部分，同时是将重点从经济增长的数量转移到经济增长的质量上的进一步思想上的升华。

第二节　绿色金融进入高增长的内外动力

结合党的二十大精神，我国绿色金融在未来数年内将开启加速发展，绿色金融业务将进入高增长新阶段，而绿色金融加速发展的核心动力，在于日益加快的生产活动绿色转型升级需求，这也奠定了未来数年内绿色金融发展的新业态。而绿色金融进入高增长对外则是应对百年变局加速演进的原动力，双重因素导向共同推动了绿色内外双循环经济发展格局的建立。

一、经济转型的结构性需求是绿色金融加速发展的内生动力

（一）双碳目标日益增长的资金需求对绿色金融带来了一场增速革命

党的二十大报告对未来全面建成社会主义现代化强国的战略进

行了总体布局，提出“从2020年到2035年基本实现社会主义现代化；从2035年到本世纪中叶把我国建成富强民主文明和谐美丽的社会主义现代化强国”。而2035年需要实现“广泛形成绿色生产生活方式，碳排放达峰后稳中有降，生态环境根本好转，美丽中国目标基本实现”的绿色发展重要目标，本世纪中叶更是我国实现碳中和与净零排放、为联合国气候目标作出核心贡献的关键时间节点，绿色金融将在其中发挥不可或缺的支持作用。①

结合双碳顶层设计而言，我国当前在2030年实现碳达峰、2060年实现碳中和的目标已经正式确立，其时间表路线图也已逐渐明确。党的二十大报告则重点提出，“实现碳达峰碳中和是一场广泛而深刻的经济社会系统性变革”，这对于一个工业化进程尚未完成的发展中国家而言，② 时间紧、难度大、挑战多，尤其是我国从碳达峰到碳中和仅仅有30年左右的时间，远低于发达国家70~80年的时间，从而对绿色资金的需求将迅速提升。绿色金融只有迅速开展增速革命，才能满足如此大量的绿色结构性资金。③

同时，绿色发展的系统性变革的核心是全方位的，尤其是运用资金的模式将发生变化，这对于金融业中的信用组成方式、盈利评估方式等，都带来了新的变革方向，尤其是符合生态兼容性理念的金融活动组织方式成为绿色金融新业态的升级之处。

---

① 王文，刘锦涛．碳中和对中国未来的意义——全球碳中和背景下的中国发展（下）［J］．金融市场研究，2021（6）：1-7.

② 王文．碳中和，中国要有投资大战略［J］．国企管理，2021（12）：22-23.

③ 孙传旺，占妍泓．碳中和发展轨迹的国际比较与中国碳中和发展力研究［J］．国外社会科学，2022（1）：120-132，199.

（二）绿色转型活动要求绿色金融从简单的扩大融资，升级为建立系统性的投融资系统和市场框架

当前绿色转型活动已进入实质进展阶段，未来数年内应当尽快建立起绿色金融的制度框架、发展模式和基础设施，为未来数十年内的宏观绿色发展提供高质量、全方位的支持。

这表明，绿色金融本身的行为模式，需要与产业经济结构绿色转型的方式相互兼容，以适应未来短期和长期内的阶段性目标，并推动绿色产业标准、绿色贸易标准、绿色物流标准、清洁能源标准等领域与绿色金融标准之间的联系。

（三）良好的生态环境是最普惠的民生福祉，绿色金融加速发展与人民群众的生态环境需求是方向一致的

党的二十大报告着重强调，党“坚持把实现人民对美好生活的向往作为现代化建设的出发点和落脚点”。可以说，人民群众对美好生态环境的需求，是一切绿色发展与清洁低碳转型活动的核心动力，也是党坚持全心全意为人民服务的重要体现，明显区别于西方工业文明高污染、高排放的资本优先的生产模式。

21 世纪以来，人民群众的生活水平显著提升，人们对于美好自然生态环境的需求也在日益增长。为满足人民群众的生态环境需求，绿色金融在民生福祉中扮演了更为重要的关键角色，一切绿色投融资活动、绿色产业活动，根源在于提升人民群众的生活质量，既要提高经济发展水平，更要满足生态需求和提升人民群众的美好生活水平。

二、新时代的绿色金融是应对百年变局加速演进的原动力

党的二十大报告提出，“当前，世界百年未有之大变局加速演进”，全球目前正经历贸易变局、金融变局、气候变局、政治变局等层面的综合大变革。

在全球变局中，气候治理体系下的国际关系发生重塑，世界经济发展引擎正向东移，能源清洁化浪潮加速推进，人民币国际化进程加快，种种因素为中国绿色金融的国际升级提供了全新的战略机遇期[①]——世界经济进入高质量新增长阶段，本质要求是探索可持续的、资源节约的、可循环的、自然环境友好、生态兼容的综合发展模式，这些均是中国式现代化进程中，具备中国特色的绿色金融的根本方向，也是中国引领世界绿色经济重塑的核心优势。

绿色转型不仅对内有助于提升产业发展效率，降低污染排放与资源消耗，对外更是符合联合国可持续发展议程，有助于应对全球气候环境变化，提升中国的综合实力。

（一）中国通过高速发展的绿色金融，将在全球变局中为各国树立绿色现代化的方向和出路

对于金融业而言，其绿色现代化的方向，本质上和建立人类文明新形态的需求方向是一致的，把握住这个需求，中国的绿色金融才能寻求出路。我国绿色现代化转型为金融行业提供了重要历史机遇，金融业在绿色现代化进程中，其职能将得到扩充，在提升实体经济运行效率的基础上，把不在企业经营层面考虑的气候、生态、环境等因素

---

① 黄凤志，孙雪松．动荡变革期中国延续相对战略机遇的路径选择［J］．国际观察，2022（4）：1-29.

纳入社会综合发展之中。当金融业实现了绿色升级，社会综合发展则能进一步发挥其内在活力。

（二）绿色金融对于实体经济绿色转型升级的支持，是提升中国综合国力并应对变局的重要基础

当前，在数字经济、绿色经济新时代下的清洁能源浪潮之中，综合国力的升级，越来越依赖于国家转变经济发展方向和模式的决心和效率。在加速演进的气候变局下，碳排放增量空间约束不断收紧，碳中和令生产方式和经济基础发生根本变化，从而令大国综合国力的评估发生改变，使其越来越依赖于运用排放空间的能力和效率；为此，中国紧紧抓住气候变局下的工业生产与能源革命机遇，提升绿色金融的现代化水平，有助于加强气候变局下的大国绿色发展实力，成为参与国际博弈的战略基础。绿色金融在长期内不仅会成为推动中国碳达峰、碳中和目标进程的核心引擎，更将在21世纪气候变局中将成为中国绿色经济与可持续发展走出国门、走向全球的重要力量。

（三）在日益严峻的气候问题下，生态共同体是构建人类命运共同体的重要出路

在生态文明思想的指引下，中国充分意识到生态就是文明、生态就是未来，建立生态共同体是中华民族伟大复兴的战略根据，也是进一步构建人类命运共同体的出发点，只有把握好生态文明理念的重大战略价值，通过推进生态共同体的建立，在世界范围内积累中国生态经济发展经验并贡献中国力量，才能为中国未来的大国绿色崛起指明前景方向。

第三节　绿色金融高增长的行动途径

绿色金融在推进中国式现代化的过程中，将绿色发展从理念走向了行动。根据2016年中国人民银行等七部门发布的《关于构建绿色金融体系的指导意见》的定义，绿色金融是指金融业为支持环境改善、应对气候变化和资源节约所实施的高效经济活动，如对环保、节能、清洁能源、绿色交通、绿色建筑等领域的项目投融资、项目运营、风险管理等所提供的金融服务。很明显，这里的核心指向就是以金融业促进环保和经济社会的可持续发展。

一、绿色金融助力绿色发展的历史考量

当前，我国“双碳”愿景已被正式纳入国家“十四五”规划，这标志着我国的绿色发展之路已经成为我国未来数十年内经济社会发展的主基调之一。有统计资料表明，中国实现碳达峰、碳中和所需资金投入规模为150万亿元到300万亿元人民币，这意味着我国每年需要投资3.75万亿元到7.5万亿元人民币，如此巨大的资金需求，政府资金只能满足很小一部分，而绝大部分资金需要通过金融体系利用市场资金加以弥补。在此大背景下，绿色金融的重要性越来越凸显，甚至可以称之为我国金融行业未来可持续发展的重要引擎和行业转型升级的关键血脉。

二、绿色金融为绿色发展理念走向行动提供实践方式

绿色创新合作、服务绿色发展，实现金融生态的可持续发展，近

年以来一直是我国各大银行金融机构的重要使命，意在将国家对于绿色发展的部署落到实处，确保我国中长期规划中的“3060 目标”稳步实现。通过绿色金融产品与服务创新，服务于实体经济的效果显著。秉承绿水青山就是金山银山的“两山理念”，中国加快向绿色发展转型。不只是打赢了天蓝、水清、土净三大攻坚战，山水林田湖草荒综合保护治理也取得显著成效。中国坚定履行《巴黎协定》，积极参与全球气候治理。中国碳强度累计下降 18.8%。清洁能源目前占中国能源结构的 23.4%。中国的光伏和风力发电装机容量和产量均居世界前列。尽管这些来源在一次能源消耗总量中所占份额仍然很小，但它们的使用量每年以 25% 的速度增长。2018 年，中国的可再生能源消耗比美国高出 38%，是德国的 3 倍。如果中国继续沿着这条道路走下去，那么到 2025 年，可再生能源在全国能源消费总量中的份额可能会达到 20%[①]。中国加大国家自主贡献力度，二氧化碳排放 2030 年前达峰、2060 年前实现碳中和，为全球气候行动和全球绿色低碳发展注入强劲动力。新能源领域在全球赛道上的“弯道超车”呈现了新时代金融助力绿色发展的现实成果、实践方向，也进一步稳固了我们推动绿水青山变金山银山的预期。[②]

让金融深度助力我国绿色发展，也将对未来中国产生深远影响。在讨论中国的可持续绿色发展模式时，社会因素总是被放在首位。中国可持续绿色发展的一项重要社会任务便是缩小城乡人口和地区之间在基础设施发展方面的差距，同时扩大社会保障网络，提高全民服

---

① S. S. Roach, “China is leading the world in sustainable development.” https://www.weforum.org/agenda/2019/09/china-leading-sustainable-development/Cited November 15, 2021.

② 张友国．中国降碳政策体系的转型升级［J］．天津社会科学，2022（3）：90-99.

务水平，以消除满足人民日益增长的美好生活需要和不平衡不充分的发展之间的矛盾。为应对气候变化，中国政府通过改变经济模式、转移燃料来源，丰富绿色金融产品，发展可再生能源等低碳产业，打造清洁交通的“低碳城市”，发展拥抱生态友好的城市化的新模式。我国要建设的现代化是人与自然和谐共生的现代化，党中央提出要推动绿色发展，促进人与自然和谐共生，到 2035 年生态文明建设实现新进步，生态环境持续改善，美丽中国建设目标基本实现。这就意味着绿色发展在我国未来经济社会发展中具有重要战略地位，而金融，以其独特的功能，必然在这个过程中发挥“撬点”“引流”等诸多功能。绿色发展理念同时也提升绿色金融的应用效能，构建绿色企业服务体系，最终奔向“人与自然和谐共生”的愿景。

三、绿色金融为绿色发展战略建立全球领导路径

中国的发展战略在绿色发展理念的引领下已经成为全球领导力的一员，在绿色金融提供的源源不断的动力推动之下，经济平稳增长，发展韧性增强。[①] 中国国内生产总值从不到 70 万亿元增长到 100 万亿元以上。基础设施互联互通和可持续交通稳步推进。以国内大循环为主体、国内国际双循环相互促进的新发展格局正在形成。2020 年，中国 GDP 增长 2. 3%，成为疫情期间世界主要经济体中唯一实现增长的国家。

中国勇于担当大国责任，推进国际发展合作。中国倡导和平、发展、公平、正义、民主、自由等人类共同价值观，致力于构建人类命运共同体。加强“一带一路”倡议同 2030 年议程对接，推进绿色

① 金碚．中国经济发展新常态研究［J］．中国工业经济，2015（1）：5-18.

“一带一路”建设，深化南南合作，力所能及帮助其他发展中国家落实 2030 年议程。中国已向 160 多个国家和国际组织提供抗击 COVID-19 援助，并向 200 多个国家和地区捐赠和出口大流行应对物资。中国已加入 COVAX，向 80 多个最需要的发展中国家提供或正在提供疫苗援助，向 40 多个国家出口疫苗，为全球抗击疫情作出应有贡献。

尽管中国环境领域的形势依然严峻，但世纪之交所预言的因中国失误而导致的全球范围的环境灾难并没有发生。中国的可持续绿色发展理念的进一步升华、诠释，以及利用国际经验解决经济、社会领域和环境问题，有助于更好地理解和制定所有这些领域的有效方法。如上所述，绿色发展理念与中国的国策相契合，已成为国家经济发展计划、消除贫困、克服技术差距和自然保护的有机组成部分，而绿色金融也成为支撑绿色发展理念的不可或缺的抓手。

第四节　绿色金融加速发展的未来方向

正如党的二十大报告所强调，“尊重自然、顺应自然、保护自然，是全面建设社会主义现代化国家的内在要求”，绿色金融在未来的全面结构性深化发展，应当朝着生态兼容、重视质量、体系化、标准化的方向所进行，将绿色资金与国家战略深度融合，实现全社会经济的全面绿色转型。

一、我国未来绿色金融进入加速发展，核心立足点在于将绿色金融的增长模式从简单的规模扩张过渡到质量提升

一是绿色金融的现代化，根本上在于提升其标准化水平和国际

化水平，绿色金融市场应当加快建立和形成国内统一的绿色金融标准体系，① 同时参与到国际标准的指定和完善中去，进一步扩大中国在全球绿色经济中的大国影响力和话语权，不断获得国际绿色资金的关注和支持，实现国内绿色金融市场的国际化水平提升，从而加快跨境绿色资金流动，降低国际绿色投资壁垒并打破绿色资金门槛。

二是在于绿色资金的目标导向性和精准性是绿色资金运转效率和质量的首要标准。绿色金融未来在顶层设计的指导下，政策体系应当不断完善和健全，同时绿色资金的目标性也应当越来越高。以绿色项目目录和分类口径为基础完善绿色金融的支持作用，不仅实现了绿色产业资金布局的精准性和有效性，也有助于绿色金融与碳达峰、碳中和阶段性目标的深度融合，在不同时间阶段分别实现对目标行业的精准直达，例如在初期支持能源清洁化与绿色基础设施建设、孵化绿色科技创新产业，在能源和技术等相关领域进入成熟阶段后，后期加大零碳与负碳技术的投入，同时根据行业差异分别对不同高排放行业提供持久的长期的转型支持，满足众多非绿产业和碳密集型产业的潜在绿色需求，扩大绿色金融的行业服务范围。

二、党的二十大报告强调，“必须牢固树立和践行绿水青山就是金山银山的理念，站在人与自然和谐共生的高度谋划发展”，将绿水青山转化为金山银山，本质上是需要通过绿色金融来实现生态价值的转化，提升绿色金融的盈利属性

从产业增量角度，中国通过完善政策体系、建立良好的市场环境，有助于不断挖掘和提升绿色产业和绿色金融的潜在盈利属性。随

① 朱兰．完善绿色发展标准体系：促进绿色产品、绿色消费与绿色金融的融合发展［J］．农村金融研究，2022（10）：52-58.

着清洁生产与高碳高排放生产之间的成本差异（绿色溢价）不断降低，绿色生产生活方式的成本逐渐降低甚至与高耗能、高排放的生产成本相近。届时，绿色经济将不再仅仅属于政府提供的公共品，市场主体将充分挖掘绿色产业的潜在盈利能力，且不仅在于绿色生产的成本减低，还在于污染排放本身的环境成本提升，从而企业有能力也有意愿转向绿色生产，提升绿色融资的积极性。

同时，挖掘生态价值实现机制也是未来中长期内绿色金融持续发力的重要领域，[①] 绿色金融通过工具和服务创新，实现对具备生态固碳能力的环境权益的价值确立，从而进一步从源头上推动生态环境治理，并实现生态产品的经营开发与市场化水平提升，将生态价值纳入社会财富系统之中。同时，在气候投融资业务中挖掘更多的生态红利，并将生态价值考核机制、生态保护补偿机制、价值实现保障机制、激励和约束机制等融入绿色金融政策体系中去，探索和建立生态权益的国际化市场交易体系。

三、从生态文明和人类文明的层次看待绿色金融的现代化，可以看出，金融实现绿色现代化的方向，本质上和建立人类文明新形态的需求方向是一致的，这也将成为中国的绿色金融升级的最终方向

我国绿色现代化转型为金融业提供了重要历史机遇，在绿色金融加速发展的背景下，金融业在绿色现代化进程中的职能将得到扩充，在提升实体经济运行效率的基础上，把不在企业经营层面考虑的气候、生态、环境等因素纳入了社会综合发展之中。当金融业实现了

---

① 董战峰，王玉．生态文明制度创新的逻辑理路与实践路径［J］．昆明理工大学学报（社会科学版），2021，21（1）：43-50.

绿色升级，社会综合发展则能进一步发挥其内在活力。

对于金融业而言，金融与实体行业之间的绿色个体联系将会不断加强，从面对面服务扩展到面对点，随着绿色转型活动不断深入行业基层，每一家具备绿色现代化转型需求的主体都将有意愿开展符合自身路径的转型活动，这有赖于金融机构提供长期性、针对性的支持方案，提升绿色金融业务的用户黏性；而对于绿色新兴产业，从诞生到发展，整个环节也离不开绿色资金的持续扶持。综合而言，绿色转型过程将企业转型与金融机构绿色业务高度绑定在了一起。

同时，绿色现代化转型的方向和信息现代化的方向也是高度一致的，金融机构的信息化水平将不断提高，绿色转型为行业带来了额外的碳足迹追踪、棕色资产识别、环境披露与生态价值核算需求，这有赖于金融机构建立完善的环境综合信息披露机制，开展绿色转型的动态效益评估测算工作。

此外，以生态文明为切入点，金融业的绿色产品创新对金融业本身对实体经济和企业经营的支持扩展到了对文明层面的支持，例如发行碳减排或碳足迹挂钩产品、生态价值实现工具、污染排放权融资工具等，这些绿色金融产品创新不仅满足了各行各业的绿色转型需求，也增强了金融业本身的内涵。

第二篇 产业进展

导语：绿色金融历经了数年的蓬勃发展，已逐渐渗透到产业经济的各个方面，为绿色发展舒筋活血。本篇着重以绿色冬奥为例，探讨产业经济背后的绿色金融力量，并从构建中国特色 ESG 投资生态圈的角度为相关企业参与绿色金融市场及业务提供方向和路径。

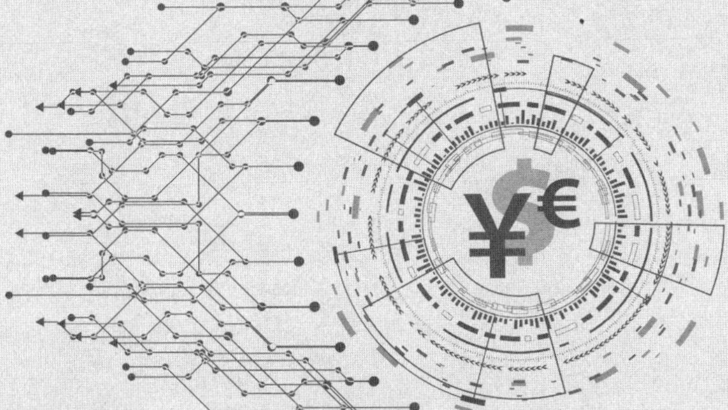

第三章　绿色金融蓬勃发展的现状与动因

自 2016 年 8 月人民银行等七部门联合印发《关于构建绿色金融体系的指导意见》以来，我国绿色金融经过这六年的蓬勃发展，已成为全球的领跑者，对中国乃至全世界的绿色经济发展注入了强大的动力。

从产业政策来看，以碳达峰、碳中和目标为基础的一系列顶层政策设计逐渐为绿色金融的未来发展指明了新方向，带来了越来越多的金融创新机遇。为此，绿色金融在未来将继续为中国的绿色实体产业和国民经济绿色转型提供源源不断的资金支持，作为社会经济高质量发展的重要引擎，成为世界绿色投融资的标杆和模范，在联合国可持续发展与应对气候变化议程中贡献大国力量。

第一节　绿色金融四大发展阶段与成就

绿色金融是一个很庞大的概念，需要多个领域协调发展，金融、环保、经济、政策等。最初的概念是可持续金融，早在 20 世纪 20 年代发起。相比较于欧美绿色金融制度演进路径是自下而上的，我国是自上而下。绿色金融不仅可以给绿色项目融资，同时还可以在这个过程中影响居民和企业的行为。1997 年在日本京都召开的《公约》第三次缔约方大会上通过《京都议定书》，首次以国际性法规的形式限制温室气体排放。越来越多的国家开始重视环境问题，金融机构也从最初的排斥到接纳，运用金融工具，引导资金流向绿色环保项目。

中国的绿色金融大致可以分为四个阶段：

2007—2012 年是中国绿色金融的摇篮启蒙期：中国政府第一次在“银行如何考虑环保因素”方面做出了明确公开的表态，而且还是金融监管部门。2008 年 7 月，国家环保部与银监会签订了信息共享协议，实现了环保部门与金融部门的信息共享。在这个阶段，中国绿色金融的着力点在于信息披露和环境信息共享。2008 年碳金融市场开始在全球展开，我国也是从这一年开始是加入这个碳金融市场，从此赤道金融和碳金融正式进入我国，我国开始绿色金融的第一个初级阶段。在这个过程中，中国在赤道原则的基础上，也逐步构建了符合中国国情的绿色金融政策，要求金融机构建立环境风险管理和控制的流程、方案和战略等，中国金融机构开始了绿色金融的初步实践。

2012—2016 年是探索起步期：2012 年 2 月 24 日中国银行业监督管理委员会制定了《绿色信贷指引》，进一步的明确要求银行业在做尽职调查时一定要把环境和社会方面的合规文件清单和合规风险审查清单厘清等。这个阶段的中国商业银行除了继续推动绿色信贷发展以外，还加入到国际碳交易市场，进行碳金融产品的供给。我国的国家开发银行、兴业银行、平安银行、招商银行等纷纷加入了联合国环境署金融机构的可持续倡议。国际的绿色金融和中国绿色金融真正进入交织期。中国的绿色金融以国际绿色金融为基础发展的同时，也对国际绿色金融产生很大的影响。国家陆续发布了绿色债券发行的规则和激励机制，全面开展银行业金融机构绿色金融评价，将绿色贷款和绿色债券业务纳入定量评价范围，引导金融机构有序增加绿色资产配置。对金融机构的组织管理、能力建设、流程管理、内控管理、信息披露等方面进行了规范，并产生了一系列的推动作用。

2016—2019年，中国绿色金融进入了全面铺开期：此时，绿色金融开始进入立体化、全方位、多维度发展阶段。各项重要绿色金融政策和指引相继发布，高速推进了中国绿色金融制度体系的构建和推进。2016年8月31日，人民银行等7部门联合发布了《关于构建绿色金融体系的指导意见》；9月，人民银行发布《G20绿色金融报告》。2017年6月23日，人民银行、国家发展改革委等七部门联合印发了各试验区的整体方案，自上而下的将绿色金融政策和横向的环境、生态和绿色发展目标、任务、项目结合在一起，呈现出了绿色金融供给端与需求端联动发展的强烈需求。在这个过程中，金融机构环境信息披露也取得了重要进展。各个绿色金融改革创新试验区的部分金融机构已经试编制环境信息披露报告，并且试点开展了地方绿色信贷专项服务，为在全国推广积累了宝贵的经验。

2020—2022年是中国绿色金融的“双碳”聚焦期：2020年9月22日，习近平主席在第75次联合国代表大会一般性言论会上提出了“双碳”目标，做出了庄严的承诺，这就使中国绿色金融进入了“绿色升级”聚焦的阶段，聚焦在“双碳”目标上。同年，中国成立了国家绿色发展基金，绿色信贷更是在2021年达到13.92万亿元余额。2021年10月26日，国务院印发了《2030年前碳达峰行动方案》，在定增设计的引导下，绿色金融进入了以减碳为重心的发展新阶段。中国的多层次绿色金融产品和市场体系已经基本形成。截至2021年末，中国本外币绿色贷款余额已经接近16万亿元人民币，同比增长33%，存量规模居全球第一位。2021年，中国境内绿色债券发行量超过了6 000亿元，同比增长180%，余额达到1.1万亿元，在全球居于前列。绿色金融投向具有直接或间接碳减排效益项目的贷款占比就达到了67%，已达到“聚焦”作用。全国碳排放权交易市场也正式启动，意味着碳金融成为绿色金融的重要组成部分。

除了国内绿色金融体系基本形成，中国在国际市场的参与度也显著提高，不断深化绿色金融的国际合作。2021年，人民银行担任G20可持续金融工作组联合主席，牵头起草了《G20可持续金融路线图》和《G20可持续金融综合报告》。另外，人民银行还参与发起设立了央行与监管机构绿色金融网络，这个网络目前已成为最具国际影响力的绿色金融国际合作平台之一。

在越来越多国家推出绿色与可持续标准，出现多个标准之间不统一、不兼容问题，“漂绿”现象日趋严重的背景下，中国和欧盟于2022年牵头推出《可持续金融共同分类目录》，加强了不同标准之间的可比性，降低了交易风险和成本，构建了国内统一、国际接轨、清晰可执行的绿色金融标准体系。

十年来，随着我国绿色金融标准体系逐步完善，绿色金融市场快速发展，从点到面全面开花。目前，我国已基本形成绿色信贷、绿色债券、绿色保险、绿色基金、绿色信托、绿色租赁等多层次绿色金融产品和市场体系，呈现出多渠道、高质量发展趋势，并成功推动中国能源结构、产业结构、生产和生活方式的绿色低碳转型项目的开展。

第二节　国内外探索案例

近些年，中国在绿色金融上的探索可以分为国际与国内两方面。

在百年未有之大变局的背景下，随着中国提出“2030 年实现碳达峰”“2060 年实现碳中和”的远大目标，绿色金融的重要所用也逐渐明显。在国际层面，中国的绿色金融正在引领金融支持绿色可持续发展的变革，为其他国家提供了应对经验。在国内层面，绿色金融结构持续优化，各类问题被相继解决，在实现绿色可持续发展的同时人民福祉也得到了明显提升。

首先从国际层面，在全球疫情常态化以及西方国家“逆全球化”的背景下，中国作为世界负责大国积极推动全球绿色金融发展；努力融合世界各国金融资源，以绿色金融为抓手践行人类命运共同体理念，尤其是以“一带一路”建设为突破口，领导了全球的绿色金融发展变革。2017 年，在习近平主席的倡议下，中国生态环境部与联合国环境规划署共同成立了“一带一路”绿色发展国际联盟，联盟中共有 120 个合作伙伴，在绿色金融、生物多样性、气候变化等方面进行探索与交流。同年，中国工商银行发起并成立了“一带一路”银行间常态化合作机制（BRBR），号召多国金融机构共同参与，为绿色“一带一路”建设共商对策。在 BRBR 的推动下，在随后几年里联合牛津经济研究院发布了“一带一路”绿色金融指数。2018 年，中国金融学会绿色金融专业委员会与伦敦金融城共同发布了《“一带一路“绿色投资原则》（GIP），这也标志着与“一带一路”相关的绿色金融体系迎来了规范的投融资准则与项目库。

随着中国对全球绿色金融发展的贡献被国际社会普遍认可，越来越多的国际合作需要中国的参与，特别是以《区域全面经济伙伴关系协定》（RCEP）为代表的国际合作协定。RCEP 的初始框架由东盟十国在 2011 年提出，随后在 2012 年邀请中国加入，最终协议在 2020 年正式签署，并在 2022 年 1 月 1 日正式生效。虽然 RCEP 并没有对绿色发展、绿色金融等问题设置独立章节进行规定与约束，但多个章节都对环境保护及相关内容进行提及。除此之外，RCEP 各成员国大多都制定了详细的绿色金融实施政策，进一步表明绿色低碳是未来合作伙伴关系的发展趋势。中国银行业机构在东盟多国广泛开展绿色金融业务，为东盟的绿色金融发展带去了实质的资金融通，也为 RCEP 的正式实施奠定了基础。2019 年，中国工商银行新加坡分行与新加坡星展银行、马来银行等金融机构合作发行了全球首支等值 22 亿美元的绿色“一带一路”银行间常态化合作债券，为东盟与“一带一路”的绿色项目建设筹集资金。

RCEP 正式生效后，东盟与“一带一路”成员国在中国绿色金融的赋能下也将被挖掘更大的潜力，一方面是因为东盟成员国普遍具有优质的碳汇资源，森林覆盖率高于全球平均水平，在与中国合作后，碳汇的变现能力或有望进一步增强。另一方面是在中国人民银行担任 G20 可持续金融工作组联合主席期间，东盟与“一带一路”成员国可将已有的《可持续金融共同分类目录》《G20 可持续金融路线图》等绿色金融标准进行参考与融合，在中国人民银行的指导下努力实现全球绿色金融标准趋同化。

而在国内层面，近些年绿色金融相关业务在不断丰富，服务实体经济的能力也在逐渐增强。从趋势上来看，绿色金融作为重要的枢纽链接并平衡了生态环境和民生福祉间关系，生态质量与经济发展正趋于共同优化。其中，贵州省的单株碳汇精准扶贫与江西省的“畜禽洁养贷”具有较强的代表性。

2018 年 7 月，贵州省单株碳汇精准扶贫项目正式实施。因树木具有吸收二氧化碳的负碳作用，所以每一棵树都可在自愿性减排市场当中以碳汇的形式进行出售，从而使参与者获得一定的经济收入。

鉴于贵州拥有较高质量的林业碳汇资源，同时又具有较强的脱贫需求，单株碳汇精准扶贫项目应运而生。截至 2022 年 8 月，贵州省内已有 9 个市（州）33 个县 724 个村的 11793 户参与到项目中，累计开发 465 万株，年售碳汇量近 4. 7 万吨二氧化碳，购碳资金总额达到 1318 万余元，户均增收超 1100 余元。重要的是单株碳汇精准扶贫项目帮助 1 万余户贫困家庭脱贫并防止其返贫。单株碳汇精准扶贫项目是以绿色金融为基础，融合了生态建设、应对气候变化、推进脱贫攻坚的一次重要创新，同样也是具有中国特色的绿色金融实践成果，在与贵州省面临相似情况与问题的西南地区具有极大的复制与推广价值。

“畜禽洁养贷”诞生于江西省赣江新区，这是国内首个以畜禽养殖经营权为核心抵押物的“畜禽洁养贷”专项信贷产品，贷款资金主要用于与养殖相关的环保设施采购、畜牧场绿色改造等活动，为企业解决了想要迫切进行绿色转型却又面临融资难的难题。相较于传统信贷而言，“畜禽洁养贷”的借款周期更长，贷款利息更低，与农业绿色化发展所具有的转型周期长、投资需求高的特点高度适配。现如今“畜禽洁养贷”已被纳入国家生态文明试验区做法清单。农业是乡村经济发展的支柱产业，“畜禽洁养贷”作为碳中和背景下的创新金融产品则成为乡村振兴的重要抓手。因为“畜禽洁养贷”的背后不仅支撑了农业的绿色化发展，同时还促进了农业向智能化、批量化、低风险化发展。

从实际成果为参考，近些年中国的绿色金融可谓是发展迅速，中国正逐渐掌握国际绿色金融标准制定的话语权，与此同时，像单株碳汇精准扶贫项目与“畜禽洁养贷”又分别推动了精准扶贫与乡村振兴工作。而实现碳中和目标作为中国的一项长期事业，绿色金融也势必要在其中扮演更为重要的角色，产生更为关键的协同效应。

第三节　绿色金融与产业经济的短阶段性融合

我国目前已成为全球最具发展潜力的绿色金融市场，业务规模和各项指标数据均位居全球前列，对绿色实体经济的支持成效显著。未来，我国将继续完善绿色金融的政策和市场体系，发挥绿色金融的资金引导作用，将绿色资金与国家重大战略相结合，实现全社会经济的全面绿色转型。展望未来绿色金融的发展之路，我国将分别从短期、中期和长期内实现金融业的绿色改革与升级。

首先，从短期内，中国的绿色金融在最近数年内将从规模扩张顺利过渡到质量提升。一是持续提升标准化水平和国际化水平，当前我国绿色金融市场正在加快建立和形成国内统一的绿色金融标准体系，涵盖绿色债券、绿色项目、环境披露、权益融资等，同时也在以此为出发点，参与国际标准的指定和完善，进一步扩大中国在全球绿色经济中的大国影响力和话语权，不断获得国际绿色资金的关注和支持，实现国内绿色金融市场的国际化水平提升，从而加快跨境绿色资金流动，降低国际绿色投资壁垒并打破绿色资金门槛。二是中国的绿色金融在顶层设计的指导下，政策体系不断完善和健全，市场环境不断优化，融资条件不断改进，绿色资金的目标导向型程度越来越高。以绿色项目目录和分类口径为基础完善绿色金融的支持作用，不仅实现了绿色产业资金布局的精准性和有效性，也有助于绿色金融与碳达峰、碳中和阶段性目标的深度融合，在不同时间阶段分别实现对目标行业的精准直达，例如在初期支持能源清洁化与绿色基础设施建设、孵化绿色科技创新产业，在能源和技术等相关领域进入成熟阶段后，后期加大零碳与负碳技术的投入，同时根据行业差异分别对不同高排放行业提供持久的长期的转型支持，满足众多非绿产业和碳密集型产业的潜在绿色需求，扩大绿色金融的行业服务范围。

其次，在中期内，绿色金融的盈利属性将不断得到充分发掘，绿色产业的综合需求也将得到充分提升。从产业增量角度，中国通过完善政策体系、建立良好的市场环境，有助于不断挖掘和提升绿色产业和绿色金融的潜在盈利属性。随着清洁生产与高碳高排放生产之间的成本差异“绿色溢价”不断降低，绿色生产生活方式的成本逐渐降低甚至与高耗能、高排放的生产成本相近。届时，绿色经济将不再仅仅属于政府提供的公共品，市场主体将充分挖掘绿色产业的潜在盈利能力，且不仅在于绿色生产的成本减低，还在于污染排放本身的环境成本提升，从而企业有能力也有意愿转向绿色生产，提升绿色融资的积极性。同时，挖掘生态价值实现机制也是未来中长期内绿色金融持续发力的重要领域，绿色金融通过工具和服务创新，实现对具备生态固碳能力的环境权益的价值确立，从而进一步从源头上推动生态环境治理，并实现生态产品的经营开发与市场化水平提升，将生态价值纳入社会财富系统之中。同时，在气候投融资业务中挖掘更多的生态红利，并将生态价值考核机制、生态保护补偿机制、价值实现保障机制、激励和约束机制等融入绿色金融政策体系中去，探索和建立生态权益的国际化市场交易体系。此外，绿色金融从公共属性到盈利属性的过渡，也是传统金融价值体系和信用体系得到升级的重要过程，一是挖掘美好生态环境的未来时间价值并体现在利率和贴现上；二是将信用主体的环境属性与其资信水平逐渐挂钩，提高生产活动与最终产品的环境兼容性和生态友好性，以提高绿色融资的授信能力；三是将能源活动的“脱碳化”与绿色金融发展方向相融合，实现能源运用与工业生产的升级与转型，最终综合实现绿色金融对绿色低碳资源的合理优化配置。

最后，绿色金融在长期内不仅会成为推动中国碳达峰、碳中和目标进程的核心引擎，更将在21世纪气候变局中将成为中国绿色经济与可持续发展走出国门、走向全球的重要力量。具体而言，一是在未来数十年内的全球气候治理进程中不断提供中国绿色资金的生命力，为应对气候变化贡献中国力量。当前全球低碳转型进程对绿色资金的需求较高，尤其是发展中国家的资金缺口越来越大，中国通过建立和完善绿色金融政策与市场发展框架，有助于在世界范围内形成高效的国际绿色投融资模式，盘活更多的国际资金为全球绿色低碳产业提供金融支持，建立起跨国绿色投融资市场，引导世界资金满足发展中国家的绿色融资需求。二是中国通过蓬勃发展的绿色金融市场，将建立起能撬动全球绿色金融业的绿色金融中心，不仅能推动中国绿色金融标准走向全球，更能合作创新国际性的绿色基金和绿色信托并在中国落地，还能帮助国内信用主体发行海外绿色债券获得融资，满足其绿色产业的国际资金需求，以中国绿色金融中心为支点，撬动整个亚洲乃至世界的绿色市场。三是借助绿色金融投资项目创新，不断引导绿色资金流向，引领全球绿色产业发展进程的前进方向，通过为全世界提供中国绿色案例，不断扩大中国在应对气候变化和支持实体经济绿色低碳转型的国际领导力和影响力。中国已成为全球最大的绿色金融市场，不仅将作为世界可持续发展的核心引擎，更能借助绿色金融和低碳经济掌握全球金融业的升级方向，建立起中国绿色金融的大国话语权。

第四节　绿色金融的机遇与变革

发展绿色金融，是推进生态文明建设、助力能源清洁转型与社会经济绿色升级的重要推手，自 2016 年中国人民银行等七部门联合印发《关于构建绿色金融体系的指导意见》顶层设计以来，我国绿色金融历经数年的发展，各项指标均已位居世界前列，成为全球最大的绿色金融市场，已逐渐建立起自上而下、长远布局、区域协同发展的绿色金融政策体系。

2022 年，我国绿色金融持续蓬勃发展、领跑全球，在生态文明思想的指引下，绿色金融业务为实体经济绿色转型与可持续发展提供了越来越明显的推动力，也为金融市场提供了更多的创新机会。我国要如期实现碳达峰、碳中和，至少需要数百万亿元的绿色资金满足相关行业的投融资需求，这些都为绿色金融带来了不同形式与不同阶段的挑战和机遇。为此，我国应以经济与环境可持续发展目标为基础，以生态文明建设为核心，不断抓住绿色金融业的发展机遇，积极开展绿色投融资活动，推动实体经济绿色高质量发展。

一、中国绿色金融领跑全球

尽管当前全球经济形势复杂，疫情和国际局势波动加剧，但中国的绿色可持续发展步伐并未落后，根据人民银行公布的数据，截至 2022 年 6 月末，我国绿色贷款余额达到 19. 55 万亿元，同比增长 40. 4%，绿色债券余额超过 1. 3 万亿元，同时碳减排支持工具已带动减少碳排放量超 8000 万吨。中国信托业协会数据显示，2019 年是绿色信托显著增长的一年，2020 年绿色信托存续资产总额达到 3592.82 亿元。从规模来看，中国目前是全球绿色资金存量最大的国家，也是全球绿色经济的重要引擎，绿色金融市场数年来在保持增量和增速的同时，还在质量和效益上迅速跟进。

一是对绿色资金需求的匹配程度进一步提升。《绿色债券支持项目目录（2021 年版）》显示，绿色债券融资所支持的项目调整了分类方式，与国际主流绿色资产分类标准进行了有效的对接，范围不断扩充、内容不断细化、技术细节越来越丰富，且新增了 CCUS 零碳负碳技术的项目，紧跟碳达峰、碳中和的进程和步伐，可以说是全球最为科学的绿色金融目录，对每年绿色产业的资金需求进行了跟踪式的有效衔接。

二是绿色金融开始惠及小微企业与个人。通过开展“园区贷”“绿色信用贷”等创新，金融机构开展绿色信贷业务的过程中逐渐拓宽了融资服务对象，这不仅打破了绿色金融较为集中和偏向于支持资信水平高的大型企业的僵局，更是开始深入渗透和下沉到小微企业和自然人中。绿色金融服务的下沉是其扩大服务服务职能和支持范围的重要的标志，小微企业是中国绿色金融市场投融资的潜在力量，在得到信贷支持后将为绿色金融市场注入新的生命力，而面向个人提供绿色金融服务则进一步充分提升了绿色金融服务的多样化水平，激发了个人参与绿色金融市场的新动力。

三是绿色金融在升级过程中注重与数字技术和信息科技的深度结合。2022 年 1 月，人民银行印发《金融科技发展规划（2022—2025 年）》，明确指出要“发展数字绿色金融”与“加快金融机构数字化转型”。绿色化和数字化是未来产业经济发展的两大重要方向，数字技术融入绿色金融将成为大势所趋，我国对此提前进行了系统化的有效布局，例如借助数字科技支持环境信息披露系统的建立和完善、支持碳排放跟踪统计核算，同时实现绿色资金带动低碳减排效益的评估与测算，建立起覆盖各类资信主体的大数据绿色信用体系。

四是绿色金融创新正逐步实现排污权与生态权等环境权益融资模式的充分挖掘。自2021年7月人民银行发布《环境权益融资工具》金融行业标准以来，金融机构在开展环境权益融资活动并将生态环境转化为生产要素融入市场经济体系的过程中有了更多的创新机遇与市场活力，环境权益回购、排污权与排放权抵质押融资、生态权益贷款与债券等金融工具的创新，对于提升生态金融的盈利属性、引导民营资本参与生态环境市场具有明显的促进和推动作用，为全球生态权益融资市场的创新建立了规范的标准创新和案例创新。

二、政策发力推动金融业绿色转型

目前，我国绿色金融“三大功能”和“五大支柱”政策体系已基本确立，近年来颁布的政策举措为推动绿色金融发展奠定了稳固的基础，提供了良好的政策和市场环境，2022年，绿色金融继续发挥政策优势，引导金融资源不断进入绿色领域，推动实体产业绿色转型。

首先，从市场主体的角度，金融机构绿色金融组织发展和业务流程得到了规范和指引。2022年6月，中国银保监会发布了《银行业保险业绿色金融指引》，有助于充分促进银行业保险业发展绿色金融、积极服务兼具环境和社会效益的各类经济活动，使金融机构业务规范得到科学指引，一是为金融机构将绿色低碳政策充分融入金融业务建立了引导机制；二是进一步规范了绿色投融资的具体流程，强化了组织管理和工作协调机制；三是对信息披露提出了新的要求，推动了第三方评估和审计行业的开展。

其次，从金融创新的角度，碳金融市场产品标准的发布有助于提升我国在全球碳定价中的国际影响力。2022 年 4 月，中国证监会发布了《碳金融产品》等金融行业推荐性标准，碳远期、碳期货、碳期权等新产品为金融机构开展低碳减排相关的市场融资工具带来了广泛的积极性，更为环境权益融资市场和碳金融市场未来的长期发展奠定了基础，也是未来相关交易所拓展业务的优势赛道。

再次，从国际合作的角度，2022 年我国继续推进国际绿色金融合作范围。不仅牵头制定 G20 转型金融框架并落实《G20 可持续金融路线图》，还更新了中欧《可持续金融共同分类目录》，并推动落实《“一带一路”绿色投资原则》的落实，提升绿色金融国际合作的广度和深度，传递了推进绿色金融市场双向开放的积极信号，在全球绿色低碳经济发展中注入中国金融力量，在推进全球绿色复苏和可持续发展的进程中具备重要的现实意义。

最后，气候投融资试点名单于 2022 年 8 月正式发布，中国将开启气候金融时代。2022 年下半年，在气候投融资地方试点工作的不断推进下，中国将加速积累应对的气候变化的金融市场经验，发挥金融在绿色可持续发展中的气候治理作用，不断吸收国际先进经验，推动碳达峰、碳中和目标下的绿色金融在气候变化领域的改革与创新。气候投融资时代开启后，越来越多的社会资源将会不断投入气候治理和低碳转型中去，更好地响应我国应对气候变化的战略目标，缓和气候资金的时间和空间矛盾，形成一批又一批的先进经验。

三、短期困境与挑战有待克服

我国绿色金融通过仅仅数年的发展便已机身世界前列，但在未来一段时间内，绿色金融还需要克服既有的阶段性困难和挑战，实现全面稳定健康发展。

一是当前绿色融资结构还并不合理，我国绿色金融市场中绿色信贷占绿色融资整体规模的比例超过 90%，绿色资金比较集中在银行端，以贷款为主。因此，需要尽快加强绿色直接融资市场的发展，扩大绿色债券、绿色基金、绿色股权等融资工具的应用，引导社会资本进入绿色金融市场，提高投资者的参与度。同时还需要适当延长绿色信贷工具的期限，满足长期绿色融资需求，并进一步改善绿色融资的期限错配问题，令绿色金融充分服务于具备长期可持续效应的绿色低碳减排项目，将绿色融资活动充分融入碳达峰、碳中和长期目标的顺利开展之中。

二是绿色金融对传统棕色和非绿行业的绿色转型活动较为缺乏支持。当前，碳达峰、碳中和目标非常迫切，不在绿色项目目录中的业务难以获得绿色资金，但这些行业却是绿色转型过程中的重要组成部分，其实现不同程度的绿色转型所需要的资金不容小觑。当前，绿色金融所支持的项目目录大多是清洁能源、绿色交通等纯绿或深绿项目，但高污染和高排放的棕色产业的融资需求应得到金融机构和市场的重视。因此，绿色金融在提升绿色产业增量的同时，还需要大幅重视转型金融业务的潜在价值，同时也应避免以绿色信贷为主的资金集中投放于绿色交通和清洁能源行业，应注重不同产业之间融资需求的平衡，实现各行业脱碳进程的稳步推进，预防木桶效应，提升综合转型效率。

未来，中国绿色金融依然具备更多潜在的发展机遇，将不断实现创新改革与升级，实现对实体经济绿色转型的支持作用。

首先，绿色金融未来应继续推进标准统一，不断提升标准化、国际化水平，推动绿色金融“走出去”，提升绿色金融的国际话语权，目标是建立绿色产业与绿色金融相协调的绿色标准体系，覆盖绿色生产、清洁能源、信息披露标准和规范等，进一步实现绿色产品标准、绿色物流标准、绿色贸易标准等领域与绿色金融标准之间的衔接，贯彻碳足迹披露在全产业链供应链的连通。

其次，绿色金融应注重改善绿色融资结构，扩大绿色直接融资，提高私人资本参与度，避免资金较为集中、避免投放行业过于狭窄等问题，多元化的绿色融资活动是扩大资金来源和资金流向范围的基础，也有助于完善多层次绿色金融体系以发挥资本市场对绿色产业的支持和鼓励作用。

最后，中国应建立与完善绿色金融激励和约束机制，吸引更多的社会资本进入绿色金融市场，与政府资金形成合力，同时也需要进一步吸引更大范围的国际资金进入中国市场，扩大中国绿色金融的国际影响力，为联合国气候治理议程注入新动力。

第五节　碳中和稳速跑阶段下的产业绿色发展

自 2020 年 9 月中国提出碳中和目标以来，全国掀起了一场自上而下的全球历史上最大规模的低碳减排运动。2020 年中国碳排放强度比 2015 年降低了 18. 8%，为后期碳中和工作的稳步推进打下了良好基础。实现碳中和，意味着全行业经济将开启长期的绿色升级和转型，使中国进入人与自然和谐共生的社会经济高质量发展新阶段，这是中国式现代化建设的一次颠覆性创新。

当前，中国已开启碳中和进程的第三个年度，碳中和作为一项长期战、持久战，在顶层设计已基本建设完成的前提下，有序推进阶段性目标并确保如期完成的根基在于从碳中和国际、区域、产业三大分化中寻求稳速推进的路径，将碳减排的实际效益作为评估碳中和目标落实的重要标准，实现中国式绿色现代化的坚实推进。

一、碳中和进程现今面临三大分化

从现状角度分析，当碳中和进入第三年后，中国现有的政策体系已基本完善，这回答了在中国式现代化进程中为什么要实现碳中和，而在面临国际局势、国内地区、国民产业多种分化的背景下，思考如何稳妥有序推进碳中和是现阶段必须要回答的紧迫问题。

一是国际分化：部分国家在碳中和目标上陷入困境甚至发生动摇，使得国际气候格局发生分化，世界可持续发展进程的割裂程度不亚于工业革命时期。2022 年春季以来，欧洲发生 21 世纪最为严重的能源危机，能源安全带来的诸多问题动摇了欧洲绿色进程的根基，欧洲或将因能源短缺失去碳中和与清洁能源的先发优势；美国最为全球第二大碳排放国，在《巴黎协定》及碳中和议题上的反复立场屡次冲击全球气候秩序，现已成为《巴黎协定》缔约方中的最不稳定因素；从刚结束的埃及 COP27 大会谈判可以看出，气候问题下发达国家与发展中国家在资金、资源、义务、承诺落实等层面的矛盾正在迅速改变碳中和阵营的国际划分。

二是地区分化：绿色金融、气候投融资、碳市场等地方试点建立了先行优势，碳中和进程的区域分化差异越发明显。除经济增长、资源禀赋等以外，绿色转型也已成为地区之间发展差异的主要来源。虽然绿色低碳领域的相关试点地区以及先达峰、先中和的地区可以率先探索和建立可推广的制度范式，并带动其他地区适应相关转型路径和模式，但碳中和作为新兴领域，滞后地区与先行地区之间在转型惯性上的差距拉大了区域之间的进度差异，可能会形成绿色发展的“马太效应”，从而平衡地区分化成为中国在处理碳中和整体与局部关系上所面临的突出矛盾。

三是产业分化：传统高耗能产业的支柱地位与转型困境之间的矛盾，在新兴绿色产业的发展前景之下，进一步提升了产业布局难度。碳中和在能源、工业等不同部门上的路径差异形成了碳中和国内进程的产业分化，风电、光伏、新能源汽车等绿色产业需求迅速增长，而传统高耗能行业既对国民经济与就业具备支柱作用，但自身的转型过程面临多种难题，带来产业分化中的阶段性发展抉择问题，从而如何进行产业投资和发展布局，成为碳中和长期目标中的决策难点。

以上三种情形表明，碳中和由虚到实、由理念到行动、由理论到实际、由规划到执行的过程必然伴随着多个领域的进程分化，这是碳中和进入持久战的前提和基础，而其关键之处，正是在于如何巩固碳中和的内在底层基础并抓住外在先发优势。

二、高质量稳进是碳中和底层基础

中国面向碳中和长远目标的“1+N”的政策设计已经完成，在顶层设计的指引下，如何务实、有序地推进碳中和，将取决于是否持续高质量、稳扎稳打地推进。

碳中和进入实质进展阶段，其关注点应从政策宣讲是否到位逐渐过渡到相关工作是否落实。这是对现阶段碳中和绿色产业迅速进入正轨的客观要求，一是在于应当将碳减排量、污染物排放、生态效益等实际成效作为评估碳中和工作质量的核心标尺，关注点和侧重点从投资规模、项目数量等层面逐渐调整为经济产出的绿色化程度；二是使碳中和成为企业在经济现代化建设中的新要求，尤其是对国民产业经济起到顶梁柱作用的大型企业，应引导企业不仅以短期盈利作为经营决策的重心，树立企业在碳中和稳健推进中的使命感和责任感。

同时，顶层设计完成后，巩固碳中和目标的根基，在于提升绿色转型的质量和效率。为使碳中和工作得到稳步推进，必须巩固和提升碳中和工作的质量，一是在于引导各地区、各行业选取高质量的碳指标和标准指导相关绿色转型过程；二是在于提升每一单位绿色资源，尤其是绿色资金投入所产生的低碳减排效益，降低绿色产业投资中的成本损耗；三是碳中和未来必将与中国式现代化中的绿色现代化深度融合，推进碳中和进程的上位目标应当与中国特色生态文明建设所兼容。

三、如何打好中国式持久战

碳中和在中国进入稳速跑阶段后，将开启中国式碳中和持久战，持续、高质量的碳中和工作是中国有序推进产业经济绿色化与中国式现代化的重要载体，在中国未来全面建设社会主义现代化国家战略布局中占据前沿地位。

首先，碳中和是一场中国式持久战，持续推进产业经济绿色化进程应不以国际局势变动为转移。当前，全球迎来百年未有的气候、政治、经济变局，中国也将面对全新的战略机遇期，尽管欧洲、美国等国家和地区对全球气候治理进程造成了大量不确定性，中国也应当发挥可持续发展的主观能动性和决策自主性。但这并不意味着应当按部就班一成不变，而应当根据国内产业布局和转型进展进行适当的动态调整。

其次，提升碳中和工作质量的现实基础，在于重视碳中和目标的阶段性实现顺序。第一步应当注重完善碳核算、环境披露等机制，为碳排放的效益测算和成果评估建立依据；随后发挥各行业减排和转型的积极性，平衡产业格局与稳定布局，减少行业分化与差距，开展清洁能源的持续性替代为生产过程提供绿色投入；后期继续大力发展 CCUS 等零碳、负碳技术，走好碳中和路径的“最后一公里”，把无法通过改变生产方式降低的碳排放量纳入零碳技术所覆盖的范围之内。

最后，人类命运共同体下的碳中和进程必将走向全球化，在这一浪潮下，国际气候合作与竞争格局不断重塑，中国在国内要打好碳中和持久战，在国际上更要打好拉锯战。据相关机构测算，全球已作出碳中和目标承诺的国家和地区，GDP 总和占全球 84%、碳排放总和占全球 75%、人口总数占全球 60%，碳中和议题几乎覆盖了经济全球化的大部分范围和过程，与人类命运共同体进程密不可分。碳中和进程的国际分化对中国提出新要求，只有始终坚持自身绿色发展节奏和步伐、正视部分国家在碳中和问题上的难题并引以为鉴，才有机遇寻求自身在气候利益分配中的国际定位。

第四章　冬奥背后的绿色金融

2022年，北京冬奥会顺利召开，虽然新冠疫情让各国间的交流变得相对割裂，但是北京冬奥会的举办又成功地唤起了全球体育与人文交流的觉醒。本届冬奥会通过传递“绿色、共享、开放、廉洁”的办奥理念，不仅让国际社会看到了中国在面对疫情时举办大型国际活动的保障能力，还切实地感受到中国在可持续发展与碳中和工作上的雄心与措施。这背后离不开绿色金融所做的突出贡献。

北京冬奥会背后展现了中国的绿色金融力量。“绿色奥运”理念最早起于1970年，自此，几乎往后的每届奥运会都将绿色设为重要的办奥理念，而2022年北京冬奥会将“绿色奥运”理念发挥到极致，为世界呈现出历史上首届实现碳中和的奥运会。

本届冬奥会是自“双碳”目标提出后中国绿色金融的首次“大型国际汇演”。2022年北京冬奥会的成功举办不仅回击了此前国际社会对中国是否具有顺利实现“双碳”目标能力的质疑，还让国际社会看到了中国强大的绿色金融体系。本届冬奥会也凸显了不同金融机构间的高效合作能力。在2022年北京冬奥会唯一官方银行合作伙伴中国银行的牵头下，多家金融机构共同参与，以银团的形式为本届冬奥会提供了规模超780亿元的融资，这也是多方机构在共同服务大型国际活动方面的首次绿色金融合作。本届冬奥会还首次实现奥运场馆100%绿色用电。通过跨区域绿电交易与直流电网输送的形式为冬奥场馆的用电提供了绿色保障。

绿色金融在本届冬奥会上首次实现大型国际活动与精准扶贫共同推进。绿色电力项目在开发的同时有效缓解了当地的贫困问题，这是绿色金融在以服务大型国际活动为目的，同时产生扶贫溢出效应的首次体现。

第一节 “绿色奥运”——奥林匹克不可或缺的理念

环境与绿色长期以来都是国际奥林匹克委员会考量竞办奥运会城市的重要衡量标准，环境保护不仅被写入了《奥林匹克宪章》中，还成为体育与文化外的第三大奥林匹克运动支柱。回看历史，有像巴塞罗那、悉尼这样因为环境优势而赢得奥运会主办权的城市，也有像丹佛、温哥华这样曾经因为环境污染问题而放弃申奥的城市。所以，“绿色奥运”对于每一座办奥城市来说都是基本且不可或缺的理念。

早在20世纪70年代就有了“绿色奥运”理念的雏形，1994年利勒哈默尔冬奥全面探索与实践“绿色奥运”，但真正在奥运会的低碳、环保、绿色进程中具有公认的里程碑意义，还是2022年北京冬奥会。北京冬奥会是历史上首次实现碳中和的奥运会，首次真正将可持续性发展定为筹备奥运的愿景和目标，向全球兑现了可持续承诺。无数人为此付出了努力，但这背后容易被忽视、却又必不可少的力量则是“绿色金融”。很显然，在2008年北京奥运会的“绿色、科技、人文”的三大理念基础上，2022年北京冬奥会又成功加入了“金融”元素。

表 4–1　绿色奥运的历史发展进程与重要事件汇总

时间（年）	事件	具体内容
1974	绿色奥运雏形初步建立	国际奥组委将地区的环境工作视为申办奥运城市的重要考量因素
1988	汉城奥运会	为提升城市环境，在 1981—1986 年，韩国政府为汉城（首尔）的环境提升投资累计 4000 万美元，新增植树 3000 万株，并提升相关基础设施的环保程度
1991	环境内容首次写入《奥林匹克宪章》	更新后的《奥林匹克宪章》强调，“努力使奥林匹克运动会在确保环境问题受到认真关心的条件下举行”，并要求争办奥运会的城市自 2001 年起提交一份环保计划
1992	巴塞罗那奥运会	巴塞罗那奥运组委会与世界卫生组织签订协议，1992 年的奥运会为无烟奥运会，奥运会期间，各场馆实现无烟场地，并禁止烟草公司赞助
1994	奥林匹克一百周年代表大会	在巴黎举行的奥林匹克代表大会将环境保护设为大会主题，并同时将环境保护列为体育运动、文化外的第三大奥林匹克主义支柱
1996	国际奥委会全会	在亚特兰大举办的国际奥委会全会上成立了国际奥委会环保委员会，鼓励奥林匹克运动以负责任的态度关注环境
1999	国际奥委会通过《奥林匹克 21 世纪议程》	在巴西召开的第三届世界体育与环境大会上，国际奥委会通过了《奥林匹克 21 世纪议程》，其中明确要求所有奥运会必须在可持续发展的框架下举办
2000	悉尼奥运会	绿色奥运理念首次在实践意义中提出，强化了场馆在建材、使用中的循环利用属性
2004	雅典奥运会	清洁能源首次在奥运会中使用
2008	北京奥运会	为奥运会的申办北京市进行了工业部门搬迁、城市改造、改善空气与饮用水质量等活动，并为此制定了《北京奥运行动规划生态环境保护专项计划》

续表

时间（年）	事件	具体内容
2012	伦敦奥运会	为减少工业生产与建筑所产生的污染与碳排放，伦敦市政府并没有为此届奥运会新建任何场馆，将现有设施的可持续使用属性发挥到最大
2016	里约奥运会	在本届奥运会上，通过乙醇燃料、生物柴油能源新能源抵消了奥运会期间所产生的70%碳排放量
2021	东京奥运会	在本届奥运会开幕前夕，东京奥组委发布了《2020东京奥运的碳补偿计划》，旨在推广自身减少二氧化碳排放的工作，并鼓励市民采取绿色生活方式
2022	北京冬奥会	首届实现碳中和的奥运会（包括夏季奥运会与冬季奥运会）

第二节　北京冬奥会折射中国绿色低碳发展的战略雄心

1972年慕尼黑奥运会提出“健康环境中的健康比赛”，被视“绿色奥运”最早的雏形。1988年汉城奥运会提出美化城市计划，1992年巴塞罗那奥运提出“无烟运动会”。此前，全球低碳发展的问题，还远没有当前那么广泛被重视。1992年法国阿尔贝维尔冬奥筹办期间所造成的环境破坏，迫使国际奥委会开始重视环境保护问题。1994年挪威利勒哈默冬奥会，充分考虑场馆对当地环境的后续影响以及持续的经济效益。2008年北京奥运会将“绿色”作为申奥三大理念之首，推动树立全民可持续发展的环境保护理念、北京城市功能的绿色转型、公众环境教育与环境伦理观念的形成，以及促进奥运场馆的绿色遗产化与推动促进构建环境保护的法规和措施。

2008年北京绿色奥运会的举办经验，为推动此后的生态文明建设以及 2022 年冬奥会低碳化的筹备进程做了充分的实践积累。作为全球唯一一座同时举办过夏季奥运会、冬季奥运会的城市，北京绿色奥运会的成功举办，不只是一届运动会的低碳科技与运营，更涉及整个中华民族伟大复兴战略全局下的高质量发展。

2015 年 8 月 20 日，习近平总书记主持召开中共中央政治局常委会会议，作出坚持绿色办奥、共享办奥、开放办奥、廉洁办奥的重要指示，为如何筹办冬奥会指明了前进方向，提供了根本遵循。2019 年 6 月 23 日国际奥林匹克日，《北京 2022 年冬奥会和冬残奥会低碳管理工作方案》正式对外发布，提出了低碳能源、低碳场馆、低碳交通、北京冬奥组委率先行动 4 个方面 18 项措施。同时，提出了林业固碳、企业自主行动、碳普惠制等碳补偿措施。

2022 年 2 月，习近平总书记特别强调："举办北京冬奥会、冬残奥会不是一锤子买卖，不能办过之后就成了'寂静的山林'。"不同于其他国家"一次性奥运"，2022 年北京冬奥会不光在顶层设计上确立了可持续性战略，制订了可持续性计划、组织框架和管理体系，充分运用金融、科技、政策、资源等多重力量，推动冬奥会历史上的第一次碳中和举办进程，不仅向世人证明中国此前承诺 2030 年碳达峰、2060 年碳中和的目标必将实现的战略雄心，更向世界表明即便在全球疫情长期延续、各国经济长期低迷的巨大压力下，中国人仍能做到经济增长与低碳转型的有效平衡与重大创举。

第三节　绿色金融助威北京冬奥会

在筹备 2022 年北京冬奥会的进程中，中国一直强调要在环境发展与经济效益上做到可持续。过往一百多年的奥运史，“赛事、环境与经济”三重效益几乎是“不可能的三角”，但北京力求实现一届“绿色、包容、开放和清洁”精彩盛会。从本届冬奥会开幕那一刻，包括国际奥委会主席巴赫在内的全球有识之士们都惊叹，任何时候都可以相信中国人。

早在 2019 年 5 月，生态环境部就已发布了《大型活动碳中和实施指南（试行）》，深入践行绿色发展理念，规范了大型活动开展温室气体排放预估与核算、通过购买碳配额与碳信用抵消排放并实现碳中和的流程。在“双碳”目标的顶层指导下，中国绿色冬奥会的顺利举办，是绿色金融支持低碳可持续发展的大型实践，开创了绿色投融资项目支持大型国际活动的经验先河，将成为未来国际气候可持续投融资领域的经典模范。

绿色信贷：中国银行作为服务 2008 北京夏季奥运会与 2022 北京冬季奥运会的“双奥银行”，在本届冬奥会中发挥了其强大的绿色金融力量。截至 2022 年 1 月，中国银行已为北京、河北、黑龙江等 10 多个地区的冬奥冰雪项目提供授信支持，核定授信总量 613 亿元，广泛支持冰雪场馆和基础设施建设，带动大众参与冰雪并推动冰雪产业发展。具体来看，中国银行为国家速滑馆“冰丝带”的建设服务公司北京国家速滑馆经营有限责任公司发放中长期固定资产贷款超过 2 亿元，全部用于场馆建设。除此之外，中国银行还未符合绿色建筑标准的首钢化学大跳台及周边配套设施建设项目提供融资支持，提供绿色信贷数额达 2 亿元。值得一提的是，中国银行及同业代表与北控集团共同签署银团贷款协议，为延庆赛区场馆项目建设与赛后改造提供 25. 8 亿元贷款支持。

表 4-2　2022 年北京冬奥会绿色信贷及北京周边相关可持续发展贷款案例

绿色信贷发放主体	应用项目	项目开展内容
中国银行北京分行	国家速滑馆“冰丝带”	截至 2021 年末，中国银行北京分行累计为北京国家速滑馆经营有限公司发放中长期固定资产贷款超 2 亿元。
	首钢滑雪大跳台	中国银行北京分行为符合国家绿色标准绿色建筑体首钢滑雪大跳台及周边配套设施建设项目提供融资支持，为该项目投放绿色贷款 2 亿元。
北京周边相关可持续发展贷款案例		
中国农业发展银行河北省分行	崇礼林业碳汇开发项目	农发行河北省分行先后分四批投放国家储备林基地建设项目贷款 33 亿元，植树面积 159 万亩。其中投放贷款 1 亿元，支持崇礼区种树近 3 万亩。
工商银行河北省分行	古杨树场馆群、太舞滑雪场	截至 2022 年 1 月，工商银行河北省分行累计向张家口赛区古杨树场馆群、太舞滑雪场等多个重点项目投放贷款 74 亿元。

绿色金融创新产品服务：绿色金融推动冰雪资源带活各地经济。金融机构基于冰雪事业新业态、新场景发展，积极开拓金融创新产品服务，借冬奥推动“冰雪+”产业经济持续蓬勃发展，依托北京‘双创’，突出绿色信贷，发挥京津冀区域一体化等优势，深入挖掘绿色科技金融服务潜力，对冰雪产业优质企业和场馆设施赛后改造利用等领域进行专项金融支持与服务，真正实现《带动三亿人参与冰雪运动的实施纲要》，预计冰雪产业总规模将从 2020 年的 6000 亿元飞跃到 2025 年的 1 万亿元。

碳金融机制：此次北京冬奥会充分利用了碳金融机制，积极拓展碳补偿渠道。北京和张家口两地政府将林业碳汇捐赠北京冬奥会，分别完成 71 万亩新一轮百万亩造林绿化工程和 50 万亩京冀生态水源保护林建设工程，并委托专业机构完成了相应碳汇量的监测与核证工作，核证碳汇量分别为 53 万吨二氧化碳当量和 57 万吨二氧化碳当量。北京市政府、河北省政府分别将上述碳汇量全部无偿捐赠给北京冬奥组委。企业赞助核证碳减排量，中国石油、国家电网、三峡集团等三家北京冬奥会官方合作伙伴积极支持北京冬奥会碳中和工作，以赞助核证碳减排量的形式，分别向北京冬奥组委赞助 20 万吨二氧化碳当量的碳汇量。

绿色清洁能源：北京冬奥会所有场馆 100% 使用清洁能源供电，开创奥运史上的首次。此次通过绿色金融支持而打造的清洁能源供电最重要工程“张北可再生能源柔性直流电网试验示范工程（张北柔直工程）”，每年可向北京输送约 140 亿千瓦时绿色电力，占北京全市大约 1/10 的用电量，其中包括直接满足北京、延庆两个冬奥赛区场馆用电需求，不仅开创了奥运首次绿电史，还创下 12 项世界第一，有效解决了张北地区此前绿色电力“并不上”“送不出”“难消纳”三大难题，每年节约标准煤 490 万吨，减排二氧化碳 1280 万吨。这背后折射了中国向全球展示其可再生能源雄心的一个缩影。

表 4–3　2022 年北京冬奥会清洁能源利用与碳抵消领域分布

领域	应用	细则
绿色电力	场馆的 100%绿色供电	建立跨区域绿电交易机制，通过绿电交易平台，赛时将实现所有场馆 100%使用绿色电力。在冬奥会后还能为北京每年输送 225 亿度电，占北京电力消费约 15%。
绿色建筑	所有场馆达到绿色建筑标准	所有新建室内场馆全部达到绿色建筑三星级标准，既有室内场馆通过节能改造达到绿色建筑二星级标准。创新制定了《绿色雪上运动场馆评价标准》，北京冬奥会新建雪上项目场馆全部满足该标准。

续表

领域	应用	细则
绿色交通	清洁能源车辆占涉奥车辆总比重 84.9%	在全部赛时保障车辆中，交通服务用车 4090 辆，其中氢燃料电车 816 辆、纯电动车 370 辆、天然气车 478 辆、混合动力车 1807 辆，传统能源车 619 辆。节能与清洁能源车辆在全部车辆中占比 84.9%。
林业碳汇	用于北京冬奥会碳抵消	北京市政府和张家口市政府分别完成 71 万亩新一轮百万亩造林绿化工程和 50 万亩京冀生态水源保护林建设工程，并委托专业机构完成了相应碳汇量的监测与核证工作，核证碳汇量分别为 53 万吨二氧化碳当量和 57 万吨二氧化碳当量。北京市政府、河北省政府分别将上述碳汇量全部无偿捐赠给北京冬奥组委。
核证减排量	用于北京冬奥会碳抵消	中国石油、国家电网、三峡集团三家北京冬奥会官方合作伙伴积极支持北京冬奥会碳中和工作，以赞助核证碳减排量的形式，分别向北京冬奥组委赞助 20 万吨二氧化碳当量的碳汇量。

绿色城市新型地标：通过绿色信贷、绿色债券支持打造的一系列场馆、技术，将为京津冀周边发展留下非常好的绿色文化遗产，带动区域经济产业绿色转型。相比平昌奥运耗资约 6000 万美元建造的“一次性”奥林匹克体育场在内的场馆在赛后不久就被拆除，北京冬奥会首次将”奥运竞技+绿色科技升级+区域化优势+产业文化+脱贫攻坚”巧妙地融为一体。张家口市的比赛场馆，赛后将成为冬季娱乐中心和避暑胜地，大力推动冰雪旅游及相关产业的发展，带动区域基础设施升级和群众致富；首钢园区也以冬奥会为契机转型升级，由先前的污染大户转型为一个多业态融合发展的新时代首都城市复兴地标；2008 年北京奥会运时游泳场馆的“水立方”成为改造成了冬奥会场馆的“冰立方”，这些创举都为人类可持续发展未来贡献了奥运与城市低碳融合发展的经典案例。

通过以上举措来看，多方面的绿色金融力量成为我国支持2022年推动树立了“绿色奥运”的新杠杆，为全球未来发展如何利摆脱对煤炭的过度依赖，如何低成本举办全球赛事，如何确保存绿色能源供应均提供了有效的经验。

第四节　北京冬奥会助推全球绿色金融事业

绿色金融支持北京冬奥会的成功举办，同样也收获了自身的长足发展。作为“双奥之城”、首次实现碳中和奥运会的城市，也为绿色金融的快速发展增强了信心。

首先，“双奥之城”对于中国的绿色金融发展有着非凡意义。此前，习近平总书记强调，“绿水青山就是金山银山”，这表明生态产品有很高的经济价值，并且未来的经济发展模式也将会以保护生态为基础。但通常来说，绿水青山往往存在于我国的春夏时节，虽有一些南方城市四季如春，但对于北方大多数城市来说，冰天雪地才是冬季的常见景色，所以如何在冬季挖掘生态产品价值就成了经济发展中需要着重思考的问题。对北京而言，如果说夏季奥运会是将绿水青山转化为金山银山的重要机遇，那么冬季奥运会是将冰天雪地也转化为金山银山的一次考验。

为进一步发掘北方地区生态产品的最大化价值，习近平主席在2016年3月参加十二届全国人大第四次会议黑龙江代表团审议时提出，“冰天雪地也是金山银山”，这是对我国北方地区在冬季发展生态经济的迫切期望，而本届冬奥会也正是践行此论述的重要契机。自本届冬奥会申办成功以来，全国范围内参与过冰雪运动的人数已突破3亿人，以冰雪运动所带动的冰雪旅游也将发挥更大的经济效益，根据中国旅游研究院测算，到2025年，我国冰雪旅游人次将超过5亿，收入也将超过1.1万亿元。

很显然，此次冬奥会是提升冰雪经济的重要手段，冰雪旅游也将成为我国短期经济发展的新增量。届时，绿色金融将为支持冰雪经济发展发挥其重要的支撑作用。从本届冬奥会的实施情况来看，绿色信贷在支持增建民宿餐饮商户、改善冰雪旅游基础设施等方面都取得了较为突出的成绩。所以，未来各地也将汲取本届冬奥会的宝贵经验，持续发挥绿色金融在冰雪经济发展的中的支撑作用。

其次，碳中和冬奥会对于全球绿色金融发展进程来说具有里程碑式的意义。世界银行研究表明，中国在实现碳中和目标后全球温升将减少0.2～0.3摄氏度，再加上中国的碳排放占世界的27%左右，所以中国的减排举措对于全人类来说就显得尤为重要，而本届冬奥会则是中国向全世界呈现减排决心的一场盛会。

本届冬奥会各大场馆均已实现绿色用电，其中光伏起到了至关重要的作用。在北京周边，京张奥运迎宾廊道光伏发电项目、张家口崇礼扶贫光伏电站都为本届冬奥会的用电提供了绿色保障。众所周知，金融的核心在于服务实体产业，而绿色金融的核心也在于支持低碳产业的发展，光伏如今能成为本届冬奥会的主力供电模式与绿色金融有着密不可分的关系。2007年到2017年，在财政补贴、绿色信贷、绿色债券等绿色金融业务的扶持下，我国光伏发电度电成本下降了90%。自此，我国光伏产业飞速发展，并在光伏制造、光伏发电装机量与光伏发电量三方面多年位列全球第一。这样的成绩在世界范围内的绿色金融应用中可谓是教科书级别。

除此以外，张家口崇礼扶贫光伏电站还体现出了绿色金融带动精准扶贫的特殊作用，张家口崇礼扶贫光伏电站在每年贡献4443万度电的同时还扶贫1000户，扶贫资金约300万元，在帮助参与用户实现“煤改电”的同时也为他们带去了切实的收益，这也让国际社会看到了绿色金融在支持可持续发展外的附加值。

本届冬奥会成为了中国为国际社会讲好减排故事与绿色金融故事的宣传窗口，让各国看到了中国绿色金融的成功案例，这些宝贵的经验也将帮助各国优化绿色金融体系起到正面作用，最终为国际社会实现2015年巴黎气候协定的目标增强了信心。

随着2021年中国为实现“双碳”目标而布局的顶层设计不断完善，2022年“双碳”工作也将更丰富、更紧凑，国际的绿色金融交流与合作也将更加深化。下一届冬奥会将在意大利的米兰和科尔蒂纳丹佩佐举行，同样，欧洲也是我国绿色金融对外合作的重要一站，此前中欧共同发起了《可持续金融共同分类目录》，中欧双方在未来的能源、制造、建筑、交通、固废和林业六大领域达成相互认可，为双方的跨境气候投融资合作提供了基础。

第五节　绿色奥运：中国领衔全球未来

奥运会不仅是各国争取国家荣誉、开展文化交流的盛大平台，更是东道主展现大国底蕴的重要渠道。而绿色冬奥会的成功举办，正是中国“双碳”目标下绿色低碳发展观念和生态文明建设布局的一次对外宣传，是对外讲好中国碳中和故事的一次国际实践。本次中国绿色冬奥会不仅为全球各国提供了未来奥运可持续发展的标杆，更在过程中不断创新和积累绿色金融支持奥运场馆建设、项目筹备、基础服务的国际经验，最终引领绿色奥运的发展方向、推动全球应对气候变化进程。

当前，全球各国都在努力适应 21 世纪气候变化带来的影响，一国承办奥运会的过程是否符合绿色、低碳、环保的标准，直接彰显了该国可持续发展的大国实力。不仅是奥林匹克等国际体育运动，生态优先、低碳发展的根本理念在各种国际性的合作与交流活动中都是一项重要原则。

中国冬奥会为全球绿色奥运的发展进程迈出了新步伐，未来将有越来越多的国家以中国作为经验借鉴的模范和标准，积极践行绿色办奥，逐渐形成良好的绿色低碳国际氛围，进一步深化全球碳中和与净零排放理念，不断推进联合国视角下的全球可持续发展议程。

为全球提供绿色投融资支持大型国际活动实现碳中和的经典案例。随着全球化进程中国际合作与交流的日益频繁，以碳排放和资源利用问题为主的大型国际活动所带来的环境影响，是一项不容忽视的国际问题，也是活动主办方对外展现绿色管理水平和环境治理能力的关键出口。从冬奥会的场馆建设，到基础设施服务，再到能源供应，各个环节要实现绿色低碳与净零排放均离不开绿色金融的信贷支援和项目投资活动。绿色奥运在未来将成为各国筹备和举办奥林匹克运动所需遵循的核心理念，而中国通过绿色金融支持冬奥实现碳中和更为各国提供了绿色奥运的路径经验，在国际气候投融资领域开创了中国模式创新。

为全球提供绿色奥运带动绿色基建与绿色城市建设的经验引领。奥运会所需的各项场馆、住所和基础设施共同构成了奥运村，绿色、低碳、可持续发展的新理念在奥运村中得到了广泛体现。在中国绿色冬奥会的筹备进程之中，低碳场馆、低碳能源、低碳交通等项目的开展将对绿色建筑和城市绿色基础设施建设提供带动作用，通过绿色奥运村积累绿色城建的模式经验，对于国际化的绿色建筑标准的完善和拓展以及其现实运用具备实践意义，为建筑业和城市基础设施行业如何实现碳净零排放、能源可持续利用提供了模范和案例。进一步而言，绿色奥运村的筹备还带动了城市绿色发展的生态创新，令各个行业的绿色转型升级不再成为一座座孤岛，而是在绿色城市中得到整合。中国在绿色奥运村上的成功经验不仅是一场体育设施的低碳革命，更是未来国际绿色城市与建筑场馆集群提升气候适应能力的重要参照，深入发挥绿色奥运所带来的绿色城市建设的模式参照和体系引领作用。

为推动全球走出疫情阴霾，推动可持续发展进程注入强大信心。绿色冬奥会的成功筹备和举办，表明中国正开始领衔全球绿色发展和可持续发展议程，不仅树立了良好的绿色投融资推动大型国际项目可持续建设标杆，更令越来越多的国际大型活动的可持续开展以中国作为头号绿色模范。

首先，从大国形象上，绿色奥运令中国树立了环境保护理念下的大国作为，对外展现了环境治理的中国实力。应对全球气候变化、支持欠发达地区的绿色转型、保障人类文明延续等国际理念，与公平、团结、友谊等奥运精神是相符合的。通过本次绿色冬奥会，世界各国充分感受到中国的气候治理能力，并意识到提高气候适应力和防御力是未来全球碳中和时代增强大国竞争力的重要途径。

其次，从理念诠释上，绿色奥运会贯彻了中国特色生态文明建设下的可持续发展理念，传达了中国的环境人文关怀。中国一直在探索和回答经济发展与资源环境之间的复杂关系，并逐渐形成自身特色理论成果，通过绿色奥运的实践和诠释，各国未来将进一步了解中国的生态战略部署和社会主义现代化建设。

最后，从国际话语权上，绿色奥运的举办，实现了对外讲好中国碳中和故事，展现了中国将碳中和目标真正落到了实处，广泛统筹了绿色金融、清洁能源、绿色建筑、生态城市等各个领域。中国通过2022年冬奥会向世界各国充分展示了什么是绿色奥运、什么是生态奥运，是奥运可持续发展的先行者，极大地提升了中国在全球碳中和绿色发展路径中的国际话语权。

第六节　2022年北京冬奥会为可持续发展与绿色金融带来的五个“首次”

回看本届冬奥会，绿色环保毫无疑问是最显著的一大特色。此前国际奥委会北京冬奥会协调委员会主席小萨马兰奇高度评价北京的绿色办奥理念，称之为“最绿色”的奥运会，并认为“北京正在兑现碳中和竞争的承诺”。绿色奥运的背后离不开绿色金融的支持，绿色金融作为服务于实体产业绿色化建设与低碳转型的重要支撑体系，为本届冬奥会的场馆及配套基础设施建设提供了极大的融资帮助，北京银行业所提供的总体融资规模超780亿元，实际投放340.7亿元，各项融资余额242.11亿元。这样的成绩不仅是中国绿色办奥理念的成功，也是绿色金融体系在实践上的一次突破。

借着本届冬奥会顺利举办的契机，中国的可持续发展与绿色金融体系也共同迎来了五个“首次”，也为日后中国各地以绿色金融为投融资基础来实现“双碳”目标注入了信心，为绿色金融的国际合作打下了良好基础。

第一，本届冬奥会是历史上首届实现碳中和的奥运会。“绿色奥运”这一理念已践行 50 年，这期间通过不断的国际合作、技术创新与政策推进，使奥运会的绿色化程度在逐届提升，本届冬奥会通过借鉴以往的绿色办奥经验，再结合具有中国优势与特色的可持续发展手段，将“绿色奥运”理念在实践中发挥到了极致。通过北京冬奥组委与主办城市政府的协同合作，充分调动低碳技术、低碳能源利用、低碳交通、碳补偿等资源优势将本届冬奥会所产生的碳排放在核算层面首次实现了相对零排放。本届冬奥会在可持续发展上的优异成绩对于中国来说也是一次巨大的鼓励，同时也提升了如期实现“双碳”目标的信心与动力。

第二，本届冬奥会是自“双碳”目标提出后中国绿色金融的首次“大型国际汇演”。自 2020 年 9 月中国首次提出碳达峰、碳中和目标后，绿色金融在“双碳”目标的赋能下受到了空前关注，但与此同时国际上的质疑声音也接踵而至。因为较不少西方国家来说，中国在实现碳达峰后与碳中和前的窗口期要少 20～30 年，再加上中国的金融体系不及发达国家那样完善，所以有部分国际媒体对于中国在 2030 年前实现碳达峰、2060 年前实现碳中和报以悲观心态。但本届冬奥会的成功举办让国际社会赞叹的同时也让他们看到了中国绿色金融与实体产业间的高度融合。本届冬奥会为讲好中国绿色金融故事提供了大舞台，而绿色金融此次的“演出”也堪称完美。

第三，本届冬奥会是多方机构在共同服务大型国际活动方面的首次绿色金融合作。与本届冬奥会相关的多个建设项目中，有部分项目以银团贷款的方式开展，也就是由获准项目贷款业务的一家金融机构牵头，与其他多家金融机构共同参与的一项贷款方式。其中北京延庆赛区的建设项目就采用了这一形式，由中国银行北京市分行牵头，组织 6 家银行组成银团，为延庆赛区政府和社会资本合作

(PPP) 项目筹组银团贷款 25.78 亿元。尽管这并不是金融机构为绿色项目开展银团贷款工作的首个案例，但对于以服务国际大型活动为目的来说这还是首次。在环境保护与国际大型活动的双因素共同驱使下，金融机构间的合作在绿色金融方面呈现出了良性的竞合关系。

第四，奥运场馆首次实现 100%绿色用电。本届冬奥会所有场馆的电力供应均为绿色用电，经北京冬奥组委测算，到 2022 年北京冬残奥会结束时，冬奥会场馆预计共消耗绿电约 4 亿度，可减少标煤燃烧 12.8 万吨，减排二氧 32 万吨。值得一提的是，本届冬奥会采取了跨区域绿电交易，将河北省的风电与光伏发电有效地通过直流电网输送至北京的各大场馆，这也是在 2021 年 11 月《省间电力现货交易规则（试行）》下发以来的首次大规模绿电跨区域交易。绿电的跨区域交易在坚持全国一盘棋的碳中和工作实施原则下，充分发挥了市场配置资源、调节余缺的作用。另外，在本届冬奥会前夕，国家发展改革联合多部门共同下发了《促进绿色消费实施方案》，其中强调要完善绿电消费的市场机制，这也为进一步平衡绿电产能与市场消纳间的关系提供了政策性引导。

第五，绿色金融首次将大型国际活动与精准扶贫同时推进。前文提到，张家口崇礼扶贫光伏电站项目在保障本届冬奥会绿色用电的同时还扶贫 1000 户，这充分体现了绿色金融所具备的社会性、可持续性以及普惠性的特点。其实早在 2018 年贵州省便开展了单株碳汇精准扶贫项目以缓解当地的贫困问题，但当时还是以提升环境质量与精准扶贫为目的来开展。而在本届冬奥会筹划期间，绿色金融在以服务大型活动为目的的同时，发挥起带动地区脱贫的作用还是首次，这一方面展现了绿色金融的实际意义，另一方面以冬奥会为平台，向国际社会阐释了具有中国特色的绿色金融实施作用。

第五章　ESG 的中国革新之道

近几年，在新冠疫情、极端气候变化、经济通胀居高不下等全球危机的严峻挑战下，可持续发展的绿色价值观逐渐在国内外形成普遍共识。党的二十大报告中关于绿色高质量发展的论述为我国 ESG 发展奠定了重要的政策和理论基础。在过去的一年里，国内外 ESG 评级业务蓬勃发展，在全球 ESG 投资生态中扮演着投资标的与资金流向的筛选者和指引者的作用。但同时由于国际、国内各地区之间对 ESG 标准的解释均存在差异，企业在实施 ESG 管理制度时存在一定的困难，而不同评级主体为同一家公司 ESG 评级结果差异较大的情况也屡屡发生。

在此背景下，梳理并规范 ESG 生态圈显得尤为重要，也是长期经济高质量发展的必要条件。探寻优质的 ESG 评级、践行 ESG 有序协调发展，更能有效地引导企业关注长期可持续发展战略目标，提升企业在投资和经营中的社会责任履行水平，并进一步持续改善环境质量、建立健全环境治理体系，以实现经济的高质量和全方位可持续发展，从而在更大的范围内实现人类命运共同体以及人与自然和谐共生的目标。

第一节　ESG 评级的意义与国内现状

一、ESG 概念及评级演化

近年来，随着“双碳”目标的提出，ESG（Environmental Social Governance，即“环境、社会和公司治理”的英文缩写）这一概念更受各方关注。在“双碳”背景下，不仅是能源企业、高耗能企业，每一家企业的环境责任都在被更加量化和显化，ESG 已经成为主流的共识。

回顾 ESG 的发展历史可以发现，ESG 概念并非从其起源初期就成为全球范围内的主流概念，经历了数十年的普及与宣传后，才逐渐被全球的主流投资机构所接受，进而成为推动全球高质量发展的重要因素。ESG 概念的起源可以追溯到 20 世纪 70 年代，并在 80 年代后期各大机构开始进行该领域，进行深入的研究。世界首个 ESG 相关指数出现在 1990 年，当时 MSCI 发布了名为 MSCI KLD 400 指数，主要聚焦在企业的社会责任问题上，随后在此基础上逐渐衍生出更为全面的 ESG 指数。

如今，尽管全球有众多 ESG 评级机构，但大多数企业和投资公司都选择与其中规模最大的五家机构合作，它们是：ISS ESG、穆迪（Moody’s），摩根士丹利资本国际（MSCI），标普全球（S&P Global，简称标普），Sustainalytics。虽然全球范围内还没有统一的 ESG 标准，但由于 MSCI 是最早开始做 ESG 研究与评级的大型金融机构，所以其 ESG 评级成为全球最有公信力和最具专业性的参考结果之一。

ESG 概念当前衍生出两大主题：ESG 投资与 ESG 实践。ESG 投资通常来说是投资者以 ESG 要素为评价标准对实体企业进行投资；而 ESG 实践的主体则是企业，是企业履行环境、社会责任与公司治理的过程。ESG 的投资与实践间有着相辅相成的关系，往往一家企业有着良好的 ESG 实践会吸引具有竞争力的长期资本投资，投资资金也是促进企业不断优化 ESG 实践的重要动力保障。而 ESG 的评级结果，则是将环境、社会、公司治理三方面表现进行量化后所得出的结果。因此，ESG 评级对于 ESG 投资与实践有着决定性作用，甚至是 ESG 概念能否长期发展的基本指标。

公司的评级结果会显示在成千上万的信息传播设备上，在媒体或其他机构组织编制“最佳”或“最可持续”公司名单时被用作参考，被监管组织用于筛查“洗绿”或“漂绿”行为，以及在求职者决定选择加入或避开哪些公司时被用作参考。评级机构也有可能给予高评级公司以特殊地位。

从企业层面来看，企业是碳中和目标以及绿色发展进程在微观上的推行主体。① ESG 市场的迅速发展，与绿色产业的市场化前景密不可分，具备环境适应性的投融资活动，其潜在价值不断得到发掘，这使得 ESG 投资展现出了相比于传统业务而言更具备吸引力的无形价值和前景。在国内外碳中和等气候目标的需求下，企业作为低碳转型的行动主体，越来越需要思考如何在行业布局和业务推行上实现长期主义②和可持续发展，并且平衡短期目标和长期目标之间的关系。这其中的关键点在于企业战略，即企业要在全球变革期中尽快

---

① 廖映荷．碳中和背景下中小企业高质量发展路径研究［J］．中国商论，2023（1）：154-156.

② 王文．绿色投融资与企业长期主义［J］．中国金融，2022（7）：27-28.

思索如何实现自身的环境目标，甚至是碳中和，以及在变革中寻求自身在公司治理模式中的改变。

相比于因变局而产生的从外向内的被动改变，寻求主观能动性成为企业探索可持续发展出路的重要途径。在难以逆转的气候治理与转型浪潮下，越来越严格的气候环境约束正在压缩企业的能源与经营自主性,[①] 企业仅考虑盈利并不足以应对客观变化。种种因素推进了企业布局 ESG 业务的必要性，如果将环境影响、社会责任等因素充分考虑到经营过程之中，那么企业在信用评价、政策利用等方面就会占据先机和优势。

从金融机构层面来看，符合 ESG 的理念与业务创新是企业与金融机构之间践行绿色金融实践的催化剂：金融机构可对企业开展 ESG 评价以作为财务状况与经营能力的补充，企业可开展 ESG 信息统计和披露工作并推进投资策略转型，各类金融市场主体也可开展 ESG 相关的投融资活动。

总体来看，ESG 近年来在全球金融市场的发展已逐渐成熟，并迅速成长为国际绿色投融资的重点领域。根据全球可持续投资联盟提供的数据，2020 年初全球 ESG 投资规模已达 35. 30 万亿美元，年复合增速 13. 02%，显著高于全球总资产年化 6. 01% 的符合增速。[②] 当前，气候问题成为全球各国关注的首要议题，应对气候变化及实现低碳减排目标所需的资金缺口较大，至少需要百万亿美元规模的资金才能顺利达成 21 世纪全球碳中和进程。[③] 在此背景下，ESG 将为

---

① 段艺璇，杨洋，任重远，等．全球碳减排趋势下能源企业碳排放合规风险浅析［J］. 国际石油经济，2023（1）：58-64.

② 东方证券：《ESG 投资的起源、现状及监管——东方证券 ESG 专题研究系列之一》，2022 年 3 月 8 日。

③ 王文．碳中和，中国须有投资大战略［N］. 中国银行保险报，2021-05-28.

企业和金融界提供充分的业务增量和创新活力。

二、中国 ESG 发展历程

从基金数据来看，我国 ESG 投资近五年来发展迅速，已接近成为一种主流的投资趋势，越来越多的机构与企业开始对 ESG 趋之若鹜（见图 5-1）。

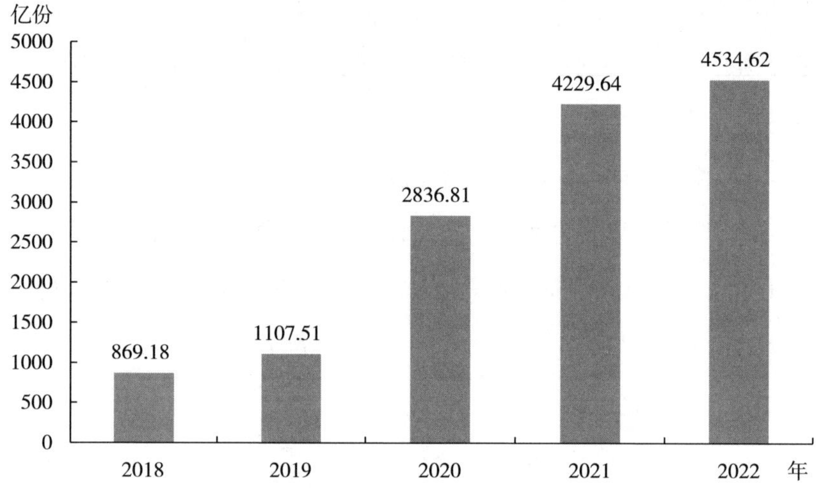

图 5-1　2018—2022 年公募 ESG 投资基金份额变化趋势

（资料来源：Wind。）

对于 A 股市场来说，企业 ESG 表现正随着投资份额的增加而不断优化。2018 年，MSCI 指数中包含了 423 个 A 股上市企业的评级，在随后的几年时间里受到 MSCI 评级的 A 股上市公司数量逐渐扩大，现如今已超过 600 家 A 股上市企业如选至 MSCI 的 ESG 评价体系当中。[①]

---

① 周艾琳 . MSCI：A 股公司 ESG 评级偏低正常，不影响扩大 A 股纳入因子［J］. 第一财经，2018-10-29.

2018 年，A 股上市公司的 ESG 评级相对较差，86%的 A 股头部公司的表现不及全球同业水平。但在这几年的发展中，A 股上市企业的 ESG 发展越发向好，当下中国企业在 MSCI 的 ESG 评级中低于 BBB 级的占比降至 74. 76%，较 2018 年相比大幅改善，相关市场政策也在不断完善（见表 5-1）。

表 5-1　2003—2023 年我国 ESG 相关政策汇总

日期	文件	内容
2003 年 9 月	《关于企业环境信息公开的公告》	污染严重企业名单的公司应公布环保信息，包括环保方针、污染物排放总量、环境污染治理、环保守法和环境管理五类信息
2006 年 9 月	《上市公司社会责任指引》	“深证 100 指数”的公司必须随年报披露社会责任报告
2007 年 4 月	《环境信息公开办法（执行）》	规定纳入环保部门重点污染名单企业公布环境信息
2008 年 1 月	《关于中央企业履行社会责任的指导意见》	规定有条件的央企需定期发布企业社会责任报告
2008 年 2 月	《关于加强上市公司环境保护督查管理工作的指导意见》	上市公司应及时披露可能对交易交个造成重大影响的环保相关事件
2008 年 5 月	《上市公司环境信息披露指引》	规定列入环保部门污染严重企业名单的公司铺路环境信息
2008 年 12 月	《关于做好上市公司 2008 年年度报告工作的通知》	要求“上市公司治理板块”成分股、发行国际上市外资股以及金融类企业必须发布社会责任报告
2010 年 9 月	《上市公司环境信息披露指南（征求意见稿）》	要求 16 类重污染行业上市公司发布环境报告，并提供了环境报告编写大纲
2014 年 4 月	《环境保护法》修订稿	重点排污企业要按规定公布环境信息
2015 年	《生态文明体制改革总体方案》	要求建立上市公司强制环境信息披露机制

续表

日期	文件	内容
2016 年 8 月	《构建绿色金融体系的指导意见》	建立强制性上市公司披露环境信息的制度“三步走”
2018 年 6 月	《上市公司治理准则》修订版	明确要求上市公司对环境、社会和公司治理（ESG）方面的信息进行披露
2018 年 7 月	《绿色投资指引（实行）》征求意见	首次提出了上市公司 ESG 信息披露框架
2020 年	《关于推动银行业和保险业高质量发展的指导意见》	银行业机构应建立健全环境与社会风险管理体系，将 ESG 管理因素纳入授信决策全流程，强化 ESG 信息的披露以及与利益相关方的交流互动
	《深交所上市公司规范运作指引》修订	要求公司在年度报告中披露社会责任履行情况，纳入“深证 100 指数”的上市公司应当单独披露社会责任报告，鼓励其他公司披露社会责任报告
	《深交所上市公司业务办理指南第 2 号——定期报告披露相关事宜》	规定了社会责任报告中应当披露的内容
	《深交所上市公司信息披露工作考核办法》修订	将“是否主动披露环境、环境责任和公司治理（ESG）履行情况，报告内容是否充实、完整”作为信息披露工作的考核内容。向通过上述考核，结果为 A 的上市公司提供优待服务
	《上交所上市公司定期报告业务指南》	要求在定期报告中披露企业履行社会责任的具体情况，上交所上市“上证公司治理板块”样板公司、境内外同时上市的公司以及金融类公司需单独披露社会责任报告，并鼓励其他上市公司披露社会责任报告
	《上交所科创上市公司自律监管规则试用指引第 2 号——自愿信息披露》	鼓励科创公司在披露环境保护、社会责任履行情况和公司治理一半信息的基础上，进一步披露环境、社会责任和公司治理（ESG）方面的个性化信息

续表

日期	文件	内容
2020 年	《上交所科创板股票上市规则》	要求科创板上市公司应当在年度报告中披露履行社会责任的情况，并视情况编制和披露社会责任报告、可持续发展报告、环境责任报告等文件
2021 年	《企业环境信息依法披露管理办法》	明确企业环境信息依法披露的主要、内容、形式、时限与监管，规范环境信息依法披露活动
2022 年	《提高央企控股上市公司质量工作方案》	贯彻落实新发展理念，探索建立健全 ESG 体系。中央企业集团公司要进一步完善 ESG 工作机制，提升 ESG 绩效，在资本市场中发挥带头作用；立足于国有企业的实际情况，积极参与构建具有中国特色的 ESG 信息披露规则
	《上市公司投资者关系管理工作指引》	将 ESG 信息作为上市公司与投资者沟通的重要内容之一
	《银行业保险业绿色金融指引》	ESG 是绿色金融管理的重要支柱，银行保险机构需将 ESG 要求纳入业务管理流程和风险管理体系。在支持实体经济绿色发展的同时实现绿色低碳发展
	《股票上市规则》修订	修订中明确了公司应按照规定编制和披露社会责任报告等非财务报告
	《关于做好科创板上市公司 2021 年年度报告披露工作的通知》	要求科创板公司应当在年度报告中披露 ESG 相关信息。科创 50 指数成分公司单独披露社会责任报告，如已披露 ESG 报告，则可免于披露社会责任报告。在披露的内容中应重点披露助力“双碳”目标、促进可持续发展的行动情况
2023 年	《首次公开发行股票注册管理办法》	全面实行股票发行注册制的目标是，紧紧围绕“打造一个规范、透明、开放、有活力、有韧性的资本市场”，并坚持建制度、不干预、零容忍，坚持市场化、法治化的改革方向

资料来源：笔者根据公开资料整理。

虽然现阶段中国内地市场监管机构尚未出台针对金融机构和金

融产品的强制性 ESG 信息披露要求，但政府在不断加强完善形成有利于企业践行 ESG 和可持续发展的制度环境。2022 年，在发展改革委印发的《提高央企控股上市公司质量工作方案》中明确提到，推动更多央企上市公司披露 ESG 信息，力争到 2023 年实现全覆盖。这也意味着发展改革委要求所有的央企上市企业至少在 2023 年前全面披露 ESG 信息，这符合我国对于新鲜事物所实施的试点或由政府带头的基本传统。[①] 其意在为 ESG 投资创造一个较为宽松的成长环境，同时借助市场磨合各产业的 ESG 标准，逐步形成一个适合我国国情的 ESG 标准。

相比较许多发达国家来说，我国在实施强制披露 ESG 信息上还有很大的不成熟因素。从宏观角度来看，相较于很多强制披露 ESG 信息的发达经济体，我国尚处于实现碳达峰的进程之中，而这些发达经济体却已经率先步入实现碳中和的新进程。从中观角度来看，按照最传统的 ESG 投资理念，博彩、烟酒类标的并不符合投资宗旨，但白酒等酒类企业在我国的资本市场之中仍然扮演着极为重要的角色。从微观角度来看，国内上市公司对 ESG 业务尚不够熟悉，很多企业对其理念存在误解，只将之视为“公关”手段，而没有将 ESG 纳入企业发展战略和顶层设计，缺乏相应的制度和人员来践行 ESG 和可持续发展理念，也没有对应的人才专门负责 ESG 信息披露工作，缺乏披露相应 ESG 信息的基础能力。

三、中国 ESG 评级机构现状

在评价标准尚未统一的情况下，企业的评价结果存在争议是合

① 国资委：《国务院国资委印发工作方案推动央企控股上市公司高质量发展》，2022 年 5 月 27 日。

理的，不同机构的排名结果背后展现了不同的世界观和价值观，从而投资者往往会看到同一家公司在不同评级结果中的一致性存在显著偏差。对此，评级机构的专业程度成为投资者应当加以考量的一项重要因素。

全球知名的可持续发展咨询机构 SustainAbility 在 2010 年开展了 Rate the Raters 研究项目，[①] 即给评级机构评级。该公司通过问卷调查、投资者访谈等方式获取投资者对 ESG 评级机构的评价和看法，形成对 ESG 评级机构的评价结果。从反馈结果来看，绝大多数的投资者在做 ESG 投资时会使用多个机构的 ESG 评级。与此同时，投资者对 RobecoSAM、CDP、Sustainalytics 以及 MSCI 的评级结果给出了较高评价。因此，从 Rate the Raters 的研究结果可以看出，面对各 ESG 评级机构所给出的差异化结果，一方面投资者需要不同机构的结果用来参考，为投资行为提供更高效的帮助；另一方面投资者对于专业的评级机构更为信赖，并认为一些非专业机构的评级结果缺乏参考价值。

从国内而言，目前国内 ESG 评级机构按照身份属性大致可分为六类：

（1）商道融绿、盟浪、润灵环球、鼎力公司等 ESG 专业服务提供商；

（2）中金公司、中信证券、嘉实基金、微众银行等金融机构；

（3）中证、华证、国证等指数公司；

（4）中财大绿金院、首经贸大 ESG 研究院等科研机构；

---

① SustainAbility. Rate the Raters 2020：Investor Survey and Interview Results. March 2020. https：//www. sustainability. com/globalassets/sustainability. com/thinking/pdfs/sustainability－ratetheraters2020-report. pdf.

（5）Wind、秩鼎技术、妙盈科技等数据服务商；

（6）上海青悦、公众环境研究中心等公益性组织。

每一家评级机构都会从环境、社会和公司治理这三大主题出发，对成千上万的公司进行评级，并最终给予每家公司一份评级结果（形式通常为字母或数字分级）。与国际 ESG 评级体系不同的是，我国 ESG 评级融入了更多贴合当前发展阶段的指标，如华证 ESG 评级考虑了信息披露质量、违法违规情况、精准扶贫等指标。

虽然全球范围内尚未出台统一的 ESG 评价标准，但这并不代表当前 ESG 评级业务不需要规范指引。监管的缺乏和较低的 ESG 评价机构准入门槛，导致了现在各类评价机构良莠不齐，各种 ESG 报告层出不穷，存在较多乱象。除此之外，很多机构抱着"蹭热度"的动机与心态发布一些缺乏专业性与投资意见的排名，往往会误导投资者与企业，为中国的 ESG 发展带来负面影响。

第二节　当前 ESG 评级排名四大乱象

一、ESG 报告排名乱象之一：排名原则背离 ESG 初衷

正如 MSCI 在其官方网站上所阐释："ESG 评级关注的是公司财务底线所面临的风险，目的是帮助机构投资者评估此类风险，从而在自身时间规划内实现最大投资回报的方式对其资本进行配置。"无论是国际还是国内的评级机构，目前的关注点更多是从帮助资本分配者如何获取更多收益的角度出发，去理解企业在环境、社会和治理方面所存在的问题与相关风险，而并不是对企业实际的社会与环境贡献做出公正、严谨的评价。换言之，一家 ESG 评级较高的公司，并

不一定在减少其行为对社会与环境造成负面影响的方面处于领先定位。例如，《商业周刊》曾报道过麦当劳的例子：虽然麦当劳在过去 4 年间温室气体排放增加了 7%，2019 年其温室气体排放量更是超过了葡萄牙和匈牙利两国的排放量，但 MSCI 还是提高了它的 ESG 评级。中国黄金集团有限公司发布了《中国黄金集团有限公司 2021 年社会责任报告》，并取得了五星级评级，但却在同年遭到了第二轮中央生态环境保护督查移交问题的追责问责。① 这些评级结果有悖于 ESG 实际关注的“可持续”理念，市面上以评级结果作为基础，而对外公布的五花八门的榜单便毫无意义。

另外，目前中国各大结构对企业所发布的 ESG 信息的排名中普遍存在一个误区或现象，即过分强调减排的重要性。例如，在阿里巴巴 2022 年发布的 218 页 ESG 报告中，谈及减排或是环境的内容只有 60 多页。但是 ESG 所要反映出的核心理念是企业自身可持续发展与履行社会责任的能力，即一家公司的业务及行为是否对于当今紧迫的社会和环境挑战产生了积极的影响。但由于我国处于“双碳”目标进程初期，国内市场滋生了很多“投机分子”，同时很多企业和机构过分重视绿色的重要性进而忽视了对员工、对社会的关爱与责任，将会进一步加剧企业对 ESG 理念的误解。

同时，除环境因素之外，社会因素也是 ESG 评价需要考量的三大因素之一，其中就包含善待员工。员工是企业发展的基础，员工作为企业的核心成员，不仅在日常运营环节中扮演着举足轻重的角色，更是企业利益的创造者和分享者，因此员工的满意度也决定了企

---

① 《中国黄金集团有限公司通报第二轮中央生态环境保护督察移交问题追责问责情况》，生态环境部，2023 年 2 月 20 日。

业的核心竞争力。[①] 但是在中国宏观经济快速发展的过程中，中国ESG评价标准中的“S”和“G”与国际标准相比仍然存在很大差距，企业往往疏于对员工进行关爱，这便违背了ESG理念的企业运行模式，也不利于ESG概念在中国的发展。从当前已发布的国内大型企业ESG报告来看，仍有一些企业在ESG报告中对员工问题只字不提，这些都是ESG中国化在未来发展过程中所需要解决的短期问题。

二、ESG报告排名乱象之二：榜单认知偏差误导投资者

很多榜单是将ESG作为评级来排名的，这其实是陷入了很大的误区。尽管MSCI等权威机构在国际上对中国企业进行了公开的ESG评级，但国内各大榜单的排名以评级的方式来选出“最佳企业”并不合适。首先，中国的上市企业所遍布的行业广泛，以至于不同行业间的ESG信息存在差异，每个行业处于社会、环境中的位置不同，关注的可持续问题不同，以至于所考虑的议题的权重各有不同。例如，科技型企业对社会责任的履行往往是带动上下游企业的科技赋能，从而推动整个社会的科技进步，而传统型企业的社会责任履行则更加看重社会回馈等其他外部性要素。其次，当前的评级目的是对投资者提供一个参考的投资意见，具有较强的投资引导作用。

例如，2020年2月之前，高盛员工在挑选完证券之后，才完成用于评估被纳入基金的公司的某些ESG问卷，同时也没有采用书面政策和程序来管理其如何评估ESG因素。2022年11月，美国监管机构指控高盛资产管理部门在环境、社会和治理（ESG）投资方面误导

---

① 王衍行.ESG的新课题：把员工也当成上帝［J］. 财富，2022（1）.

客户，高盛已同意支付 400 万美元罚款。

此外，还有很多排名机构并非专业金融机构，其所出具的 ESG 排名榜单或对投资者产生误导效应。目前 ESG 投资产品已成为资产管理行业增长最快的领域，其资产规模在 2021 年估计增至 2.7 万亿美元。部分批评人士认为，某些公司和投资者利用 ESG（定义仍然很宽泛）对其可持续性和治理能力做出了不切实际或误导性的声明。①

三、ESG 报告排名乱象之三：借 ESG 逐利造成逆向选择

国外 ESG 的评级与国内各机构所谓的排名有着极大的出入。例如，贵州茅台集团的主营业务在 ESG 初衷概念中成为“原罪”，这是因为国际主流的 ESG 评价机制对酒类、博彩、军工等对社会产生负外部性的企业有天然性的排斥，再加上此前茅台集团内部的腐败问题以及前任董事长的生活作风问题等，导致了贵州茅台在国际 ESG 评级机构的得分不高，在 MSCI 中的评级普遍在低档，也就是 CCC 级。② 但是，这并不影响国内一部分 ESG 主题基金继续重仓茅台股票，且贵州茅台还入选当年的“2021 年度绿色制造名单”。同时，同期的烽火通信、潍柴动力也较上一年度的 BB 级经历了一次跨级连降，即跳过了 B 级，直接降到了最低一档的 CCC 级。但讽刺的是，这两家集团分别在“某 ESG 中国论坛 2021 夏季峰会”公布的首份“中国百强科技企业 ESG 指数”榜单中均居指数排行榜的前 20 位。③

---

① 《外媒：高盛将因 ESG 误导性声明支付 400 万美元罚款》，2022 年 11 月 23 日，中新经纬 App。

② 阿尔法工场 ESG. 低 ESG 评级的公司，真的不配被投资么？［J］. 华尔街见闻，2021（11）.

③ 百强科技企业 ESG 指数在京发布［EB/OL］. 人民网，2021-07-31.

在 ESG 概念尚未完全普及、清晰化的今天，资本市场存在为追求投资回报而打着 ESG 旗号进行逐利的行为，造成那些不具备 ESG 基本属性的企业反而被相关 ESG 投资活动追捧的“逆向选择”问题。再加上与市场化的私企相比，权力强度较大的国企更容易出现权力寻租的问题，A 股中的国企有 1200 家左右，占到了 A 股上市企业总数的 1/4。2022 年 A 股上市企业的 ESG 报告披露较前一年增加了 260 家，但是整体披露比例仍然很低，信批质量和有效性仍然是当今中国发展气候投融资的主要障碍。这样的结构问题对中国的 ESG 在国际上的绿色形象必然会产生一定的负面影响。

四、ESG 报告排名乱象之四：政治因素干扰评级客观性

政治因素仍是干扰 ESG 评级的一大重要变量，各类机构对 ESG 的评价并非是完全客观中立的，背后仍有不少政治色彩。2023 年初，Sustainalytics 将腾讯、微博和百度的 ESG 评级下调至不符合联合国原则的类别，其背后的原因在于与俄乌冲突相关的全球互联网管理的问题。这是一种明显的西方话语权、西方价值观以及西方投资逻辑对全球 ESG 发展的操控。

因此，中国 ESG 排名参考在所谓的国际标准时，很容易走进误区，以至于出现 ESG 信息或排名与国内的现实相背离的情况。

第三节　剖析当前国内 ESG 评级排名乱象的原因

一、只为“蹭热度”，忽视 ESG 的内在逻辑

在 ESG 狂热的浪潮下，国内滋生出了许多“伪 ESG 排名榜

单”，虽然这些榜单的表现形式各异，但从动机考虑，都是为了“蹭”ESG的热度，而不是真正地去评判一家公司或者一个项目的业务及行为是否对当前紧迫的社会和环境产生了积极影响、是否在可持续发展战略上有所成效。

比如，“长三角区域发展ESG先锋榜—可持续城市榜单”就是一个“蹭”ESG热度的例子。ESG的初衷和评级目的是针对企业的社会责任进行评判与督促，并不用于城市发展评估。虽然早在2021年初，加拿大多伦多市发布了有史以来第一份环境、社会和治理（ESG）绩效报告。① 为了概述多伦多市如何将ESG绩效纳入城市建设，该报告尽可能完整地披露了2019年以及前两年的相关数据，补充了该市2019年年度报告中关于运营结果和财务状况的信息，最大范围展示三年期间的业绩趋势以及ESG绩效在建设可持续且有韧性的城市中发挥的重要作用。② 但是在“长三角区域发展ESG先锋榜”中，虽然该报告也参考了长三角区上市公司的1891家样本，但更多集中在披露率、企业的排放物管理、气候风险管理、资源管理、安全生产、质量管理、就业收入、捐赠贡献、诚信事件等19个评价指标，即城市社会经济包容性和金融发展，而忽视了其他人文、文化等ESG所应当关注的指标，且报告中还有部分指标并未选取超过一年的数据，缺乏对变化趋势的呈现。③ 由此可以看出，发布者误解了ESG的根本作用，再加上榜单突出的“可持续”一词，更加证明了发布者只关注ESG的片面信息，佐证了

① 《全球ESG政策法规研究——加拿大篇》，社会价值投资联盟CASVI。

② *City of Toronto Environmental, Social & Governance Performance Report* 2021, 2022.

③ 《界面新闻联合中诚信绿金，即将发布“长三角区域发展ESG先锋榜——可持续城市榜单”》，2022年12月07日，《界面新闻》。

其“蹭”热度的动机。

此前提到，ESG概念当前所衍生出的两大主题分别是ESG投资与ESG实践，从发布者给出的介绍来看，其评级结果即没有遵循ESG投资原则，也没有考量ESG实践的现实情况，仅凭媒体视角的主观判断来形成评级结果，不免对投资者造成误导。因此，当前的ESG评分并不能充分反映公企业实际对社会、环境发展做出的贡献，由于各个评价机构所采取的指标或权重各不相同，每一份报告似乎都能找到符合自己版本的说辞来向公众说明。

二、发布机构不具备专业性

从ESG兴起、发展、推广的过程，以及长期可持续发展长期来看，单纯由研究机构和行业协会主导的评级模式显然无法成为主流。一方面由于中国的经济体量决定了评级制度的推广远远不是单靠研究机构和行业协会就能完成的，另一方面，合规评级也属于这些机构的主要职责，无法占据全部的工作时间。

早在2021年，针对营商环境评价排名乱象，国家发展改革委曾发文指出，将会同有关方面查处，坚决斩断营商环境评价的“利益链条”。[①] 只要有发展焦虑，各种榜单就不缺市场。当前社会上以“国家”或“中国”名义发布的各种ESG绿色评价排名数量众多，相关评价大多属于学术研究，采用的指标体系、评价方法、数据来源等与通行做法存在较大差异。有的使用“权威”或“官方”等词语误导社会公众，有的过度强调得分排名、组织颁奖仪式，还有的借机搞培训、收取参会费用。这种情况的出现，一方面是因为

---

① 《新华每日电讯》，2021年5月19日。

在 ESG 标准尚未确定的背景下，企业对于绿色评价机制的不理解、不理智、不踏实；另一方面源于除大型券商、评级机构外，还有不少非专业机构也在争相发布 ESG 评级榜单，诸如新媒体、民间智库等，它们普遍不具备专业的投资研究能力，且大多数都是综合性的服务机构，无法保证其独立性。除评级榜单的业务外，这些机构可能还与参评企业有其他业务上的往来，从而评级的公允性很容易受到干扰。

例如，某媒体 ESG 评级中心曾联合发布了中国 ESG 优秀企业 500 强，[①] 但他们都不是专业的金融评级机构，尽管在媒体传播与财经趋势的把握方面具有一定经验，但在发布具有投资建议的 ESG 排名时仍缺乏相应的专业性，极容易对投资者产生错误的投资引导。

2022 年下半年，福布斯中国发布了中国 ESG 50 强榜单，榜单中包含了金融、能源、工程建造等多行业企业。同样，福布斯中国作为一家有着极高知名度的财经商业媒体，也缺乏对 ESG 的深入研究。更为严重的是，媒体机构往往已经具备较高的专业传播能力，在传播非专业的 ESG 评级结果上，传播能力反而发挥了其指数性的负面效应，将产生不必要的误导作用。

三、数据获取困难，评级过程不透明

尽管各大机构间的评级结果存在差异，但最终结果间的相关性不应过低。因为从当前 MSCI 所给出的主流 ESG 评价框架来看，ESG 的评价要素包含了 3 个范畴、10 个主题、35 个关键议题，ESG 评级机构也应基本参考主流标准给出结果。但是，当下不少 ESG 评级机

① 新浪财经：《中国 ESG 优秀企业 500 强：经济价值与抗风险能力均强于整体市场》，2021 年 12 月 3 日。

构仅仅给出企业最终的评级结果，并没有公开评级过程与要素权重，这也就导致投资者在面临同一家企业在不同榜单中有着较大差别的结果时缺乏相应的解释。

例如，将平安银行作为基准参考，对万科 A 的 ESG 评级结果进行分析可知，商道融绿给万科 A 的评级低于平安银行，但其余四家给出的评级都高于平安银行。又例如美的集团，中财绿金院给出的评级是远远低于平安银行的，而商道融绿、OWL 给出的评级只是略低于平安银行，社投盟和华测 CTI 给出的评级是与平安银行相同。即使粗略地进行横向对比，同一家公司在不同 ESG 评级下所处的行业位置也不尽相同。仍以美的集团为例，对比不同 ESG 评级结果发现，美的集团的 ESG 评级同时处于行业落后、行业平均以及行业靠前的位置（见表 5-2）。

表 5-2　部分企业在不同当单中的评级结果

股票简称	中财绿金院	商道融绿	OWL	社投盟	华测 CTI
平安银行	A	B+	51.33	A+	CCC
万科 A	A+	1	58.5	AA-	BBB
中兴通讯	B	0.328	57.22	AA-	A
华侨城 A	B-	0.54	53.83	A-	CCC
TCL 科技	B-	B+	57.44	A-	B
中联重科	B-	B-	53.5	A-	BB
申万宏源	A+	B+	50.67	BBB+	BB
美的集团	D+	B-	49.22	A+	CCC
潍柴动力	B+	B+	55.11	A+	B

资料来源：2021 新浪财经 ESG，阿尔法工场 ESG 整理。

很多 ESG 相关评级机构对 ESG 尚缺乏完整的认知，认为 ESG 是单纯的非财务性评价体系，这并不准确。

从部分发达经济体的经验来看，ESG 报告与评级反映的是企业的四方面情况：一是公司当前面临的最重要的 ESG 风险和机遇；二是公司对这些风险或机遇敞口大小；三是公司管理关键风险或机会的能力；四是与全球同行业相比公司整体的 ESG 绩效情况。鉴于 ESG 评级结果最终将转化为投资者的投资决策参考依据，ESG 评价体系尽管相对独立且具有公益性，但帮助投资者优化投资行为却应当是 ESG 体系投资与财务指标体系投资二者的共同目的。

但是，ESG 评级排名与债券评级等财务性排名相比更为复杂，债券评级机构往往只关注债券违约的可能性以及债务性质等少量独立指标，而 ESG 评级结果仅在宏观角度上就关注了环境、社会及公司治理这三项指标，在这三项指标的背后又有气候变化指数、ESG 选择指数、责任投资指数、基于各类信仰的指数、女性领导力指数等（见图 5-2）。

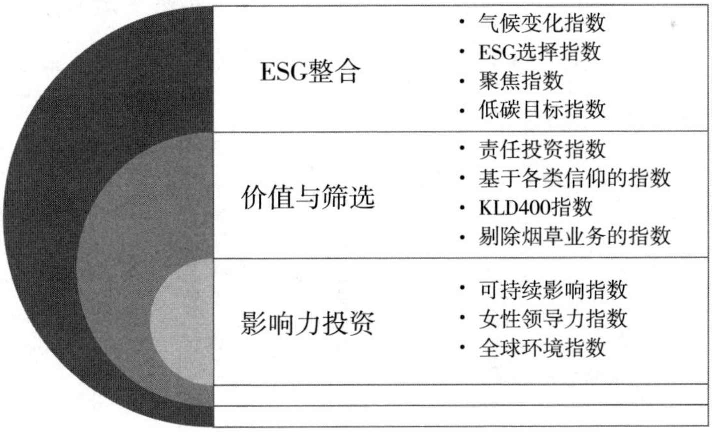

图 5-2　部分 ESG 评价指标

从当前很多国内机构所做的 ESG 排名结果来看，结果往往存在偏差，通常体现在五个方面：一是仅通过企业的个别案例展现的方式来对企业作出全方位的 ESG 评估，并不能达到全面审慎的效果；二是评级机构对 ESG 背后的细化指标缺乏了解，将标准化的评判标准与主观认定混为一谈，缺乏相应的公平性；三是缺乏对企业 ESG 信息与未来盈利情况见的关系探索，过分强调 ESG 的公益性，忽略了其本身的投资价值；四是评级机构对于 ESG 数据的可取方法困难，数据缺失，即标准化程度低，数据不完整、质量差等；五是国内的 ESG 的评级方法、评级逻辑中存在自相矛盾的混乱，既想要满足投资对于风险评估的要求，将风险以及风险管理作为评级的目的和原则，又希望迎合政府、投资者的价值观，但是这种价值观又与企业的财务无关。然而，虽然同为 ESG，作为价值观的 ESG 与作为投资策略的 ESG 并不是完全等同的，后者只关注 ESG 因素中那些具有财务敏感性的因素。

此外，企业 ESG 结果背后的评价过程较为严苛，评价机构需要在遵循真实数据的基础上合理分配要素权重，考量政策发展趋势，从而形成具有专业投资引导性的报告与评级结果（见图 5-3）。但现在大部分的评级机构忽视了环境科学、环境经济等学科的基础研究，无法将评价过程量化，从而增加了报告数据的不透明性的风险。

图 5-3　ESG 评级报告形成流程

也正因 ESG 评价过程有着复杂性与不公开性，一些非专业机构误认为 ESG 评价过程较为简单，盲目对企业的 ESG 信息进行评估，拉起五花八门的榜单，误导了企业与投资者的价值判断。

四、评级结果缺乏独立性

政治因素往往是影响评级结果独立性的常见原因。例如，《中央企业上市公司 ESG 蓝皮书（2022）》[①]，该榜单给出了国内在 ESG 方面表现最好的 50 家央企。尽管榜单有其主观的要素考量，但从结果来看，仍存在明显政治驱动力：一方面是榜单仅仅考量了 50 家央企，从某种程度上说忽略了民营企业在 ESG 上做的贡献；另一方面是这 50 家央企的评分普遍偏高，同时缺乏可参考性，从获得 86.4 分排名第一的蒙牛，再到获得 62.5 分排名第 49 的国投电力来看，榜单中各企业的差距相对偏小，但基本都算是“表现良好”。

第四节　端正与规范 ESG 披露制度与中国未来展望

一、走出中国特色 ESG 道路

ESG 作为“舶来品”，部分国外指标体系不一定适用于中国国情，目前各类通用的可持续发展信息披露框架和标准多由西方国家发起和制定，一些特定指标并不适用我国国情，对于具有中国特色的社会发展指标和要求，例如绿色发展、消除贫困、改善民生等，已成为中国企业承担社会责任和引领可持续发展的一种体现。在中国特色“双碳”目标的背景下，也需要符合这一需求的 ESG 披露，而在可持续发展披露全球基准之上，中国 ESG 信息披露标准既需要接轨

① 邱海峰．央企上市公司 ESG 蓝皮书发布［EB/OL］．人民日报（海外版），2022-12-16.

国际，又不得不立足国情，这是一大难题。

因此，只有丰富本土化 ESG 披露要求，才能有效地推动企业识别对经营和财务有实质性影响的 ESG 问题并进行管理，帮助投资者结合财务与 ESG 信息作出全面判断与决策，尤其是重点在于纳入扶贫、民生等符合中国国情和需求的 ESG 指标。此前上海证券交易所要求将扶贫纳入 ESG 信息披露，同理，符合中国特色的 ESG 指标体系应当更多地考虑类似扶贫在内的中国国情，相关信息披露强度有待提高，在评级体系方面，主要评级机构目前还没有完全将精准扶贫等因素纳入评级体系，资管和评级公司应结合中国实际情况，制定符合国内 ESG 发展的评级体系和方法。

中国目前也在积极建立和完善各行业的 ESG 标准。目前，中国质量协会正牵头完成《企业 ESG 评价指南》和《企业 ESG 管理体系要求》，规范相关业务操作和管理流程。同时，根据众多机构对企业 ESG 排名的不同结果，一些公司排名在不同机构发布的报告中上下不一、前后不一，这也反映出各大机构对于 ESG 还处于一个摸索的阶段。

从实践角度来看，如果照搬西方的 ESG 评级体系，中国的企业发展与金融投资则会遇到割裂的情况，因为单纯采用国际标准一方面无法体现出我国的脱贫攻坚及普惠金融优势成效，另一方面对中国资本市场中白酒等核心权重股也不公平。在此基础之上，各大机构对于 A 股 ESG 标准与国际标准确实存在出入，而中国 ESG 标准正是要经历不断修正才可实现顺应国情、对接世界的目标。因此，不能一味肯定或否定其他排名的价值和意义，而在中国质量协会推出 ESG 标准后，中国的 ESG 应当会逐渐建立起一个统一且标准的框架。

二、资本市场加大对 ESG 政策约束和引导力度

政府及监管机构应做好上市公司 ESG 信息披露的顶层设计和配套措施，出台相关法律法规，加强政策指引，明确提升信息披露质量的政策的实施。同时评级公司、交易所、行业协会应积极研究国内上市公司 ESG 信息披露标准，利用大数据、云计算、区块链等互联网技术搭建 ESG 信息披露平台，保障 ESG 信息披露质量。

从市场参与主体的角度，应推动 ESG 投资作为中国资产管理领域的新方向。中国 ESG 相关基金规模虽超过 300 亿元，实际以环保类为主，以整合 ESG 作为投资策略的基金仅有易方达 ESG 责任投资、华宝 MSCI 中国 A 股国际通 ESG 两个 2019 年 8 月后成立的基金，国内资管公司应积极拓宽 ESG 整合策略产品的研发和推广。同时，资管公司也应建立明确的 ESG 投资策略体系，健全 ESG 在资本市场的发展，推动 ESG 策略投资产品成为为资管公司的重要品牌产品，重视以 ESG 整合等为投资策略制定的 ESG 产品研发和推广。

随着 ESG 概念的普及与流行，发布 ESG 报告的企业越来越多。很多企业会将 ESG 报告的编制工作交由外部服务商完成，企业则主要负责协调、审核和发布工作。粗略估计，国内采用上述合作模式编制 ESG 报告的企业占比超过了 95%。整体来看，ESG 服务商在整个报告编制中承担了绝大部分工作，从一定意义上来说，ESG 服务商决定了企业对 ESG 的“喜好程度”。

但是，当下国内 ESG 报告服务市场乱象丛生，ESG 报告服务的价格也各有不同，高低差别很大。从价格也可以侧面反映出 ESG 市场相当混乱。虽然购买 ESG 报告服务的是企业，但实际对服务有感知的是不同层级、不同角色的人。企业需要的 ESG 报告服务商应该

能同时满足执行层、管理层、决策层的不同需求，ESG 服务商也应该客观描述各个 ESG 驱动因素的现状和发展趋势，讲真话，才能协助决策层做出更合理和更具前瞻性的决策。

因此，除了外部服务商之外，扮演重要角色的是政府职能部门和企业内部，其必须同时培养内部的 ESG 能力，才能对 ESG 起到真正监督和审查的作用。

三、培养正确 ESG 文化

企业文化在其经营过程中非常重要，尤其是绿色文化，它是以绿色低碳循环为主要原则，以生态文明建设为基本抓手的文化体系，包括持续农业、持续林业和一切不以牺牲环境为代价的绿色产业。发展绿色文化，必须用绿色发展观念、意识和价值取向来有效约束治理者、社会组公众，这就需要市场不断推进 ESG 建设，不仅可以锁定风险底线，也可以减少成本、减少风险和减少危害。

当一个企业愿意在 ESG 披露上作出的努力与贡献，投资者将会愿意为企业支付一定比例的“升水”，只要坚决不搞数据造假、染绿，升水的支付水平将会较高。ESG 正在改变我们的社会，在巨大的机遇面前，应该进一步思考如何以理智的思维看待 ESG 理念，探索如何最大限度地发挥 ESG 机理与力量去认知和应对数字化带来的变革和冲击。

此外，包括绿色科技在内，任何一个新兴技术均会有垄断的自然倾向，绿色技术是崭新的动力，同时也会使许多创业玩家形成赢者通吃的局面。因此，ESG 的统筹建设需要用辩证的方法进行深入研讨：一是设计好组织、法治与机制架构，在政府和企业两个层面上推动人的思想与理念的转变；二是文化的搭建和落地；三是要有一套科学和健全的厘定目标、讲究顺序、评判过程、重视结果的体系。

四、从银企关系上升级 ESG 战略方向和资源配置

ESG 将为银行业未来绿色战略布局提供深度价值，金融市场与社会各界在环境与社会问题的参与度将在双碳目标的驱动下不断提升。为此，金融业应当找准未来 ESG 投资的趋势和方向，优化绿色资源配置。

从银企关系来看，银行业应当不断提升及推进自身与企业对 ESG 业务的主动性与参与度。安永提供的信息显示，截至 2021 年，A 股上市公司中披露 ESG 报告、社会责任报告、可持续发展报告的比例约为 30%，[①] 企业开展 ESG 披露的主动性有所不足，且信息披露的质量并不高，那么就需要借助 ESG 业务实现企业对资信水平的升级，同步进行银行业的信用体系绿色升级，使信用水平与效益水品逐渐与 ESG 环境影响挂钩。

而在理念与业务升级上，一是银行业应当开启金融理念的升级，改善并创新一些传统的金融服务模式，使之符合 ESG 的环境与社会需求；二是提升企业与银行业的绿色金融业务黏性，使越来越多的企业有意愿为了维持良好的绿色金融合作模式与绿色业务经营效益去提升 ESG 信息披露的工作质量；三是可持续发展的效益本身是企业的加分项，随着绿色黏性的增强，可持续发展上的部分缺陷可能会成为企业在金融业务中的减分项，而可持续效益对应的无形收益将逐渐转为化有形收益，这为 ESG 市场化水平的提升提供了良好基础。

---

① 中国上市公司协会：《2021 年度 A 股上市公司 ESG 信息披露情况报告》，2022 年 8 月 31 日。

最后，ESG 的发展方向应当与“双碳”等可持续发展目标相协同，银行业绿色转型的根本目的是推动我国绿色实体产业的发展，这使得 ESG 未来有趋势成为企业在绿色资产配置中的核心资产，这不仅是面对高碳资产搁浅风险下的客观需求，也是企业寻求风险分散和资产多元化的主观动力。此外，随着绿色发展的主流化、规范化和常态化，ESG 投资本身具备的稳健性和长期性将在金融市场中展现出更多的吸引力，不仅可以成为养老、慈善等社会福利资金在投资选择上的优先配置对象；也可以通过 ESG 本身的社会责任与公司治理理念激发企业的社会责任感与正外部性经营活动，优化社会三次分配，尤其是对那些受气候环境变化影响较大的中小微企业或其他“气候敏感性”群体提供绿色援助和支持。

第三篇　地方实践

导语：绿色金融深入地方发展，有两大基础方向，一是气候投融资，二是转型金融，前者为地方探索应对气候变化、提高绿色低碳产业增量提供未来方向，后者则是为地方探索高碳产业存量市场减排路径提供行动方式。在产业绿色化的基础上，地方建立碳中和城市群将为绿色发展提供更多的区域活力。

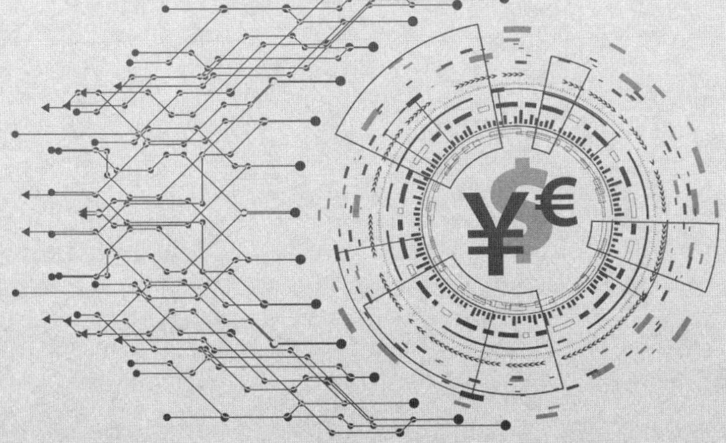

第六章　气候投融资拐点已现

2021 年全球碳中和元年的开启，碳中和目标成为大多数国家的政策共识。全球资本市场倾向于气候投融资的拐点开始出现。国家应对气候变化战略研究和国际合作中心此前测算，中国实现碳中和还需增加 139 万亿元的新投资，年均投资 3. 5 万亿元，可见气候投融资对中国实现碳中和目标的重要作用。

2022 年 5 月底，生态环境部透露，气候投融资试点已基本完成评审工作，即将全面启动运行。这意味着自 2021 年 12 月 23 日生态环境部、国家发展改革委等九部门联合发布《关于开展气候投融资试点工作的通知》之后仅仅不到半年时间，地方气候投融资试点布局已完成。气候投融资是实现“双碳”目标的助推器。国家应对气候变化战略研究和国际合作中心此前测算，中国实现碳中和还需增加 139 万亿元的新投资，年均投资 3. 5 万亿元，可见气候投融资对中国实现碳中和目标的重要作用。

2022 年下半年，在气候投融资地方试点的推进下，中国势必会加速积累应对的气候变化的金融经验，发挥金融在绿色可持续发展中的气候治理作用，吸收国际先进经验，推动“双碳”目标下的绿色金融在气候变化领域的改革与创新。从这个角度看，分析气候投融资在绿色金融和地方碳中和工作中的创新前景，分析将从哪些方面寻求气候投融资试点的业务布局和发展方向，变得相当有意义。

第一节　全球气候投融资的拐点已出现

2021年全球碳中和元年的开启，碳中和目标成为大多数国家的政策共识。全球资本市场倾向于气候投融资的拐点开始出现。联合国气候变化框架公约及所属机构如绿色气候基金、世界银行和区域多边开发银行对其自身业务的气候投融资系统性的核算框架和流程不断加快，以绿色、环保和可持续性为核心的气候基金快速提升，环境、社会和公司治理（ESG）型目标资产的大规模资本重新配置进程变得紧迫，纷纷通过配置具备气候应对型的低碳资产对冲高排放产业的风险（见表6-1）。比如，2021年底，全球最大主权财富基金挪威政府全球养老基金（GPFG）、欧洲最大养老荷兰公共部门养老金（ABP）、英国最大保险公司、大型实物投资管理公司英杰华都相继采取“脱碳”措施，声称在未来1~3年迅速出售、剥离其高排放的资产和投资项目，监管和督促化石燃料企业加速应对气候变化的行动。可见，全球碳中和的政策共识下，寻求气候型资产结构调整，成为金融界迫不及待、势在必行的事情。在可以遇见的将来，随着全球气候治理和碳中和进程进入主流和快车道，气候融资在21世纪全球碳中和可持续发展进程中的重要性将逐渐提高，世界银行将气候融资在总融资规模中占比提升至35%的阶段性目标亦充分体现了应对气候变化所需的大量资金需求和金融创新前景。

表 6-1　国际金融机构气候投融资相关举措案例

机构	举措
世界银行	世界银行早在 2014 年就开发了“气候和灾害风险筛查工具”。工具包括国家层面和项目层面：国家层面支持国家或产业规划和战略，项目层面涵盖农业、水、健康、道路、能源、海岸等 7 个领域
美国花旗银行	花旗银行在 2019 年对该行在美国电力行业的 39 个公司客户进行了气候变化影响情景分析。评估的假定条件包括全球碳价水平、碳捕集与封存技术的商业可行性、电力价格、能源结构等
法国兴业银行	该行 2014—2020 年的环境政策重点在减少碳排放，并设立了相应目标：与 2014 年相比，2020 年银行人均碳排放减少 20%。为了达到减排目标，银行执行了内部碳税政策
非洲开发银行	2012 年，非洲开发银行实施了“应对气候变化行动计划”。在 2010 年开始制订该计划时，非洲开发银行就设立了相应的职能部门

资料来源：孙轶颋．金融机构开展气候投融资业务的驱动力和国际经验［J］．环境保护，2020，48（12）：18-23.

中国推动气候投融资的政策部署与市场行动也紧锣密鼓。2016 年 8 月，中国人民银行、财政部等七部门联合发布《关于构建绿色金融体系的指导意见》，旨在构建中国较为完整的绿色金融政策体系。自此，囊括气候投融资在内的中国绿色金融得以蓬勃发展，绿色信贷、绿色债券、绿色保险短短几年都跃升成为全球最大市场之一。2020 年 10 月生态环境部、国家发展改革委、人民银行、银保监会、证监会发布《关于促进应对气候变化投融资的指导意见》，这是中国首个专门在气候投融资领域的政策文件，也是中国宣布“双碳”目标以来的首个落实与推进文件，确定到 2025 年基本形成气候投融资地方试点、综合示范、项目开发、机构响应、广泛参与的系统布局，引领构建具有国际影响力的气候投融资合作平台，投入应对气候变化领域的资金规模明显增加。

2021 年试点通知发出后，一批实施意愿强、基础条件较优、具有带动作用和典型性的、以强化金融支持为重点的气候投融资试点城市已相继浮出水面。比如，5 月 26 日，《上海市浦东新区绿色金融发展若干规定（草案）》公开征求意见，明确写到“开展气候投融资试点工作”条款，要求探索差异化的投融资模式，以市场手段强化各类资金有序投入，创新激励约束机制，完善资金安排联动机制，抑制高碳投资。可见，一场全面应对气候变化投融资的城市行动已悄然展开。

第二节　全球气候投融资的独特意义与中国启发

在当前全球可持续发展进程中，气候融资在碳中和时期的重要性逐渐提高，世界银行计划在未来数年内将气候融资在总融资规模中的占比提升至 35%，充分反映了应对气候变化所需的资金需求和金融创新需求。

全球广义上与气候相关的各类资产配置总规模已达到近 50 亿美元，在全球资产配置中占比近四分之一，从而气候投融资业务是中国目前急需尽快跟进的重点领域，也是绿色金融国际竞争中的重要赛道。开展气候投融资试点，充分反映了试点地区要理清开展气候投融资和绿色金融业务目前存在的一些共同点和区别（见表 6-2）。

表 6-2　气候投融资与绿色金融的差异梳理

	气候投融资	绿色金融
关系	气候投融资是绿色金融的一部分	绿色金融的范围大于气候投融资的范围

续表

	气候投融资	绿色金融
定义	气候金融与联合国应对气候变化框架公约相关联，该投融资活动可减少排放，同允许各国适应气候变化以及减缓气候变化所带来的影响	为支持环境改善、应对气候变化和资源节约高效利用的经济活动，即对环保、节能、清洁能源、绿色交通、绿色建筑等领域的投融资、项目运营、风险管理等所提供的金融服务
主导部门	生态环境部、国家发改委、工信部、住建部、中国人民银行、国资委、银保监会、证监会、国管局	中国人民银行、财政部、发改委环境保护部、证监会、银保监会
重点任务	1. 编制试点方案 2. 坚决遏制“两高”项目盲目发展 3. 有序发展碳金融 4. 强化碳核算与信息披露 5. 强化模式和工具创新 6. 强化政策协同 7. 建设国家气候投融资项目库 8. 加强人才队伍建设和国际交流合作	1. 大力发展绿色信贷 2. 推动证券市场支持绿色投资 3. 设立绿色发展基金，通过政府和社会资本合作（PPP）模式动员社会资本 4. 发展绿色保险 5. 完善环境权益交易市场、丰富融资工具 6. 支持地方发展绿色金融 7. 推动开展绿色金融国际合作 8. 防范金融风险，强化组织落实

其中，共同点是气候资金缺口与绿色投融资缺口都较大，主要区别在于根据侧重点不同则投向领域也有差异：绿色资金在气候投融资目标下的需求和供给并不匹配，甚至绿色资金本身也需要供需调整，根据近五年来的绿色投融资组成情况，目前年均投融资在 2 万亿元到 2.5 万亿元，其中有近 40%~50%用于绿色交通运输，包括 5000 亿元的城市轨道交通（包括绿色基建）和 5000 亿元的新能源汽车，其次是清洁可再生能源占 5000 亿元左右，该投融资比例并不适用于应对气候变化。

另外，我国ESG投资创新和应用有所不足，由于当前气候投融资项目具有正的外部性且还未实现内部化，普遍存在前期投资规模大、投资收益率不高和投资回收期长的特点，这就导致金融机构向气候投融资项目提供融资的动力明显不足。那么在开展气候投融资地方试点的过程中，需要试点地区地方政府过税收优惠和财政补贴来定向支持气候投融资的产业领域，通过监管创新鼓励和支持金融机构加大ESG应用，优化气候投融资培育与发展的政策环境，如给予气候信贷产品定向降准、赋予气候债券等产品在绿色债券群体中的优先受偿权。

此外，减缓和适应这两类气候目标在气候投融资结构中需要平衡，全球范围内前者占比约93%，后者仅为7%，包含生态系统防灾适应能力和基础设施建设在内的气候应对活动所需的融资应当得到进一步重视，以不断降低未来“双碳”目标工作中的风险和不确定性。

第三节　中国气候投融资的深度内涵

气候融资相比于传统的绿色环保项目和低碳减排项目等，侧重点有所不同，它具备更强的应对气候变化和全球可持续发展特性。具体来看，根据2021年发布的气候投融资指导意见，我国气候投融资的发展模式以“减少碳源以减缓气候效应”和“增加碳汇以适应气候变化”两个层面结合为主，添加了更多关于提高森林碳汇、草原碳汇、生态系统与气象防灾等领域适应能力的发展工作，本质上是增强“谈盈亏”，而不仅局限于核定指标开展碳减排工作，在减碳的基础上更加具备碳中和目标下的碳增汇属性。

气候投融资试点地区和绿色金融试点之间相比，除了开展资金引流以外，更能注重于把握好气候投融资和气候适应型城市建设之间的系统关系，并且气候投融资本身全球属性较强，试点地区最后发展出的经验模式有助于最终建立起具有国际影响力的气候投融资合作平台，以加大应对气候变化领域的国际投入，通过平台去撬动更多国际气候资金。

当前，有越来越多的企业开始充分意识到气候投融资与气候适应能力在未来数年内的重要性，比如全球气候变化带来的政策环境变化对于产业和行业造成的冲击，相关企业要能够承受相关的风险，使其整体可控，并且在气候披露规范上根据 TCFD 气候财务披露协议需要加强气候变化对企业财务经营影响的量化分析。与此同时，我国正通过气候投融资工作逐渐建立起气候融资体系，弥补气候相关金融领域的空白，推动气候资金在供给端逐渐集中，不断明确气候资金的使用范围，并单独完善相应的气候投融资统计和核算方法。

针对当前我国所面临的可持续发展困境，再结合上述提到的气候投融资的工作内涵，我国的气候投融资工作将会解决以下五种可持续发展难题。

一是减缓和适应气候变化项目的融资难题。解决这一难题是气候投融资试点工作开展的核心动机。减缓和适应气候变化的项目长期具有投资规模大、收益率低、投资回报周期长的客观问题，而气候投融资工作将通过完善《气候投融资项目分类指南》；深化与相关项目的金融适配工具等方式，以逐步解决当前我国可持续发展所面临的最主要问题。

二是投资资金与项目的错配问题。因不同绿色项目所涉及的技术不同，所以个项目的开发成本便存在差异，有的已实现经济规模，但有的还处于资金投入阶段。所以从投入产出的角度来看，绿色资金往往更加青睐投资回报周期相对短的项目，而尚处于发展的项目则难以得到该有的资金投入，所以就形成了项目与资金间的错配问题。气候投融资工作开启后，更完善的投融资工具将弥补部分绿色项目的资金缺口。

三是绿色金融参与主体的单一问题。当前，我国绿色信贷占整体绿色金融资金总额的90%以上，绿色金融业务过于集中在银行端口，暴露出参与主体单一的问题。但《气候投融资试点工作方案》明确提出，要有序发展碳金融与鼓励试点地方各类金融机构创新气候友好型的绿色金融产品和服务。在未来，除银行外，券商、保险等金融机构也将在绿色金融业务上发力，推出更加多样化与气候投融资相关的金融工具，甚至个人也可通过普惠碳金融产品参与到气候投融资工作当中。

四是企业主动披露ESG信息的意愿较低。《中国ESG发展报告2021》中的数据显示，2021年，A股中有1130家上市企业披露了自身的ESG信息，占A股上市公司总量的26.9%，但其中仅有66家企业发布了纯粹的ESG报告，这仅占A股上市公司总量的1.57%，由此可见，我国的上市企业对于披露ESG信息工作并没有高涨的主观能动性。在气候投融资工作开展后，ESG报告中的百余个底层指标将反映出地方试点企业的落实情况，倒逼相关企业主动披露自身ESG信息，气候投融资试点工作甚至或将推动我国的ESG信息的强制披露工作。

五是绿色金融难以对所有的气候项目进行资金支持。对于绿色金融来说，气候投融资是对其在业务范围上的补充，同时也扩大了绿色资金的项目支持范围。例如，气候投融资的核心帮助城市减缓气候变化和适应气候变化，像应对去年河南的大雨城市要进行海绵城市升级这就属于气候投融资，而海绵城市的建立即不属于绿色金融对零碳项目的资金支持目录，也不属于转型金融中对高碳企业进行绿色化转型给予资金支持。所以气候投融资工作进一步扩大了绿色资金的支持范围。

第四节　中国气候投融资的三大特点与综合益处

根据《气候投融资试点工作方案》，“气候投融资”被定义为“为实现国家自主贡献目标和低碳发展目标，引导和促进更多资金投向应对气候变化领域的投资和融资活动，是绿色金融的重要组成部分”。试点工作的目标是，要通过 3~5 年的努力，试点地方基本形成有利于气候投融资发展的政策环境，培育一批气候友好型市场主体，探索一批气候投融资发展模式，打造若干个气候投融资国际合作平台，使资金、人才、技术等各类要素资源向气候投融资领域充分聚集。尽管气候投融资工作在 2022 年下半年才将正式开展，但此前各部委已经制定了相应的配套政策（见表 6-3），以保障相关工作的顺利开展，同时也为未来的城市的可持续发展打下基础。

表 6-3　气候投融资政策体系汇总

政策类型	具体措施
财政政策	“十三五”时期，我国 31 个省级地方政府发布的应对气候变化或控制温室气体排放的相关规划和方案中，95%以上的规划或方案明确提出要加大应对气候变化和污染物减排的财政支持力度。“十四五”时期，各省（区、市）均将应对气候变化作为“十四五”规划的重要内容，并进一步明确了财政支持的相关措施

续表

政策类型	具体措施
税收优惠政策	我国在低碳发展相关领域已出台了一些税收优惠政策，如对风电、光伏发电等清洁能源、节能设备制造等实施增值税、消费税和企业所得税等税收优惠。同时，多地还出台了新能源汽车、公共交通车辆和节能车船等也享受车辆购置税等相关的优惠政策
市场和价格政策	我国多地方通过碳市场、绿电交易、用能权交易等手段明确相关企业的排放成本，提升减缓和适应气候变化项目的市场化程度
绿色金融政策	我国已有超过50个城市在相关政策中明确了绿色金融激励措施，包括对绿色信贷、绿色保险、绿色债券、绿色基金、环境权益交易等绿色金融细分领域的支持

资料来源：熊程程，廖原，赵佳佳．碳达峰、碳中和目标下地方气候投融资政策体系建设现状、问题及建议［J］．环境保护，2022，50（6）：26-29.

相比于联合国对气候投融资的概念，中国气候投融资的定义与目标更细化到资金、人才、技术与政策、制度、平台之间的协调、综合与落实。作为一个全新的投融资体系，中国气候投融资的工作不仅要讲求节奏感与渐进性，还要注重实效性与可行性。试点工作必须吸收国际先进经验，也须体现出与中国国情相适应的特色。

一是政府力量与市场力量双发力。气候问题具有兼具时空尺度的外部性，需要私人部门与公共机构共同应对。中国金融体系主要以银行为主，前些年中国企业界、社会界还有声音怀疑气候变化的真实性与国家应对气候变暖的务实性截然不同，近年来，中国政府推出大量与绿色金融相关的政策，并引导市场在气候投融资上的理念升级、产品创新。而以银行为主导的金融体系与政府引领的经济模式特点也决定了，中国将逐步形成以绿色信贷基本政策为主要发力点，以绿色债券、绿色基金为辅助力的气候投融资体系。而随着投融资试点工作的推进，中国企业会越来越意识到应对气候变化、推进绿色发展和实现低碳减排的重要性，逐渐重视应对全球气候变化带来的政策环境变化对于产业和行业造成的冲击，政府公共投资与私人资本加上债券、股权、基金等在内的多重混合气候融资模式也将越来越有创新前景和发展吸引力。

二是试点城市与机构运作共协调。地方是落实我国碳达峰碳中和目标的重要基础和关键环节，气候资金需求和供给矛盾普遍突出。当前地方应对气候变化和低碳发展的意识相对薄弱，气候投融资体制机制尚不健全，相关政策暂未形成系统响应，专业队伍和人才储备不足，缺乏有效的监督、制约、考核和激励机制。为深入推动地方气候投融资工作，亟须加快开展以应对气候变化为目的、强化各类资金有序投入的政策环境为重点的气候投融资试点，探索差异化的投融资模式、组织形式、服务方式和管理制度，通过有效抑制地方高碳投资、创新激励约束机制和资金安排的联动机制，切实发挥“降碳”的引领和倒逼作用，为促进地方绿色低碳和高质量发展提供有力支撑，形成可复制可推广的成功经验，为我国碳达峰碳中和目标的实现奠定坚实基础。

三是长远目标与短期步骤相结合。气候变化是跨世纪的国际性重大问题，而中国提出的“双碳”目标更是一个宏观过程，在气候治理框架下，气候投融资在微观层面上充分贯通了长远规划与短期任务之间的联动关系，注重长期目标与短期步骤相结合，推动“双碳”目标有序进行。我国碳中和长远规划下的阶段性目标在不同行业、不同企业之间的存在差异，长期内碳中和需要考虑行业特色，短期内阶段性减碳也并不靠简单的、被动的任务分配和约束产量来实现。气候投融资活动将“双碳”目标和低碳治理在业务细节上落到了实处，在“双碳”目标带动的生产生活和经济社会大变革之中，当气候投融资融入企业的气候适应性生产活动与投融资活动中，会进一步推动一系列供应链行为和市场活动与以降低碳排放为核心目标的环境影响所挂钩，这些微观视角上的生产活动气候升级为“双碳”长远目标持续注入了阶段性的短期动力。

气候投融资对城市存在综合益处，为应对气候变化和实现碳达峰、碳中和目标，绿色金融改革创新试验区、低碳城市试点、气候适应型城市试点和气候投融资试点等地方工作都是探索和积累“双碳”路径经验的重要实践。而开展气候投融资试点则应注重相比于其他地区，其所具备的“气候”目标特征。

从理论指引角度，在我国“双碳”顶层设计和指导下，从基本方向上来看，气候投融资应服务于支持城市自身将城市现代化建设和地方双碳目标相结合，城市自身通过相关工作针对性地成为气候投融资先行优势地区，引导资金投入气候变化领域，这有赖于地方政府尽早发布阶段性的产业目标规划，尤其是建立起不同时期投融资目标的政策方向和资金需求计划，包括同步更新的项目案例库，以推动社会资本将气候资金投入相关领域，把握各个时期的投资机遇以匹配短期和中长期的投资需求，这是拓宽气候融资渠道的重要方式。

从实践工作角度，地方政府可考虑布局通过气候专项绿色债券募集资金投入气候基础设施建设领域，加强应对气候变化灾害，在城市韧性中增强城市气候防御力是开展气候投融资活动的环境基础，也是提高“城市气候信用”的方式之一。与此同时，在标准建设和工具创新上需要对标国际，气候投融资本身具备强烈的国际化属性，相关工作的创新成果有一定程度上可以从全球角度拓展气候资金的国际合作与运用。

从金融服务角度，对比发达国家的气候投融资市场，中国当前的绿色融资整体对于绿色信贷和债券的依赖程度较高，投资方向相对偏向于资金供给主导，需要加强目标管理和导向性，以及同步提升项目的气候适应性。我国气候融资水平低于碳中和目标所需的必要水平，私营部门参与度低，面向新市场主体的工具创新和私人资本发挥的作用有限，这是一个阶段性的难题，短期内需要试点地区气候融资工具降低发行成本优势，和对发行人建立合理的激励机制，更要面对气候债务工具仍然存在的期限错配问题。同时，减缓和适应气候的项目需要改善投融资结构，以不断降低双碳工作中的风险和不确定性，试点地区开展气候友好型项目要从经济可行、风险可控、气候效益等方面综合考虑，寻找具有投资价值的气候友好型项目。

第五节　中国气候投融资的下一步走向

在全球气候治理进程中，中国作出了大国承诺，并展现了强大的执行力和行动力。中国未来需要不断开展和“双碳”目标与路径密切契合的气候投融资活动，为绿色金融创新升级带来新动能，持续发挥绿色金融支持“双碳”目标和气候治理的核心作用。

据统计，从资产管理的角度，全球金融机构在气候和相关领域管理资产规模达到 47 万亿元，占全球金融资产管理总规模（180 万亿元）高达 26%，可以认为，与应对气候变化相关的资产配置在未来全球投资活动中将会逐渐占据更高比例，一是应对气候变化本身带动了大量资金需求，二是全球气候治理目标下低碳资产认可并具备越来越高的投资价值和增长潜力，三是金融机构具有及时调整资产组合并通过配置气候适应性资产来对冲高排放产业风险的需求。因此，气候投融资在中国未来推进“双碳”目标的过程中将占据越来越重要的位置和作用，找准气候投融资的实践方向是推动“双碳”领域各项工作顺利有序开展的重要基础。

一、建立协调感：通过气候投融资建立起城市试点的绿色供应链

气候投融资在打造传统供应链的绿色升级和打造新型绿色产业供应链等方面，均有一定程度的推动和促进作用。

首先，气候投融资以项目和产品为依托，根据项目的环境要求和可持续发展目标，可以推动相关企业提升与供应链上下游其他企业之间材料供应、资源与能源消耗、污染排放物水平等指标的环境要求，符合气候投融资目标中的“减缓气候变化”重要方向。

其次，参与到绿色供应链建设中的企业，将有机遇更容易获得绿色投融资试点的资金扶持与优惠。气候投融资目标下的产品选择也将激励供应链各环节企业联合开展绿色生产和供应的对接，并在气候投融资目标中的“适应气候变化”中实现气候风险共担机制。

最后，气候投融资下的供应链绿色升级，有利于进一步打通绿色产业链全环节的气候环境信息数据库建设工作，建立绿色产业链碳排放信息的横向和纵向共享平台，目标是对于碳排放的足迹追踪和测算，将有助于从产业链绿色升级的过程中通过数据收集创新开发资金成本与碳足迹挂钩的金融产品，发展气候投融资、绿色产业链、碳排放权交易市场、清洁能源消费市场、绿色金融市场等领域的多方联动作用。

二、发挥创新性：气候投融资推动中国金融的绿色可持续转型升级

从降低排放、减缓气候变化的金融创新角度，气候投融资的顺利开展有助于不断提升金融机构进行碳核算和评估碳减排经济效益的能力，推动金融体系的绿色转型和信用升级。气候投融资对气候变化和碳排放的依赖程度高于传统绿色金融，带动了市场化、规模化、具备成本优势的金融方案的形成。气候投融资下的碳核算升级，有助于借助气候投融资工作改善绿色金融当前的一大难点——绿色金融主要覆盖于大型企业，对于中小企业或者自然人而言，他们没有足够的资信，在绿色项目上也缺少资产抵押，但中小企业和低收入人群恰恰是气候目标和气候金融的重点支持对象，从根本上是以地方气候投融资试点为突破口，在绿色金融视角下探索新的信贷模式和结构。

另外，从提升碳汇、适应气候变化的金融创新角度，气候投融资是建立健全生态产品价值实现机制的重要金融途径。第一，气候投融资吸引和激励金融资本参与到生态价值实现市场中去，积极发展生态资源权益交易；第二，气候投融资建立和完善了生态价值的货币化评估体系，推动生态价值在合理位置的得到变现，并在未来持续获得稳定的绿色现金流；第三，气候投融资试点探索了自然资本核算体系并发挥自然资本的投资效应。气候投融资活动不仅涉及气候问题作为金融系统风险来源的被动防范应对举措（气候变暖和生物多样性缺失），也涉及具备主动提高气候效应和碳减排效益的碳增汇项目开发。建立起与碳增汇相关的自然资本核算体系并推动市场化和产业化，是地方气候投融资试点中挖掘气候资产布局的重要方向。

三、提升落实度：完善气候投融资下的环境信息披露与核算体系，建立气候投融资的金融数据库与项目库

在气候投融资视角下，环境信息披露与环境核算体系，包括碳排放核算核查等工作，将不仅提高环境透明度和敦促企业减排，更能逐渐建立起一个环境约束型的生产模式和融资体系。气候与环境的信息披露与核算体系将在气候投融资试点中得到创新发展，越来越注重于“双碳”目标的实际需求。

金融机构应注重建立和完善气候投融资下的环境信息披露与核算体系，在未来的气候投融资活动中，金融机构将广泛掌握企业在ESG层面的公司治理结构、产业与产量特征、行业潜在气候风险等，从金融机构出发以落实气候投融资的基础环境数据搜集与披露工作具备较高效益。自2021年下半年起，人民银行积极推动银行业金融机构绿色金融评价方案，在后续在气候投融资下的信息披露工作中，金融体系更应从项目特点和生产方式的层面出发，探索独立于企业ESG和环境治理能力的、对于碳减排金融政策效果的评估方式，并借此开展“双碳”目标下的资产配置升级，推动企业气候融资信贷评估体系的侧重点从融资需求方到融资供给方转型。

在此基础上，过往的绿色金融改革试点经验表明，基础数据的收集、联网接入、数据库管理工作具备必要性和重要性，气候投融资数据库与项目库的建立和完善应当率先布局：一是可在与温室气体排放、应对气候变化等领域相关的资产配置中开展气候环境项目的跟踪统计与核算，同步发展资源核算与环境核算业务，将气候变化相关元素纳入企业资产负债表之中。二是以气候跟踪统计核算数据为基础，重视气候环境账户和绿色金融账户的数字化建设工作，由金融机

构或第三方信息服务商适时推进，详细覆盖温室气体排放、碳减排、环境污染物、碳配额、存量和增量等数据，并建立信息共享机制。

此外，地方开展气候投融资试点还应建立起气候投融资风险的识别机制。需要先明确和厘清的重点是，气候风险和气候投融资风险是两个范围的概念，气候投融资风险主要集中在金融系统和相关投融资活动中。在我国碳达峰、碳中和长远发展目标下，气候投融资项目支持范围包括减缓气候变化和适应气候变化，前者需要调整升级产业结构与能源结构，从而导致企业投资的相关项目投资在转型过程中面临政策变化、财产减值、估值降低、消费偏好变化、市场风向转变等风险，后者则是气候灾害等物理风险所带来的投资损失、项目运营中断、产业链上下游企业违约等风险。例如，金融市场中那些利率与碳排放与环境影响挂钩的信贷产品，如果相关项目主体在转型过程发生不确定性，则将为投资者带来利率风险。

可见，建立和制定气候投融资风险的识别和评估机制是地方开展气候投融资活动的基本前提和重要基础，当前相关意识、政策、技术等方面均有待完善，出发点之一是与气候保险市场发展相结合，包括环境污染责任险、天气保险、绿色节能保险市场，都需要对风险进行识别并控制对金融市场的影响，其关键在于需要一系列测度工具，以气候问题到金融市场的风险传导机制为基础，开展情景分析和压力测试，从地方层面建立起完整的气候风险评估流程，并最终积累起气候风险识别、投资分析、资金运用、报告编制等工作有机结合的一系列完善的连锁环节和体系。

第七章　转型金融的地方路径

气候变化是全球面临的最严峻的挑战之一，政府间气候变化专门委员会（IPCC）在 2021 年发布的第六次评估报告中强调，将全球温升限制在不高于或略超过 1. 5 摄氏度需要从能源、工业、建筑、交通和城市系统等方面进行快速而深远的转型。① 在各个国家对外发出碳中和目标之后，全球的关注的问题便从最初是否要进行绿色升级，转移到如何以最快的速度进行转型。据气候债券倡议组织相关研究估计，要实现《巴黎协定》所约定的目标，每年至少需要对基础设施投资 6. 9 万亿美元、对能源转型投资 1. 6 万亿美元到 3. 8 万亿美元。在此过程中，转型金融将为全球碳中和进程发挥重要支持作用。

从国内现状来看，当前我国碳达峰、碳中和进程已从概念普及、政策宣讲环节逐渐进入实质进展阶段，重点行业部门相继开展绿色升级活动以积极响应这场自上而下的减排运动，带动了一大批绿色新兴产业的创新与发展。我国绿色产业投资规模逐渐增大，2021 年已达到 2. 8 万亿元，② 但除此以外仍有相当一部分规模的产业不具备

---

① IPCC，2021：Summary for Policymakers. In：Climate Change 2021：The Physical Science Basis Contribution of Working Group I to the Sixth Assessment Report of the Intergovernmental Panel on Climate Change. Cambridge University Press. In Press. https：//www. ipcc. ch/report/ar6/wg1/downloads/report/IPCC_AR6_WGI_Full_Report. pdf.

② 朱信凯，周月秋，王文，蓝虹，殷红．中国绿色金融发展研究报告 2021［M］. 北京：中国金融出版社，2022.

绿色属性，从而在探寻绿色产业增长点的同时，实现碳中和目标也应高度重视那些传统高排放行业的转型。

2021 年中国金融学会绿色金融专业委员会年会上，中国人民银行副行长陈雨露指出，“要深入研究金融如何支持经济低碳转型高碳行业和企业的低碳转型，目前的绿色金融体系尚不能充分覆盖转型金融需求，应该深入研究如何建立转型金融的界定标准、披露要求、激励机制和配套措施”。[①] 随着碳减排路行越发明晰，转型金融将会在气候投融资中释放更多活力，而中国通过提前布局转型金融、正确面对和克服转型金融存在的问题和挑战，将在全球可持续投融资进程中积累中国经验、树立中国形象，为 21 世纪气候目标注入新动力。

由此可见，转型金融在碳达峰、碳中和目标中的重要性与日俱增，明确转型金融的独特优势、在绿色金融中的创新价值，将有助于更高效地按时推进碳中和时间表与路线图。为此，在中国生态文明建设的顶层指导下，本书致力于结合转型金融的概念发展历程、国内外政策环境与市场背景、绿色金融的改革创新现状等，为我国转型金融指引未来方向，为我国碳中和目标实践挖掘新动能。

第一节　转型金融：国际背景与中国现状

工业革命以来，科技和产业的飞速发展，人类对大自然的过度开采造成了温室气体排放过量，导致近几年极端气候频繁出现，严重威胁了全球人类的未来发展。因此，构建可持续发展的高韧性经济

① 陈雨露．金融业要深入研究如何支持低碳转型 实现“双碳”目标［N］．金融时报，2022-09-25.

体，实现人类经济社会发展与自然和谐共生已经成为各国的发展目标与共识，“转型金融”概念也在这样的需求背景下应运而生。

一、转型金融的概念形成与国内深化

（一）转型金融的概念来源——高碳经济活动绿色升级的必经之路

“转型”意味着特定经济活动或主体行为随时间的推移而改变，它强调过程而非结果。因此转型并不意味着当前的活动必须是绿色或低碳，它是一个高碳经济活动随着时间推移向绿色转变的过程。

绿色金融经过这几年的快速发展，国内、国外从概念到分类都划分了比较清晰的界限。虽然标准明确清晰可以有效防止洗绿的风险。但是，由于其严格的执行，缺乏弹性和灵活性，导致其并不能覆盖和支持整个实体经济的能源转型。很多拥有可行的低碳转型方案的大型“两高”企业因其经济活动不属于“绿色”，很难获得绿色金融的支持。同时这些大型高碳排企业在全球温室气体减排方面又扮演着极其重要角色，需要大量的投资来帮助其转型目前市场快速发展，因此转型金融自2020年以来便在国内外得到了广泛关注和快速响应。

（二）应对气候变化引发转型金融的国际重视

根据联合国政府间气候变化专门委员会（IPCC）第六次评估报告，最近50年来，全球变暖正以过去2000年以来前所未有的速度发生，日益频繁的极端气候对经济社会形成了较大冲击。世界气象组织发布的报告也显示，过去50年，由于气候变化的影响，灾害数量增加了 5 倍，灾害损失增加 7 倍多。[1]

Stern Review 的环境经济报告中也指出，“5～6 摄氏度的气候变暖将会导致近 10%左右的 GDP 损失，气候的变化会影响人均消费量”。[2] 美国 1850s 研究表明，二氧化碳的排放量与 GDP 也有着紧密联系，“预测在 2050 年，每 550pm 的碳排放的减少匹配了 1% GDP 的变化”。[3]

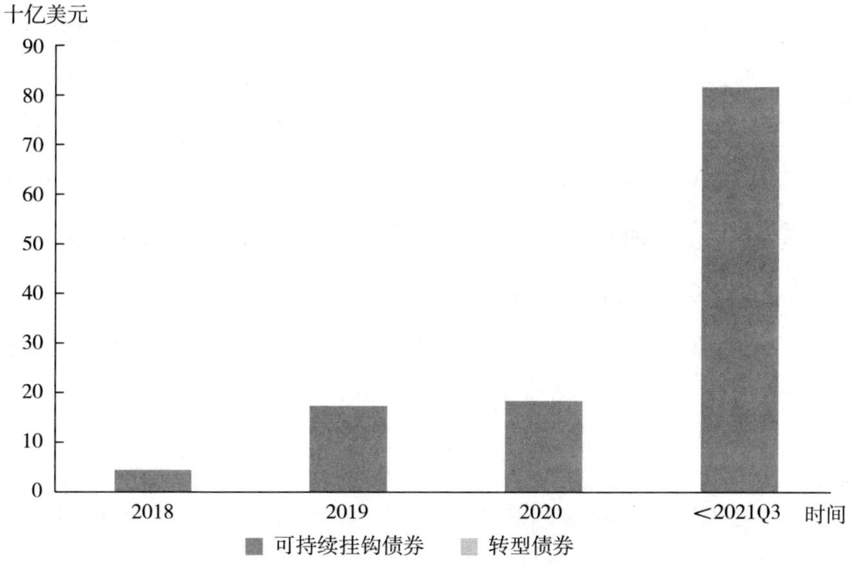

图 7-1　全球转型债券和可持续挂钩债券发行量变化趋势

（资料来源：气候债券倡议组织）④

① United Nations Environment Programme（2021）. Emissions Gap Report 2021：The Heat Is On – A World of Climate Promises Not Yet Delivered – Executive Summary. Nairobi.

② Stern Review：The Economics of Climate Change. http：//mudancasclimaticas. cptec. inpe. br/～rmclima/pdfs/destaques/sternreview_report_complete. pdf.

③ The decoupling of economic growth from carbon emissions：UK evidence. https：//www. ons. gov. uk/economy/nationalaccounts/uksectoraccounts/compendium/economicreview/october2019/thedecouplingofeconomicgrowthfromcarbonemissionsukevidence.

④ 气候债券倡议组织：中国转型金融研究报告，2022 年 2 月，https：//www. climatebonds. net/files/reports/cbi_transfinchina_cn_01e. pdf。

同时，全球经济的低碳转型需要大量资金支持，根据彭博新能源财经的估测，到 2050 年全球需要投资 92 万亿美元才符合《巴黎协定》所需满足的资金需求。而如果要进一步在 2050 年实现温室气体净零排放，那么全球预计需要透投入总共将达到 275 万亿美元。[①] 这些资金仅仅依靠公共资源、政府发力是远远不够的，推动私人资本为企业转型投资才是扩大用于低碳转型企业的融资规模的关键。

（三）中国“双碳”目标为全球绿色转型活动注入新动力

2020 年 9 月，习近平主席在世界联合国大会上郑重承诺到 2030 年实现碳达峰、2060 年碳中和的“双碳”目标。[②] “双碳”目标的提出不仅明确了我国碳排放量的质量要求，更有了目标的明确时间下限，作为对世界的承诺，具有极强的刚性，实现“双碳”目标一方面要大力发展绿色产业，另一方面要对现行的棕色产业进行绿色改造，而这需要大额的资金的投入。

我国原有的绿色金融仅着眼于绿色企业的融资需求。据估计，中国 2021—2030 年实现碳达峰的资金需求为 14 万亿～22 万亿元人民币，而由 2030 年碳达峰到 2060 年实现碳中和的资金需求则在百万亿元级别。[③] 但是目前绿色金融（包括绿色信贷、绿色债券等工具）的界定标准仍以各种绿色目录为主，不少可以在一定程度上减污降碳但还达不到纯绿要求的项目尚未被纳入，更多的是一些“纯绿”或者“大部分绿”的项目。在过去几年中，不少银行或投资机构选择

---

① 2022 年 2 月 25 日麦肯锡公司（McKinsey & Company）发布题为《净零排放：成本与回报》（The Net-zero Transition：What It Would Cost，What It Could Bring）的报告。

② 习近平：《在第七十五届联合国大会一般性辩论上的讲话》，2020 年 9 月 22 日。

③ 世界经济论坛，奥纬咨询：《应对中国气候挑战：为转型提供融资，实现净零未来 洞察力报告》，2022 年 7 月。

了简单地将所有与煤电、钢铁等高碳排放企业相关活动均列为“禁止融资”类别的做法，这种谈“煤”色变的金融“减碳”做法对于整个社会的低碳转型十分不利，也不符合中央经济工作会议和今年的政府工作报告中提出的“推进能源低碳转型，煤炭清洁高效利用是重点”的工作方针。

2022年，在“30·60双碳”目标下，我国对于重点用能行业有序转型的需求日益迫切。我国原有的绿色金融着眼于绿色企业的融资需求，但从全国各用能部门的碳排放现状来看，当前中国的碳排放趋势仍然呈现显著的增长趋势，其中包括电力在内的工业产业仍然是最主要排放源，产业绿色低碳转型仍然面临较大挑战。因此实现“双碳”目标的资金缺口极大。

由于绿色金融概念对资金支持领域严格的定义，我国绿色金融募集的资金主要投向也相对单一，缺少对传统碳密集产业的支持。而转型金融可以作为绿色金融的延伸，更加关注高碳产业的融资需求，更能在“双碳”目标下符合中国现阶段的发展要求。转型金融能够促进转型成本的合理配置，给转型市场注入资本和流动性，同时契合高碳排用能企业低碳转型项目的特点和融资需求，为我国的绿色转型发展提供动力。

二、转型金融发展进程中的重要政策

（一）转型金融的国际发展与演进

“转型金融”的概念最早是由“可持续金融”演化而来。当前全球对转型金融的定义尚未统一，不少国际组织与机构对转型金融的阐述不同（见表7-1）。

在国际上，欧盟是最早绿色发展和应对气候变化进程的积极推动者和领导力量之一。早在 2015 年《巴黎协定》和《联合国 2030 可持续发展议程》签订后，欧盟便开始积极探索建立支持可持续金融的政策体系。欧盟在次年提出“可持续金融”的理论基础，即指在减少环境压力和考虑社会、治理等因素下支持经济增长的金融。[①] 2020 年 3 月，欧盟委员会发布《欧盟可持续金融分类方案》，进一步将可持续金融中的绿色金融与转型金融的概念进行区分。[②] 在支持对象方面，欧盟首次将转型金融作为绿色金融的补充和延伸，更加关注高排放的棕色产业的融资需求。在操作层面，欧盟分类方案对高碳行业碳排放标准设置了动态管理机制（要求其碳排放上限按照每五年递减原则，于 2050 年降至零排放），为棕色产业低碳转型提供了充足的时间、可行的成本控制以及灵活的金融政策支持。

气候债券倡议组织（CBI）在 2020 年 9 月发布的《“为可信赖的低碳转型活动提供金融支持”白皮书》中，[③] 明确转型金融为“气候减缓转型”，侧重对实体或活动转型框架的原则性描述等。适用于正在为实现《巴黎协定》2030 年全球碳排放减半、2050 年净零排放目标做出重大贡献、但不能发挥长期作用的活动，或者可以发挥长期作用、但净零路径尚未明确的活动。而 ICMA 发布的《气候转型金融手册》则强调转型金融产品的信息披露。[④]

2021 年 5 月，日本金融厅，经济、贸易和工业部，环境部联合

① The European Commission set up a “High－level expert group on sustainable finance (HLEG)” in December 2016.

② European Union, Sustainable Finance and EU Taxonomy Package. https://finance.ec.europa.eu/publications/sustainable-finance-package_en.

③ Financing Credible Transitions Climate Bonds Initiative “The September 2020 whitepaper presented a framework” for identifying credible transitions and had 2 purposes.

④ Climate Transition Finance Handbook Guidance for Issuers December 2020.

发布的《气候转型融资基本指南》,[①] 认为转型金融是为难以减排的部门提供融资，以助力其为实现脱碳或低碳转型开展长期的、战略性的温室气体减排活动。

表 7-1　转型金融的国际政策演进汇总

时间	机构与文件	转型金融的阐述
2020 年 3 月	欧盟委员会技术专家组《欧盟可持续金融分类方案》	以气候环境政策和六大环境目标为指导原则，明确了为实现可持续发展目标经济活动必须符合的标准，涵盖绿色金融与转型金融，认为转型活动是为实现减缓气候变化的目标、在尚未提供低碳替代品的部门内作出重大贡献而满足支持转型需要的相关活动
2020 年 9 月	气候债券倡议组织《“为可信赖的低碳转型服务提供金融支持”白皮书》	明确转型金融为“气候减缓类型”，适用于正在为实现《巴黎协定》2030 年全球碳排放减半、2050 年净零排放目标作出重大贡献、但不能发挥长期作用的活动，或者可以发挥长期作用、但净零路径尚未明确的活动
2020 年 12 月	国际资本市场协会《其后转型融资手册》	未界定转型金融的明确标准，侧重于为转型债券发行提供指导，提出了发行人对其其后转型战略进行披露的相关要求，包括气候转型战略和公司治理，业务模式中考虑环境要素的重要性、其后转型战略应参考的具有科学依据的目标和路径，以及执行情况的信息透明度等
2021 年 5 月	日本金融厅，以及经济、贸易和工业部、环境部《气候转型融资基本指南》	认为转型金融是为难以减排的部门提供融资，以助力其为实现脱碳或低碳转型开展长期的，战略性的温室气体减排活动

资料来源：笔者根据公开资料整理。

① 経済産業省・環境省「気候変動対策融資の基本ガイドライン」:《金融機関における気候変動への対応についての基本的な考え方》.

（二）转型金融的中国实践历程

相比于国际而言，我国的绿色金融发展起步较早，并已经形成了一定的规模，但转型金融作为专业概念提出的时间并不长，相关理念较为新颖。

早在 2020 年，一些地区便开始陆续推出关于“转型金融”的试点，如绿色金融改革创新试验区湖州市。香港绿色金融协会在 2020 年 11 月发布的《气候转型融资指南》中认为，转型金融支持对象包括技术和活动，能够产生更低的碳排放结果。提出了三项举措来确保转型的有效性，包括具有一个可靠的、与《巴黎协定》目标保持一致的转型计划与时间表等。中国内地一些金融机构，包括如中国银行和建设银行在内，也已经陆续推出支持转型金融的系列指导性文件（见表 7–2）。

表 7–2　中国转型金融政策论述汇总

时间	机构与文件	转型金融的阐述
2020 年 11 月	香港绿色金融协会《气候转型融资指南》	认为转型金融支持对象包括技术和活动，其虽然在实现脱碳、净零方面存在不足，但能够产生比“一切照旧”情形更低的碳排放结果，提出了三项举措来确保转型的有效性，包括具有一个可靠的、与《巴黎协定》目标保持一致的转型计划与时间表，转型技术和活动运行过程中最大限度地减少碳排放和其他负面外部因素，以及减少锁定风险等
2021 年初	中国银行和建设银行《转型债券管理声明》和《转型债券框架》	明确定义了转型债券并给出了合格项目类别

续表

时间	机构与文件	转型金融的阐述
2021 年 4 月	中国人民银行、国家发展改革委、中国证监会《绿色债券支持项目目录（2021 年版）》	对各个行业低碳转型、污染防治、资源节约相关联的经济活动进行了系统的梳理，展示了碳减排等环境贡献显著、技术成熟的经济活动，为金融体系开展低碳等投融资提供指引
2021 年 11 月	中国人民银行和欧盟委员会《可持续金融共同分类目录》	提出了中欧各自绿色金融和可持续金融分类标准共同认可、对减缓气候变化有显著贡献的 72 项经济活动清单，覆盖了包括能源、制造、建筑、交通、固废和林业六大领域的主要经济活动，推动国内金融机构和相关企业在国际市场开展绿色融资和可持续融资
2022 年 6 月	银行间交易商协会《关于开展转型债券相关创新试点的通知》	创新推出转型债券，以应对气候变化目标，支持传统行业绿色低碳转型

资料来源：笔者根据公开资料整理。

除了政策法规之外，中国还创新开发了多重转型金融工具。转型债券方面，截至 2022 年 6 月末，我国转型债券共发行 14 只，发行总金额为 109 亿元，债券期限在 2 年至 5 年，募集资金用于推动传统行业低碳转型升级。① 在可持续发展挂钩贷款方面，中资商业银行也对标《可持续发展挂钩贷款原则》等业务指南积极开展业务创新实践。据彭博统计，截至 2022 年 3 月末，中资商业银行累计参与中资企业可持续发展挂钩银团贷款 13 笔，银团总金额超 500 亿元。②

虽然国际、国内关于转型金融的认识和研究均尚未形成统一的定义和标准，但国际政府和机构均明确强调了转型金融支持对象是减排潜力巨大的传统高碳行业，即棕色行业。转型金融的概念界定有

① 气候债券倡议组织：全球可持续债券市场 2022 年上半年度概览，2022 年 8 月，https：//www. climatebonds. net/files/reports/cbi_susdebtsum_h1_2022_cn. pdf.

② 张明生．从国际创新实践看转型金融在我国的发展前景［J］．中国外汇，2022（16）.

三点：一是转型金融的支持对象既涵盖具有低碳、减碳效应的项目或活动，也包括建立了明确减碳目标和实施路径的主体；二是转型金融促进从高碳向低碳乃至脱碳转变，与各个行业长期减排路径密切相关；三是转型金融支持的对象需要有明确的减排效果，与《巴黎协定》或国家碳中和目标保持一致。①

三、中国开启转型金融新时代

（一）转型金融尚未形成全球统一定义，中国有望抓住领先机遇

为了规范市场，许多国家的市场监管机构和参与者从转型金融的定义、框架、分类方案、评判原则、披露要求、行业标准等多个角度和层面纷纷提出了各自的方案。一些国际机构和经济体，包括欧盟、日本、加拿大、中国和经济合作与发展组织均提出了转型金融相关的概念和规范性的指导文件。除此之外，行业协会、标准制定方和金融服务机构亦积极开展转型金融实践并取得了不同的进展。

根据表 7-1，在欧盟委员会技术专家组发布的《欧盟可持续金融分类方案》、气候债券倡议组织在发布的《“为可信赖的低碳转型活动提供金融支持”白皮书》、国际资本市场协会发布的《气候转型融资手册》以及日本金融厅和环境部等联合发布的《气候转型融资基本指南》中，“转型”或“转型金融”均有不同的定义和分类，但综合来看属于为实现低碳转型所开展的温室气体减排行动或金融活动价格。从全世界范围看，转型金融命题提出至今仅有 1 年的时间。不

① 2022 年 5 月 12 日，根据普华永道发布的《转型金融白皮书》。

少国际组织与机构对转型金融的阐述仍保持不同标准，现阶段全球对转型金融的定义尚未统一。总体来看，国际上关于转型金融的认识和研究刚刚起步，现有的方案还处于初级阶段，这为中国尽快开展相关工作提供了很好的机会和空间。

（二）政策体系与市场环境逐渐形成

中国“转型金融”的试点早在 2020 年就已展开，近年来一些金融机构也相继出台相关文件，如中国银行和建设银行已经推出支持转型金融的第一批指导性文件，2021 年初，分别发布了《转型债券管理声明》[①] 和《转型债券框架》[②]，明确定义了转型债券并给出了合格项目类别。同时，香港绿色金融协会在 2020 年 11 月发布的《气候转型融资指南》中也认为转型金融支持对象包括技术和活动能够产生比“一切照旧”情形更低的碳排放结果。

2021 年 4 月 28 日，中国银行间交易商协会（NAFMII）作为贴标债券领域的重要市场监管机构，发布了可持续发展挂钩债券，为可持续发展拓宽新的融资渠道。中国人民银行也于 2021 年 11 月 8 日推出 1. 75%的低成本融资的碳减排支持工具，引导金融机构向碳减排重点领域内的各类企业提供碳减排贷款，但由于对于经济活动中的“转型”活动，以及高碳或“棕色”活动仍然存在无法明确识别的情况，一些金融机构不敢为转型活动提供金融服务。由此财政部已组织多个小组于 2022 年初研究 ISSB 正制定政策准则的落地。

---

① 中国银行：中国银行股份有限公司转型债券管理声明（Bank of China Limited Transition Bonds Management Statement），2021 年 1 月，https：//pic. bankofchina. com/bocappd/report/202101/P020210106328842685396. pdf.

② 中国建设银行：中国建设银行转型债券框架，2021 年 4 月，http：//www2. ccb. com/cn/investor/bondv3/20210413_1618282946. html.

最后，中国人民银行也明确，2022年要实现绿色金融与转型金融的有序有效衔接，形成具有可操作性的政策举措，与此同时对外也推进《G20可持续金融路线图》，发展转型金融以支持有序绿色转型，同时扩大可持续金融市场，便利发展中国家和中小企业获得绿色融资、降低绿色融资成本。

第二节　转型金融与绿色金融的理论联系、区别与创新

转型金融与绿色金融间存在共同的目的与业务内容上的区别。在联合国环境规划署所构建的可持续金融框架中，两者共同致力于减缓气候变化，服务于实现《巴黎协定》中所设定的减排目标。

但从概念角度来说，转型金融与绿色金融也存在着明显的区别，绿色金融的支持范围包括清洁能源、绿色交通、绿色建筑等，业务范畴主要集中在新建的低碳绿色项目。不同于绿色金融有着宽泛的支持范围，转型金融则将支持范围聚焦在碳密集型企业与“两高”项目的低碳转型，转型金融强调的是对既有的支持对象进行低碳化转型帮助。

一、转型金融弥补与完善绿色金融

由于主要强调增强环境效益，绿色金融往往忽视了对传统企业或项目的可持续发展，而在当前碳中和背景下传统企业或项目又有这较高的转型需求，转型金融此时就发挥了重要作用，所以，转型金融的业务覆盖范围对绿色金融来提供了补充。

从概念来看，转型金融最早的概念与政策指导由经合组织

（OECD）在 2019 年创立，随后欧盟、日本、气候债券倡议组织等多个经济体与组织相继发布了符合自身未来发展的转型金融定义与标准。但总体来看，各类概念对转型金融当下需重点适用于水泥、钢铁、能源等相关行业的认知上达成了基本的共识。

在中国，转型金融作为近两年兴起的政策性金融支持工具还处于发展初期，相较于绿色金融来说还有很多需要完善的地方，而绿色金融体系通过绿色金融改革创新试验区工作的带动下，中国无论是在绿色信贷规模还是绿色债券发行量等方面已做到全球领先。2022 年 4 月 7 日，中国人民银行召开 2022 年研究工作电视会议，会议强调，“2022 年要以支持绿色低碳发展为主线，急需深化转型金融研究，实现绿色金融与转型金融的有序有效衔接，形成具有可操作性的政策举措”。[①] 正因绿色金融打下了良好基础，转型金融及相关业务拥有了可参照的开展经验，同时转型金融也需要完善标准体系，塑造出有别于绿色金融的业务类别，弥补绿色金融业务覆盖范围的不足。

通过实际工作来看，转型金融为“两高”企业的绿色化“软着陆”提供保障，从而避免只注重结果而忽视过程的运动式“减碳”。例如，在 2021 年所发布的最新版的《绿色债券支持项目目录》中，煤炭清洁利用被从原有版本中剔除，而煤炭清洁利用恰恰是高排放、高耗能企业实现完全绿色化转型过程中的重要手段，此时相关企业则可通过转型金融工具实现低成本、高效率的转型升级。

二、中国转型金融体系建设的着眼点

由于尚处于发展初期，转型金融机制还有待完善。相较于转型金

① 人民银行．以支持绿色低碳发展为主线继续深化转型金融研究［EB/OL］．人民网，2022-04-08.

融的国际发展现状与绿色金融的中国经验来说，中国的转型金融体系还需进一步健全，主要工作需围绕在以下四方面。

（一）转型金融的信息披露规则需进一步完善

由于转型金融关注的是企业或项目的减排过程，所以实施主体在运用转型金融工具后的数据与信息就显得尤为重要。不可否认的是转型金融作为政策性金融支持工具相较于其他传统金融工具来说有着明显的成本优势，在信息披露规则不完善的情况下不少企业存在“漂绿”“洗绿”等行为，即将低融资成本的转型金融资金用于企业常规运营或棕色生产活动当中。目前有关转型金融的支持项目目录还未出台，技术标准也尚未统一，第三方认证机构的认知还有待加强。更重要的是企业所披露的相关数据是否具有公信力则成为金融机构对企业进行绩效评估的关键。

完善的转型金融信息披露工作一方面是可以让金融机构更好地了解企业的转型进程，另一方面也是为促进转型金融的全球合作创造空间。近些年来中国的碳排放等数据在国际机构间饱受争议，准确的数据监测工作需尽快完善并得到国际机构的认可。鉴于当前中国人民银行担任 G20 可持续金融工作联合主席，中国也应利用当前的战略机遇期，在国际社会间促进建立利于中国的发展的转型金融国际框架体系，从而争取转型金融的国际话语权。

（二）转型金融还需进一步明确奖惩措施，发掘企业最大化的转型潜力

转型金融在目前的发展初期，更多聚焦在如何通过投融资机制将资金精准投放到相关企业，但忽视了对企业未完成绩效考核的惩

罚问题，如此一来相关企业便容易在获得资金支持后产生有恃无恐的心理，不利于企业的可持续低碳转型，并且也为金融机构对企业的绩效考核造成难度。相较于国际转型金融准则对企业的惩罚力度来看，中国的力度还需进一步加强。

以可持续发展挂钩债券的利率为例，李岩柏等认为中国的金融机构对企业的惩罚普遍会将债券利率上升幅度在0.1%~0.2%，与国际标准的0.25%~0.5%幅度相比缺乏惩罚效果。[①] 除上调利率幅度外，减少贷款授信额度、下调债券评级等惩罚手段也需完善，对不同类别的企业进行分类施策。

在未来，当企业逐步了解转型金融标准规则后，金融机构也该完善奖惩体系，一来可以树立企业典范，促进"两高"企业的良性发展，二来可以激励转型进程相对落后的企业，提升其转型意愿。

（三）转型金融相关产品还需与企业转型的实际情况进一步挂钩

碳达峰碳中和"1+N"政策体系充分表明中国在实现"双碳"目标的道路上各行业领域的低碳化转型是一场持久战，并非一蹴而就，在此背景下，转型金融相关产品的期限就要考虑到企业低碳化转型的长期性特点。但目前来看，无论是可持续发展挂钩债券的久期还是转型金融相关贷款的期限都难以满足企业在转型过程中对资金的长期需求。

目前，中国转型金融相关产品的期限通常在2~3年，这样不仅在短期内很难体现转型金融的作用，还无法充分满足企业的资金需

① 李岩柏，郭瑞敏．国际转型金融发展对我国的启示［J］．河北金融，2022（6）：3-8+23.

求。尽管转型金融产品到期后企业仍可继续申请，但这无疑为企业增添了不必要的成本，同时也提高了转型金融产品的申请难度。在国际范围内，转型金融产品的期限大多在 5~10 年，产品可以基本满足企业的阶段性转型资金需求。所以，转型金融产品期限与企业长期转型进程间的错配问题是保障企业顺利实现绿色化低碳发展的重要因素。

（四）转型金融还需优化资金结构，实现产品种类多元化

从结构角度来说，转型金融的发展初期主要发挥了政策性金融工具的作用，暂未实现市场化运作，参与主体基本围绕在多边金融机构、政策性银行与商业银行，社会资本与其他金融机构还未能提供规模化资金支持，但政府资金在未来有利于发挥杠杆效应，撬动更多的社会资本参与到转型金融当中。从产品角度来看，当前转型金融的相关产品基本集中在银行端，其他金融机构的参与程度相对较低，保险、券商等金融机构还尚未制定出产品标准。然而转型金融的产品集中度过高则不利于风险分散，容易引发系统性风险。

第三节　中国转型金融的五大优势与发展前景

随着气候问题越发严峻，转型金融对低碳工作的重要性也更加明显。为了能让转型金融更好地服务于实体经济与高碳行业，全球各经济体与组织持续优化转型金融的整体体系与实施细则，欧盟发布了《欧盟可持续金融分类法案》，其中明确了转型金融的分类标准；国际气候债券倡议组织与瑞士信贷集团共同发布了《为可信的绿色转型融资》白皮书，系统性地总结了发展转型的 5 项原则；二十国

集团（G20）设计了《G20可持续金融路线图》，将转型金融视为缓解气候变化的核心手段之一。同时，中国也在紧锣密鼓地布局转型金融活动，并具备多项独特的优势和前景。

一、顶层设计高度重视转型问题

与国际社会相比，中国对转型金融同样重视，在《中共中央国务院关于完整准确全面贯彻新发展理念做好碳达峰碳中和工作的意见》《金融标准化“十四五”发展规划》《关于促进应对气候变化投融资的指导意见》等国家顶层设计文件中均强调了气候投融资的重要意义，并且纵观国际，中国在转型金融相关工作上可谓是独具优势。虽然转型金融这一概念起源于16世纪西方所提出的道德投资，但中国在制度创新与政策落实方面均领先于全球。2022年4月，中国主持了金砖国家财长和央行行长会议，与会各方对转型金融的相关工作给予了高度重视，并勾勒出与转型金融相关的六大政策标准，即设定气候转型分类标准；披露转型活动和路径；监控系统性风险；完善转型金融支持工具；健全激励机制；持续推动实现公正转型。相较于其他四国在六方面工作中或多或少存在缺失，中国在这六方面工作中做的最为完善。当前，中国已在监管系统性风险；完善转型金融支持工具；健全激励机制；持续推动实现公正转型四方面落实了相关政策与方案，在设定气候转型分类标准与披露转型活动和路径两方面上已提出相关倡议。

此外，2021年初，中国银行成功完成境外50亿元人民币等值转型债券定价，这是世界范围内首笔金融机构公募转型债券交易。并且在2022年上半年，中国建设银行成功发行了中国首单可持续发展挂钩债券（SLB）。通过以上成绩，可见中国在转型金融方面的国际领导地位与制度优势，也更能体现出中国是全球负责任大国的减排担当。

二、转型金融的中国优势——绿色升级新引擎

结合中国所具有的制度优势与转型金融本身的业务特点，转型金融的中国独特优势具体体现在以下五点。

（一）转型金融可有效弥补绿色金融的制度不足

在中国，转型金融被视为是对绿色金融体系的补充，因为狭义的绿色金融仅服务于“纯绿”项目，例如分布式光伏、水电站等，但对“棕色”行业的绿色化转型缺乏系统性的投融资帮助，所以绿色金融的业务范围并没有包含对高碳企业转型的资金支持。而转型金融的出现恰恰弥补了绿色金融缺乏对高碳企业转型的资金支持问题。如果以宏观视角来对比绿色金融与转型金融的差异，那么可总结为绿色金融多是在能源消费端提供资金支持，转型金融则是在工业生产端提升碳密集型行业的转型速率。

（二）转型金融将大大整治企业“洗绿”现象

2022 年，不少企业为响应国家的减排号召，纷纷投身于低碳项目的建设当中，但仍有些企业不愿为减排事业付出过多成本，因此，这些企业或用绿色金融项目资金投入到非绿色项目活动中，或对高碳项目进行虚假的低碳宣传，以至于各类企业的“洗绿”现象频发。但转型金融可对“洗绿”现象进行治理，因为不同于绿色金融的服务主体是项目，转型金融所服务的主体是企业，再加上金融机构对企业的评估较为严格，如此一来将在很大程度上抑制高碳企业

“洗绿”的苗头。

（三）转型金融有助于提高企业ESG信息的披露率

截至2021年12月31日，上证主板与深证主板的ESG报告披露率分别为45.47%与28.19%，而当转型金融业务广泛开展时，两市的ESG报告披露率有望大幅提升。ESG报告中的信息所体现的是企业的可持续发展前景、企业治理能力与社会责任，其中有多个指标对企业的转型力度有较强的参考性，金融机构也可通过企业的ESG报告来对企业转型工作进行评估，同时也提升企业对ESG信息的重视，倒逼企业对ESG报告进行披露。未来，ESG报告也或将被纳入转型金融评价体系与激励机制当中。

（四）转型金融的实施成本较低

相比较于绿色金融需要大量的时间成本与人力成本来制定特定的分类目录来说，转型金融则并不需要进行分类目录全部内容的制定。因为转型金融与可持续金融具有共同特点，即两者均是建立在全社会金融资源合理并有效地进行配置，所以转型金融也是可持续金融的一部分，同样，可持续金融的一些开展原则也适用于转型金融。可持续金融现有的实施原则为今后转型金融的业务开展形成了沉没成本。此外，在未来当中国人民银行为转型金融编撰其专属原则与目录时，现有的绿色金融原则与目录将是成熟的参考。

（五）转型金融将提升中国金融机构的国际品牌形象

由于中国人民银行参与撰写《G20可持续金融路线图》与《G20可持续金融综合报告》，并且中国又率先开展了可持续金融的相关的工作，这为中国的金融机构在国际舞台上增添了不少曝光度。与此同时，因为转型金融的到来，中国的金融机构获得了更多的业务机会。由于中国当前的经济发展仍主要依靠于化石能源，所以各企业对转型金融有较高的需求。总的来说，转型金融一方面在当下为金融机构注入了全新的竞争力，另一方面为金融机构在未来的业务转型打下来基础。

第四节　中国转型金融面临的未来挑战与趋势

在《巴黎协定》明确的气候目标下，绿色低碳转型是世界各国的共同出路，开展可持续的投融资活动是支持气候目标实现的源头和基础。在转型金融的未来发展过程中，中国应积极克服转型金融的问题与挑战，正确引导转型金融的发展趋势，在气候变化框架下充分挖掘转型金融的发展潜力。

一、金融机构：业务创新面临新挑战高要求

转型金融将成为碳达峰、碳中和目标下金融体系与实体经济紧密联系的桥梁，也是金融机构开展绿色金融业务创新的新增长极，金融机构需要进一步提升绿色金融业务的创新能力，以面对转型活动的要求。

中国“1+N”政策体系将各个行业部门和相关领域都纳入绿色发展整体框架之中，其中金融部门与各行各业之间的联系是这一框架下的重要组成部分。当前，绿色项目所支持和覆盖的领域大多面向清洁能源、绿色交通等具备碳减排效益的项目，而光靠绿色信贷和绿色

债券无法满足重点领域转型实践活动的需求，金融部门需要探索新举措以支持污染排放行业的绿色低碳转型。因此，在碳中和目标提出后，转型金融是金融部门探索如何支持实体经济绿色发展的重要途径和抓手，也是绿色金融在双碳领域的改革发力点，更是金融业需要克服的重点和难点。

转型金融的开展符合长期可持续发展的要求，金融部门需要通过转型金融，以有效将绿色资金与实体经济转型有效衔接起来，推动我国绿色金融体系更加完善，为商业银行信贷投放挖掘新领域和新渠道，为双碳目标的金融升级寻求新路径。在此过程中，金融机构需要不断优化资源配置、提高服务水平，积累气候投融资相关投资经验和风险管理经验，引导自身在双碳目标下的绿色服务升级，并可为绿色金融的产品和工具寻求创新，例如为转型金融活动支持的企业辅助发行绿色、社会和可持续发展（GSS）债券以及可持续发展挂钩债券（SLB），募集资金用于支持企业脱碳并与实际可持续经营表现挂钩，不断完善和创新绿色金融产品与服务体系，提升绿色资金的综合运用效率和管理水平。

二、两高行业：探索如何实现减污降碳软着陆

转型金融有助于高污染、高排放行业企业在绿色转型升级趋势下实现减污降碳软着陆，相关行业都需要面临转型过程中的风险和不确定性。

转型金融有效填补了当前绿色金融尚未覆盖到的高碳企业和“棕色”资产，这些领域是推进双碳目标和气候治理进程的重点和难点。在日益紧迫的减污降碳目标和限制下，高污染、高排放行业面临

巨大减排压力和挑战，[①] 为保障经济平稳运行和寻求长期可持续的绿色升级，高排放企业需要寻求软着陆，不以牺牲经济增长和能源安全为前提有序开展碳减排行动，而转型金融为此提供了项目和资金支持，将成为污染企业寻求绿色升级转型的重要机遇。

与此同时，相关行业与经济生产活动将面对更多挑战。首先，我国碳达峰、碳中和的具体实现路径尚没有完全明确，而转型金融相对于绿色信贷项目、绿色债券、碳减排政策支持工具而言，在对宏观气候目标与“双碳”路径的支持上缺乏精准性，而从企业角度进行发力将需要金融部门开展特殊风险的识别和防范，这也提高了相关领域的风险识别成本——不仅需要在整个转型过程中开展动态支持与评估，还要随时应对转型带来的行业风险、政策风险、资产减值风险，更要面对转型过程到期后的成果不确定性。与此同时，从企业覆盖面上看，受制于基础条件、资产储备、资信水平等，大部分中小微企业还难以享受转型金融带来的绿色机遇，也无法在绿色转型过程中发挥中小微企业特有的绿色活力。

三、转型标准：制定和完善面临更多挑战

转型金融的标准化工作面临较大挑战，在标准完善之前，金融系统和各行各业将为之付出大量时间和资金成本。

要实现为全球绿色升级转型提供可持续、可推广的支持作用，以及提高转型资金的国际流动性，转型金融必须实现国际化和标准化。当前，转型金融体系的界定在国际范围内尚且没有形成统一标准，因没有明确的国际定义，从而转型金融的标准化工作存在难度和挑

① 王文，赵越．欧美碳减排经验教训及对中国的借鉴意义［J］．新经济导刊，2021（2）：28-35.

战，但这也是中国提升标准解释力和气候话语权并带动全球转型金融创新的重要机遇。

中国在转型金融的标准化上总体面临三大挑战和机遇：

一是行业差异，转型金融面向的电力、建筑、有色金属等高排放行业各自具备不同的减排目标和规划，在资金需求、时点选择、运作方式等方面存在显著的行业差异，这显著提升了转型金融标准制定的横向规模。若中国建立并完善转型金融的全行业标准规范，将为"1+N"政策体系和全球可持续发展蓝图提供重要的金融标准支撑和参考依据。

二是路径差异，不同企业受限于生产方式和技术积累，在运用转型金融资金上的个体差异较大，并且需要金融机构开展长期追踪和动态评价，这为转型金融的标准化带来了较大时间跨度上的纵向要求，为碳达峰、碳中和的实践路径提供可遵循、可复制、可持续的长期动态转型资金支持。

三是评估差异，转型金融难以界定低碳转型是否成功的评估依据，中国需要建立科学自主的低碳发展评估体系，为转型金融支持的行业和企业进行评价与界定，为全球气候转型建立一批中国典范。

综合来看，中国的转型金融要提升标准化水平并走向世界，需要金融部门和各行各业广泛积累经验并付出大量成本。当前，转型金融所需的资金存在结构性矛盾，在资金需求端的高排放企业缺少足够的资金投入转型活动中，在资金供给端的绿色资金受限于项目范围和基础信息缺乏，难以有效畅通资金对接。为此，中国需要积极开展转型金融的政策与市场创新，建立和完善转型评价体系和激励机制，在《巴黎协定》建立的气候转型框架下不断发挥中国潜力。

第五节　未来实践展望：走好中国绿色转型之路

虽然我国已经成为全球最大的绿色金融市场，但转型金融相比于绿色金融，仍然有不可或缺的理论和实践价值。因此，转型金融在中国不仅是未来扩展绿色金融改革创新的重要渠道，也是推进“双碳”目标实现的核心推动力，更是中国为全球气候治理与可持续发展进程注入新动力的重要领域，中国金融业在转型金融领域的实践探索与创新具备重大前景与机遇。

一、高碳企业将主动挖掘转型机遇

在过去传统绿色金融模式或体系中，转型活动相比较之下是绿色金融支持范围中容易被忽视的领域。传统绿色金融大多以支持绿色产业增量为基础，比如清洁能源和绿色交通等新型绿色行业，而对高污染、高排放行业投入相对较少，且在绿色项目投资目录中的体现也有所不足，这表明高碳行业向低碳转型的经济活动缺少金融支持，并且还要面临信贷收缩、资产减值、缺乏抵押、投资撤离等“资产搁浅”风险，但这部分行业和企业恰恰是中国“双碳”进程中的关键力量。部分高碳企业在碳中和进程中意识到了绿色转型的重要性和迫切性，但限于多个制约因素，例如一是没有足够的转型资金，二是没有向绿色新产业进行业务转变的能力或条件，三是现有高碳资产风险加大，多因素催生了我国高碳产业经济开展转型金融的重要意义，尤其是那些即将要纳入碳市场的重点排放行业。

为此，高碳企业可进一步考虑在碳金融与转型金融联合布局与发力，在借助碳金融发挥碳排放权的融资价值、盘活碳资产并参与金融服务创新的同时，发挥转型金融的积极作用，平衡棕色资产和高碳产业的转型风险，并在“双碳”目标下实现减污降碳“软着陆”。

二、发展转型金融克服两高行业转型风险

转型金融相比于绿色产业和项目，面临的风险和不确定性相对更多。同时，具备转型需求的企业和产业规模较大，原因在于当前绿色投融资活动目前在整个金融市场中所占的份额较小，大部分产业、投资、资产等后续基本都需要开展一定程度的转型，这些领域的规模远远超过绿色项目覆盖的新能源、绿色交通等绿色产业投资规模，这表明转型金融体量大、潜力大，需要在克服相关风险的前提下保障转型活动平稳开展。

第一，从现实业务角度，转型金融的不确定性高于绿色产业和项目，为确保转型的平稳过渡，金融机构支持企业开展转型金融需要提前建立一定的风险保障措施，计提风险准备金，预防转型活动最终失败造成金融损失，这也有助于不断提升金融机构在气候风险管理领域的创新能力并积累成功经验。

第二，转型金融的核心主体是需要开展从棕色到绿色转型的高碳企业，这一转型过程可能带来上下游供应链企业的业务收缩和财务困境问题，涉及企业存续和产业链衔接等，这些都是金融业和其他部门需要重视和防范的问题，也是整个实现碳中和目标过程中开展绿色转型所必须改善的阶段性难点，如果相关问题得到改善，则有助于建立中国转型产业链与供应链。

第三，转型金融相关领域的政策激励措施和监督机制正在不断完善，不断发挥政府的引导作用与市场形成合力，更多的社会资金也

将投入转型金融领域，这不仅有赖于政策创新，也需要金融机构完善转型金融的标准和规范，并提高转型金融活动的透明度。

三、金融业实现绿色转型服务创新

转型金融的开展符合长期可持续发展的要求，这对于金融机构而言提供了重要历史机遇，金融部门通过转型金融，可以有效将绿色资金与实体经济转型活动衔接起来，不断完善绿色金融体系，并为商业银行信贷投放挖掘新领域和新渠道，为“双碳”目标的金融升级寻求新路径。在此过程中，金融机构也可不断优化其资源配置、提高综合服务水平，既能积累气候投融资相关投资经验和风险管理经验，又能引导自身在双碳目标下的绿色服务升级，并可为绿色金融的产品和工具寻求多个个层面的创新。

第一，转型金融对于金融机构提升面向客户和项目的“棕色”资产识别、碳足迹核查核算、环境披露等领域提出了更高的要求，这不仅需要金融机构建立并完善对“棕色”资产绿色化的标准和方案，也需要持续开展动态资产评估和环境效益测算，这从侧面反映了转型金融业务是提升金融机构绿色金融业务水平和能力的重要推手，更有利于金融业开展单位绿色资产减排效益的综合测算，为碳达峰、碳中和阶段性目标的制定提供数据和案例支持。

第二，金融机构在转型金融领域的业务大多是面向具备转型需求的高碳企业，有时可能需要根据企业自身的需求和业务特色，单独设计符合“一司一策”性质的针对性解决方案，并持续较长时间，这一过程有助于金融机构提升业务能力、提高用户黏性，也将成为金融机构完善转型金融项目库、案例库的重要途径，符合转型活动本身所需要的针对性。

第三，转型金融业务为金融机构既有的绿色金融工具创新提供了更多新方向，例如为转型金融活动支持的企业辅助发行可持续发展挂钩债券，或者碳减排挂钩的金融产品，以募集资金用于支持企业脱碳并与实际可持续经营表现挂钩，这些工具创新均可以不断完善和创新绿色金融产品与服务体系，提升绿色资金的综合运用效率和管理水平。

绿色金融在中国历经了数年的发展，现已形成了一大批成果和经验，中国也已成为全球最大的绿色金融市场。转型金融不仅是绿色金融创新升级的重要领域，也是建立健全绿色低碳循环发展经济体系、促进经济社会发展全面绿色转型[①]的金融基础，更是中国在全球应对气候变化进程中发挥大国气候治理力量、提升国际绿色金融与气候话语权的重要赛道。中国目前已成为全球绿色经济的重要推动力，未来在转型金融业务上也将发挥越来越多的活力，充分满足大量传统高排放行业的低碳转型资金需求，持续为中国绿色金融改革创新升级注入生命力。

为此，中国应不断提升转型金融活动与碳达峰、碳中和阶段性目标的契合度，充分发挥绿色金融对于实体经济绿色转型的支持作用，吸引和撬动更多的社会资本投入到绿色统一大市场中去，并推动中国绿色金融和转型金融“走出去”，为全球可持续发展进程贡献中国绿色金融力量。

---

① 国务院:《国务院关于加快建立健全绿色低碳循环发展经济体系的指导意见》，2021 年 2 月 22 日发布.

第八章　粤港澳推进碳中和城市群实践

在碳中和目标下，粤港澳大湾区无论是在国内循环中还是在国际循环中都具有绿色发展优势。近年来，粤港澳大湾区的碳排放量增速明显放缓，广东更是发布了《关于完整准确全面贯彻新发展理念推进碳达峰碳中和工作的实施意见》布局了碳达峰、碳中和的时间表和路线图。

凭借粤港澳大湾区的绿色发展优势，到2050年左右，以新能源为主的新型电力系统全面建立，非化石能源消费比重可以进一步达到70%~80%，全面建成粤港澳绿色循环一体化经济体系。届时，粤港澳地区还将成为全国乃至全球最重要的绿色金融中心与绿色产业投资中心，为中国碳中和城市群的建设提供优势经验。

第一节　粤港澳的区域性绿色优势

粤港澳大湾区在碳中和进程中具有多种区域性的绿色优势，为期将来的绿色低碳转型提供重要的基础支持。

一是发挥区域协同优势，粤港澳大湾区充分发挥各个区域的资源禀赋优势，例如综合中部珠三角地区的高城镇化率与服务业优势、北部生态区的生态环境优势以及南部沿海经济带的工业优势等，综合形成碳中和差异化发展的协作关系，形成跨区域碳中和生态补偿与协同发展。

二是发挥广州期货交易所的金融联动优势，广州期货交易所借助创新型、市场化、国际化三大定位助力粤港澳大湾区的碳中和进程，在创新性上，有望将在未来几年内顺利打造粤港澳绿色金融工具生态链，先后推出碳排放权期货、电力期货等，满足各产业各环节的风险管理需求，并加强和碳排放权交易所的金融联系；在市场化上，交易所需要广泛吸引各类金融资金、机构、人才等，特别是要率先抢占碳金融领域的资源，带动第三方可持续金融服务业务，扩大多层次资本市场体系的外延；在国际化上，在碳金融产品上不断吸引外国的投资者，通过人民币结算提升人民币国际化地位，并吸引和带动粤港澳大湾区的市场合作。

三是结合互联网数字技术助力碳中和，自碳中和目标提出以来，粤港澳大湾区凭借互联网科技企业的创新力，在城市低碳化和数字化转型上提供了大量的企业活力，有助于实现绿色高效互联，为粤港澳地区的碳中和进程持续注入生命力，全面挖掘数字智能和绿色智能。

第二节　碳中和目标下的能源清洁化地方探索

从能源结构的角度，粤港澳大湾区需要不断加强节能减排和发展可再生能源的力度，相关部门应当应起到对企业和公众的政策引导作用，从政策设计规划角度发力，借助粤港澳地区的独特优势，加强绿色经济和低碳转型的意识宣传和政策宣讲，尤其是令企业意识到能源转型和节能减排目标在粤港澳地区的重要前景和优势地位，同时应通过一定的政府资金引导形成杠杆效应，撬动更多的社会资本投入清洁能源升级之中。

企业应充分认识到政府推动能源清洁化和产业绿色转型虽然会带来减排压力，但也具备重要的发展前景与机遇，在碳中和目标下企业应积极响应粤港澳大湾区的绿色政策号召，以提高生产效率、发展质量、环境责任为目标开展绿色升级转型，严格执行产业政策和规划布局，严控高耗能高排放产业规模，并积极培育低碳零碳负碳新业态、新模式和新产业，加快发展清洁生产产业和清洁能源产，提高企业清洁用电占比。

公众个人应密切关注粤港澳地区关于低碳发展与碳中和目标的各类重大政策，逐渐培养绿色低碳生活的意识和理念，自觉开展绿色出行、低碳消费，提高绿色产品和服务的消费需求，从而带动企业开展绿色生产，提高绿色产业的市场新活力，不断提升绿色电力消费需求。同时，可以考虑积极参加绿色低碳产品消费过程中的绿色积分、碳积分等激励推广活动。

碳中和顶层设计是建立中国全行业部门绿色低碳发展框架的最高效方式，为中国生态文明发展进程提供了战略基础，也是中国在全球低碳竞争中占据先发优势的战略选择，中国开展碳中和，就是要处理好环保与发展、生态与经济、人类文明与生态文明之间的矛盾，这是走出中国发展之路的重要过程。

从环保减排的实际成果来看，中国成效显著，并且中国依靠生态文明顶层设计，在控制污染物排放的同时提升了经济发展的效率和质量，2019 年碳排放强度（每单位国民生产总值的增长产生的二氧化碳排放量）比 2005 年降低了 48.1%，且自碳中和目标提出后，中国的碳减排工作更是遇到了决定性的转折点和机遇，进一步从产业到部门、从国家到省市再度探索更为安全可靠的方案和路径，挖掘产业升级与绿色转型的潜在机遇，最终实现可持续的高质量发展。

中国将碳中和顶层设计融入到了新发展理念之中，是真正做到了站在人与自然和谐共生的新高度来谋划中国未来数十年内的经济社会发展，在转型的挑战中探索机遇，并形成了中国碳中和发展蓝图：在全行业范围内广泛开展传统产业低碳升级、金融体系绿色转型、能源结构清洁优化、资源利用效率提升、环境兼容和谐共生、绿色低碳技术创新、贸易流动绿色循环等全方位的低碳布局。

而粤港澳大湾区则应充分挖掘和借鉴其他地区的能源转型和减排经验，共同提升能源清洁化和绿色产业协同发展。

一是可以与对化石燃料依存度较高的地区开展前期能源消费合作，从短期来看，随着天然气和原油等化石燃料价格的暴涨，绿色环保和清洁能源产业迎来投资热潮，众多知名新能源发电企业股价连续上涨。从长期来看，清洁能源对化石能源的替代是全球可持续发展进程中的重要趋势，但前期仍然无法立即摆脱化石能源的依赖。对此，能源转型的过程在起初阶段需要重视能源安全，推动化石能源转型平稳有序进行，平衡能源脱碳和绿色减排之间的关系。

二是挖掘清洁能源发电的前景和优势，目前风力发电、太阳能光伏发电等技术已基本趋于成熟，尤其在中国，风电和光伏的发电成本连续多年下降，且后续其规模和经济性还会继续提升。根据国家能源局提供的数据，从 2007 年到 2017 年，中国光伏发电度电成本累计下降了约 90%，未来即将进入平均上网时代。而从发电效率来看，风能转化率和光伏转化率是低于火电的。据业界估算，风力发电机组叶片转化效率平均不到 20%，晶硅太阳能电池组件的光电转换率一般在20%~26%，而火电的热效率普遍能超过40%。对此，与清洁能源产业具备充分优势的地区开展能源绿色低碳合作将是未来长期内的重要领域。

第三节　绿色金融赋能粤港澳绿色一体化发展

粤港澳大湾区当地的传统与制造业行业的企业正迅速把发展绿色产业、开展绿色转型作为未来长期内的首要任务，提高绿色发展与碳中和的重要认识，广泛开展绿色融资，积极参与到绿色金融市场中去，抓住国家大力发展绿色产业和绿色经济的行业机遇、抓住金融资源向绿色领域倾斜的投资机遇，把资源真正用到合适的地方中去。同时，绿色企业在进行低碳升级的过程中，也注重在绿色技术的研发和应用上加大投入，形成大企业带动小企业绿色研发、小企业成立绿色研发联盟的模式，并广泛开展绿色技术转让与授权，建立绿色技术交易市场体系，这对于粤港澳碳中和城市群的构建提供了良好的产业基础。

为此，粤港澳在碳市场和绿色金融中心上的优势凸显了出来，随着碳中和工作的不断深入，碳市场和绿色金融将成为全行业碳减排工作的重要依托，企业应积极参与碳排放权交易，没有达到排放权交易所需的排放量门槛的企业，也要对全国碳市场有充分的了解和认知。同时，碳市场具有强烈的金融属性，将广泛带动各种金融服务，企业因此需要提高参与碳金融业务的能力，并借助绿色债券、绿色基金等工具发挥绿色金融对国际绿色资金的吸引力。

此外，粤港澳各行业与各企业主动披露碳排放信息与环境信息的积极性正在加强，并积极参与碳中和环境信息数据库的建设，建立粤港澳绿色信息一体化。同时，很多企业也注重提高其应对全球气候环境风险的能力，不仅是客观气候环境带来的外部风险，也有自身进行绿色升级带来的转型风险，企业正在探索如何合理评估风险，并注重采用各类绿色金融工具规避风险。

未来，应当在经济发展的过程中从产业结构上进行规划安排，降低新增落后、高污染、高排放产能占比，挖掘绿色低碳的优势产业增量，推动传统产业向数字化、智能化、绿色化融合发展的进程。同时合理发挥农业碳汇禀赋优势，加快推进农业绿色发展，促进农业固碳增效。配合发展较快的珠三角与港澳地区大力建设战略性产业集群协同发展，谋划绿色之能、绿色互联网、绿色材料、可控核聚变等未来产业，加快商贸流通、信息服务等绿色转型，提升服务业低碳发展水平。

同时，配合广州期货交易所和碳排放交易市场等，挖掘碳汇的金融属性，推动生态价值的货币化，完善生态价值实现机制，不断扩大粤港澳地区林业碳汇交易规模，鼓励金融机构在当地创新开展环境权益、生态保护补偿抵质押融资，支持粤港澳北部生态优势区绿色产业发展。同时，还可结合沿海地区的区位优势，开展海洋、湿地等碳汇核算试点，探索蓝色债券等创新型产品，支持蓝色经济可持续发展。

最后，广东与深圳有诸多碳市场建设的良好基础，广东早就建立起了碳排放权的市场化机制，促进广东低碳减排目标的推进。广东碳排放权交易试点于 2013 年正式启动，至今已有近十年的市场经验。广东碳市场目前已纳入电力、水泥等六个高排放行业中年排放量超过 2 万吨的企业约 250 家，大致覆盖广东省二氧化碳排放的 65%，配额交易非常活跃，已积累了显著的碳市场交易经验。

现如今，全国碳市场交易中的主体单位有 2000 余家电力企业，这对以电子信息为支柱产业的广东省而言无疑是一大利好。虽然全国碳交易市场正平稳运行，但各大交易试点仍将与全国市场并行运行，在此基础上，广东与深圳可作为碳排放联动试点，将香港与澳门的相关企业纳入到地方碳交易试点，在行政与资本流动方面实现粤港澳三地的碳减排互联互通，不仅为不同类型的企业提供市场选择，更为粤港澳三地的高排放企业带来碳金融业务的优势前景。

第四节　发挥香港的金融中心优势

香港作为典型的内外混合型离岸金融中心，能吸引优质的海外绿色投资与技术融资，助推我国的绿色金融发展格局。

香港的高水平金融化开放程度世界瞩目，在我国经济发展历程中的地位举足轻重。在全球碳减排背景下，中国的绿色投资仍存在 138 万亿~500 万亿元的缺口，这样的天文数字仅依靠我国财政资金与民间资本的投资进行填补显然难以完成。对于国际资本而言，我国优秀的绿色相关标的也将成为国际市场中的资产配置刚需。新能源汽车电池生产商宁德时代成为 A 股创业板首支万亿市值股，光伏行业中的龙头隆基股份上市近 9 年的时间里累计涨幅达到 4443.61%。在未来实现碳中和的道路上，我国绿色相关的优质资产将有预见性地成为国际资产配置中的主角，形成以投资者与国内绿色发展共赢的局面。

第四篇　国际合作

导语：2022 年，世界进入新的动荡变革期，受俄乌冲突的影响，全球能源清洁化转型进程受到了新的挑战，绿色金融国际合作也正在面对更多元化、更复杂的环境，探索绿色金融的国际合作新方式，将成为中国未来参与全球可持续发展进程的重要切入点。

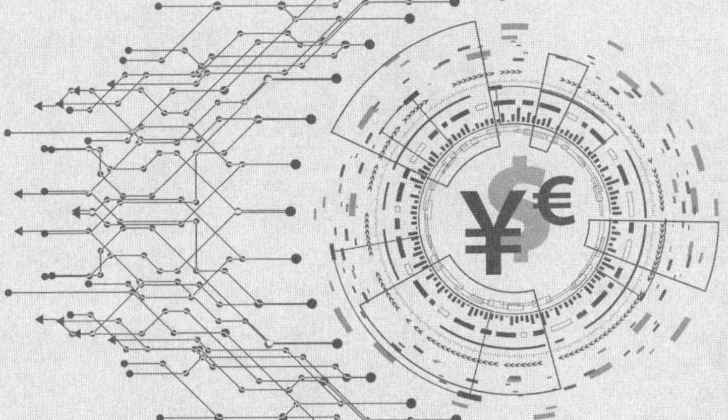

第九章　全球能源绿色合作现状与未来

2022年，绿色低碳越来越成为国际合作的前沿要素，但全球绿色经济也遇到了新的挑战和转折，其标志性的事件是欧洲2023年因能源危机引发了一系列连锁反应，尤其是能源问题对欧洲绿色发展进程造成了不可忽视的颠覆性影响，并进而改变全球绿色发展格局；同时，2022年召开的联合国气候变化框架公约大会COP27在落实发达国家对发展中国家的气候损失补偿与气候行动支援上达成了重要成果，发展中国家在气候问题上的集中发声是绿色经济实现全球化的突出转折。

从多种标志性事件可看出当前全球绿色经济的三大趋势：一是欧洲脱碳进程减速，全球绿色发展重心向东移；二是随着气候行动中的利益分化，各种代表特殊利益的“气候联盟”将会形成，成为国际性组织的“最小公倍数”；三是绿色经济的制度型开放优势开始凸显，相比于要素流动和资源竞争，各国寻求绿色标准、规则、框架层面的开放和合作，其成本收益比将会更高。

具体来看，首先，欧洲在2022年春季爆发了近年来最为严峻的能源危机，对21世纪全球绿色转型的整体目标造成影响。源于化石燃料进口成本的迅速攀升，加之国内清洁能源尚未能覆盖足够的能源消费需求，欧洲今年的能源安全问题和能源独立问题极为突出，从而使得欧洲各国绿色发展目标受到不同程度的推迟，德国、法国等欧洲国家也纷纷开始宣布重启燃煤发电或推迟脱煤进程，欧盟碳中和目标与绿色转型过程遭遇了21世纪至今最大的变数，极大地影响了欧洲脱碳趋势乃至全球绿色经济局势。随后，能源危机还进一步引发欧美国家通胀，欧洲中央银行在2022年下半年连续开展了近乎史上最大幅度的加息，令欧洲经济面临严重的衰退风险。而随着中国在清洁能源等绿色产业上的迅速推进，以及在气候合作上的主导和领衔，全球绿色发展重心将不可避免地向东移动。

其次，欧洲议会和欧盟理事会于近期达成临时协议，明确建立欧盟碳边界调整机制，而碳关税可能会成为开启发达国家气候俱乐部的钥匙，通过碳关税同盟令发达国家气候利益最大化。但从COP27的谈判进展可以看出，气候利益的分化正在加剧全球绿色经济局势中的国际矛盾，发展中国家正在越来越重视气候问题下的国家利益和国际合作。部分学者认为，随着气候合作在国际合作中的比重不断加大，应对气候变化与绿色转型已经成为国家之间展开合作的“最大公约数”；那么类似的，随着气候问题上的国际利益分化，可以遇见的是，发展中国家不仅会不断针对气候问题集中发声，也会逐渐建立起类似RCEP或者金砖国家等形式的各种“气候联盟”，代表共同的、针对性的气候利益，成为国际组织中的“最小公倍数”。

最后，从未来趋势来看，在全球绿色经济中较为核心的气候经济、清洁能源等绿色产业的国际合作之中，寻求标准、规则、框架层面的开放与合作具备更为显著的竞争优势。2022年7月，人民银行与欧委会相关部门共同牵头完成《可持续金融共同分类目录》及更新版，推动了中欧绿色金融市场的标准趋同；11月，G20峰会批准了央行牵头制定的《G20转型金融框架》，我国转型金融界定标准和披露要求等细则的出台成为各方借鉴和参考的重要标杆。随着绿色金融推动可持续发展成为国际合作的重要共识，绿色标准的趋同是实现国家之间绿色制度型开放与合作的基本条件。同时，绿色制度型开放越来越要求通过扩大规则和标准的开放，逐步实现“绿色全球化”，这使得绿色发展本身不会仅局限于传统的、通过产品出口贸易的方式所开展的对外开放。由此可以遇见的是，未来寻求绿色制度型开放将成为占据全球绿色经济与产业分工优势地位的重要基础，认可一个国家的绿色规则，与认可一个国家的绿色产品和服务，具备同等重要的作用和意义。

第一节　能源新转型时代的全球低碳走势与中国应对

2022 年 2 月，全球能源供应短缺爆发，油价突破近几年来的历史新高，广泛影响和波及经济与贸易等领域，并引发了全球性的金融市场与国际形势的剧烈震荡。

全球化石能源价格暴涨令欧洲迅速陷入了能源供应困境，在短时间内甚至无法寻求足够的替代资源，更给全球能源消费者带来了巨大成本，并迅速带动了国际金融、跨国贸易、国际关系等方面的一系列连锁反应，进而影响了全球绿色发展格局和可持续发展进程。可以说，世界正进入一场由能源危机引发的全球能源新转型时代——从简单的清洁能源向化石能源替代，进一步升级为发展多元化、抗风险、安全稳定、绿色低碳的综合能源体系新转型。

面对能源转型新时代的全球低碳走势，中国应重视国际突发事件对全球能源转型、贸易格局、绿色投融资市场等方面的影响，注重保障能源安全与稳定，提高绿色金融市场的抗风险能力，不断增强国际能源与低碳话语权，为全球可持续发展进程注入新动能。

第二节　能源危机引发全球绿色投资困境

欧洲将核能和天然气作为向清洁能源转型的过渡能源，而天然气高度依赖进口，能源供应短缺和化石能源进口危机在极大程度上影响了欧洲能源与绿色投资格局，并将改变全球碳中和进程。

一、欧盟正面临能源供给、用能成本与减排成本三者间关系脱钩的风险

欧盟的天然气长期依赖从国外进口，化石能源供应对欧盟来说具有保障性意义，从当前的市场表现来看，欧盟正面临能源供给、用能成本与减排成本三者间关系脱钩的风险。

一方面，通过风险传导机制，国际能源与金融市场的联动直接影响到了欧洲能源进口供给价格，欧盟进口能源在交易结算中受到了较大阻碍，用能成本具有显著的增大趋势。自 2022 年全球能源危机以来，荷兰 TTF 基准天然气期货价格在屡创新高，甚至部分日期的增幅还达到过 50%。天然气供应与价格间的关系脱钩表明了欧美国家对外金融制裁后所造成的用能成本上升风险。

另一方面，欧洲能源危机所产生的悲观情绪正扰乱着欧盟的减排节奏。欧盟碳交易中的碳排放权配额价格是体现欧盟减排进程的晴雨表，即碳价越高，企业在减排方面的投入则越多；对减排也就更重视，反之亦然。但在欧盟天然气与石油价格快速上涨的同时，欧盟碳排放权配额（EUA）的价格从 2023 年 2 月初的 97 欧元下降到 3 月

初的 69 欧元。很显然，化石能源危机让欧盟的对减排工作报以悲观情绪，这也将为欧盟在 2050 年前实现碳中和目标增添了不确定性。

所以从短期来看，欧盟的能源保障与减碳工作正遭受威胁。能源危机引发全球化石能源价格上涨和金融市场结算困境，同时引发欧盟的用能成本上升，并伴随着碳价下降。

二、欧盟长期的低碳转型成本将大幅增加

为摆脱对外国的化石能源供给依赖，欧盟各国官员纷纷表示将大力发展清洁能源及相关技术，在确立能源独立供给的同时实现可持续发展。但对欧盟来说，以扩大光伏、水电、风电等清洁能源基础设施规模，实现能源自主供给的路径仍难以脱离化石能源进口影响。清洁能源基础设施的建设具有周期长的特点，短期内为保障区域内能源安全，欧盟或仍需依赖能源进口支持。

更重要的是，在建设清洁能源基础设施的过程中需要投入大量镍、铝、铜、钴等矿石为原材料，并且欧盟在《欧洲绿色协议》中明确将以上原材料列为能源转型中必不可少的“绿色”金属，而欧盟对这些原材料也高度依赖进口，当前全球局势下欧盟的清洁能源基础设施原材料也面临一定的供应短缺问题。因地缘政治与供应成本等因素的影响，欧盟难以脱离新能源基础设施原材料进口供应的影响。在全球能源危机初期，伦敦金属交易所（LME）镍现货价格突破 2. 5 万美元/吨，并创下十年来的新高，库存也从 2021 年 4 月的 26 万吨下降至 2022 年 2 月底的 8. 23 万吨。如此来看，能源危机不仅对欧盟能源消费成本产生直接影响，对长期绿色能源建设也造成了成本方面的负面影响。

总而言之，对于欧盟长期的绿色能源供给来说，尽管能源在未来

有机会实现独立生产，但生产设备的原材料需求或将难以摆脱进口供给影响。

三、能源危机令全球绿色投资前景充满阴霾

绿色投资本是以帮助人类应对与适应气候变化而产生的投资行为，近些年 ESG 成为可持续发展领域中的主流投资趋势，但在能源危机爆发后，ESG 投资的社会责任属性或受政治性因素的影响而削弱。

从环境（Environmental）角度来看，环境污染或将加剧，前文提到，为摆脱对化石能源的进口依赖，欧盟各国有意大力发展清洁能源，但在能源建设完工前的窗口期中，更稳定的煤炭发电将成为欧盟保障能源供给的首选，欧盟委员会执行副主席、《欧洲绿色协议》负责人蒂默曼斯表示，“欧盟各国在转向可再生能源前，可以在煤炭上停留更长时间，以避免对天然气的依赖”。这也将提升全球碳排放量，并削弱全球绿色投资的积极性。

从社会（Social）角度来看，部分国家的绿色发展或将被世界孤立。不少欧洲企业在自发地出售外国新能源相关企业股份，将企业绿色发展把握到自己手中，提高自主性、减低对外依赖，而这将割裂世界绿色化发展格局，不利于全球绿色能源、绿色技术、绿色投资等方面的共同发展、资本流动和产业交流。

从治理（Governance）角度来看，金融制裁或将引发全球金融系统性风险。欧盟实施 SWIFT 金融制裁除了不利于部分国家之间的能源交易结算外，对于债券国来说也很难收回债务，难以收回的债务容易引发债务危机。

综合看来，此次能源危机将增加全球实现碳中和目标的资金成

本与机会成本，同时也将抑制全球对绿色产业投资的积极性。仅对能源与可持续发展来说，能源危机的爆发并没有为任何国家带来明显的利益，全球的可持续发展仍需各国共同努力，协同配合。

第三节　能源新转型时代的全球低碳格局

能源危机引发的地缘政治风险是短期性和阶段性的，但它在深层次上影响了未来全球能源产业与绿色投融资市场的走势，甚至改变国际碳中和进程下的国际格局。经过此次全球能源危机，不少国家意识到了要把握住能源产业发展的主动性，提升战略独立性，在碳中和目标下通过能源的清洁可再生替代来降低本国能源系统对化石燃料的进口依赖，同时加快布局绿色投融资市场的金融创新和风险管理，以在未来能源新转型时代中占据优势地位。

一、在能源领域，能源新转型时代的能源格局将发生二次重塑，可持续、多元化、安全自主的新型能源体系成为各国战略新目标

欧洲对外化石能源进口的依赖程度极高，国际能源危机爆发后，欧洲对外进口管道天然气受到地缘政治上的阻碍，使欧洲能源市场发生严重短缺，迫使欧盟不得不加倍投入可再生能源，以提高在能源领域的大国战略独立性。

因此，能源转型在全球碳中和进程中的核心地位将进一步提升，开展能源的清洁转型不仅是降低温室气体与污染物排放、在满足能源需求的前提下提高环境友好性与应对全球气候变化的必然选

择，也是逐步实现与外国化石燃料资源脱钩并在类似此次能源危机的国际事件中降低本国冲击的重要举措。能源转型不仅仅是简单地向可再生能源过渡，而是建立起具备环境友好的可持续发展属性、国际风险防御力属性、注重能源安全保障性的综合能源发展体系，反映了能源转型在能源新转型时代的新方向。

由此可见，能源危机对全球能源产业格局的重塑是颠覆性的，在能源新转型时代，各国将从此次能源危机事件中吸取重要的经验教训，加速对清洁能源的投资部署，降低对化石能源的进口依赖，寻求能源发电布局的多元化，做到既不盲目发展可再生能源，也不过早放弃传统能源，并合理安排过渡能源，提升能源系统的抗风险能力。从而能源危机后下一阶段能源格局，将是能源安全与清洁低碳并行、产业增长与运行稳定并重的综合格局，谋求长期自主战略，统筹绿色、安全、效率、稳固等目标，并进一步加快全球碳中和的绿色转型进程。

二、在金融领域，可持续绿色投资规模将加速增长，令大部分国家改变投融资布局方向，并注重提高绿色金融的国际防御力

全球能源供应危机极大地推动和提升了全球绿色投资的规模和增速，而尽管欧盟近年来通过大量气候政策布局推进 2050 年碳中和目标，也无法迅速应对能源危机带来的巨大影响，从而能源等绿色产业的低碳多元化发展成为全球绿色金融亟须支持的重要目标。

当前，可再生能源本身具备一定的不稳定性，风力发电无法做到 24 小时持续供应，光伏和水电则受制于天气和季节因素，核能则面临核安全问题和技术攻关难题，从而需要阶段性地依赖部分化石能

源发电和过渡能源，各种综合因素为全球能源局势增添了综合不确定性。因不确定性连锁引发的能源危机以及衍生的绿色金融和气候投融资危机将会以更高的频率发生，为各国进一步带来绿色金融的国际风险防范需求，也提升了绿色投融资应对气候变化防御力的创新要求。

为此，能源新转型时代的国际绿色投资将进一步聚焦于能源危机的金融防范，在绿色金融支持低碳产业、绿色升级和实现碳中和目标的过程中，金融的气候转型与绿色创新在抗风险层面提升了新高度，各国将积极设立对冲全球绿色投资风险的金融工具以应对国际气候与能源突发事件带来的能源与贸易危机，例如国际能源保险、气候变化衍生品、绿色抗风险基金等，推动和保障绿色投融资市场的稳定健康发展。

三、在贸易领域，国际贸易进出口竞争与合作将越来越聚焦于清洁能源产业，贸易格局发生“脱碳化”

随着国际碳中和进程加快，符合绿色低碳属性的清洁能源产业逐渐成为国际竞争的重点领域，而此次全球能源危机进一步奠定了清洁能源成为国家战略核心地位的趋势。能源是经济命脉，关系到工业生产和居民生活的方方面面，大国将不断重视在碳中和背景下进一步保障能源发展的战略自主性和能源系统的战略安全性，降低对化石能源的对外依赖，能源国际贸易重心将从化石能源逐渐转变为清洁能源产业原材料、设备、技术的进出口，发生“脱碳化”，同时也是全行业国际贸易格局的整体趋势。

清洁能源产业虽然能摆脱非可再生能源的资源禀赋劣势，但产业基础设施建设和核心技术并无法摆脱对外依赖，并会成为国际贸易竞争的重点赛道。在此过程之中，中国加快可再生能源产业布局，在光伏、风电等领域占据了国际优势地位。中国光伏产业对外贸易量持续扩大，已成为最大的光伏出口国家，2021 年出口到欧洲市场的光伏组件高达 40. 9GW，同比成长了 54%，进一步强化了清洁能源产业发展和国际贸易的主导地位，令其他国家对中国清洁能源依赖度持续提高。能源新转型时代全球贸易格局的改变，将带来大国实力的转变，大国崛起将不再通过化石能源掌控贸易和金融，而是加快布局低碳产业，那些在可持续发展领域占据资源和技术优势的国家将会实现能源新转型时代与碳中和时代的绿色崛起。

第四节　中国的能源自主权和话语权

在全球能源突发事件引发的全球及欧洲能源短缺问题中，欧洲动向已经对中国和世界表明，不仅应在保障能源安全的前提下大力布局清洁可再生能源，更要积极把握自身能源主动权和提升国际能源话语权迫在眉睫。

一、中国必须牢牢抓住能源发展的大国主动权

2021 年 11 月，习近平总书记在胜利油田考察时发表重要讲话，指出“中国作为制造业大国，要发展实体经济，能源的饭碗必须端在自己手里”。从国际形势看，世界百年之大变局和新冠疫情交织叠加；欧洲能源危机很可能引发全球衰退，甚至可能会导致新一轮能源危机。国际环境错综复杂，国际能源市场波动加大，全球能源治理体系进入了深度调整的阶段。

中国作为世界最大的能源消费国，如何有效保障国家能源安全、有力保障国家经济社会发展，始终是能源发展的首要问题。只有把能源的饭碗端在自己手里，充分保障国家能源安全，才能把握未来发展主动权，牢牢守住新发展格局的安全底线。

二、能源危机或将带动全球能源清洁新浪潮，中国需要加快布局清洁能源赛道，把握能源话语权

为了摆脱对化石能源的进口供应依赖，欧盟委员会在 2022 年 2 月 28 日公布的计划中重点指出将加快发展可再生能源，需要从进口化石燃料转向依赖当地生产的低碳型能源。此次能源危机很大程度将成为欧洲发展清洁能源的催化剂，清洁能源发展符合国际碳中和绿色升级与联合国可持续发展进程，也不受制于化石资源进口。从中可以看出，为了防止新一轮的能源霸权的崛起，同时争夺能源话语权，中国必须加快布局清洁能源，从全球及欧洲化石能源供应短缺危机中意识到发展清洁能源的必要性以及保障能源安全的重要性。

从能源供应角度来说，我国是煤炭资源大国，而石油及天然气储量相对不足。受到能源生产结构影响，在我国能源消费结构中，煤炭、石油、天然气等化石能源占到能源消费总量的绝大部分。随着中国经济的飞速发展，我国对化石能源，尤其是石油的需求不断提高。但中国本身石油存储很低，且开发难度高，因此需要大量进口石油。由于历史及国际政治环境，中国进口石油等路线极易受到他国封锁。因此需推动清洁能源替代化石能源，如大力发展风力、光伏发电、新能源汽车、减少化石能源依赖，健全碳市场，发展绿色金融以推动绿色能源的发展等，符合中国自身的国情，并可在发生国际区域风险事件的时候，降低国内的影响。

从能源安全、环境和经济性等方面考虑，中国应发展多元化的能源结构，从短期、中期还是长期来看，在保障能源安全的基础上发展清洁能源是中国确保能源安全的重要战略。

三、应积极发展具有中国特色的清洁能源产业

本次全球突发事件带来的欧洲能源危机，与欧洲各国存在“一刀切”“运动式”减碳有很大关系。从思路上说，一定是先保障能源安全，再推进绿色低碳改革。虽然此次危机不会导致全球绿色低碳改革转型停滞，但是会加大绿色升级成本，为了顺利达到碳达峰、碳中和的目标，中国必须在方法路径上多一些备选方案，多一些柔性的管理应对措施，应按照自身能源产业格局与碳中和目标合理规划清洁能源产业，兼具防范国际能源危机冲击和国内能源转型风险的特点。

从我国的能源结构来看，以煤炭等化石能源为主的火力发电依然是目前发电的主力。水电、风电、光伏等可再生能源发展迅速，但暂时难担重任。数据显示，我国可再生能源装机容量占比超过40%，然而发电量只占总发电量的27.3%。尤其是风电和光伏发电，装机容量占比接近25%，但发电量占比不足10%。因此，如果想顺利碳达峰、碳中和长远目标，降低煤炭在一次性能源消费中的占比，发展可再生、清洁能源已成为能源结构转型中的必然要求。不过，规模如此巨大的化石能源消费，意味着任何“跃进”式的“换赛道”都会导致社会生产和生活用能的供应问题。

中国应从国际角度客观分析国际绿色发展背景，按照自身能源产业格局与碳中和目标合理规划清洁能源产业，兼具防范国际能源危机冲击和国内能源转型风险的特征，逐渐走出一条中国特色绿色发展之路，以应对新一轮的国际能源危机和竞争。

首先，应当准确分析形势，不仅要分析国内的发展形势，还要分析国外的发展形势，做到规划引领未来。从清洁能源的技术发展、人才培养、产业发展等方面进行全面的分析。

其次，应进行合理规划，落实到具体项目上面需要进行合理的评估。需制定符合当地综合基础的绿色发展目标，根据项目所在地的资源储量、建设条件、电力消纳、敏感性因素的条件对规划项目进行评估，分析项目实施的可行性以及需要破解的难题，有针对性地提出具体解决措施。对于条件优异的项目优先开发，条件一般的延后开发，条件较差的直接舍弃。

最后，有序实施可行性项目，做好各类清洁能源发展规划之间的衔接工作，进行科学管理，实施第三方监督。

能源安全事关发展安全、国家安全，不容有失。现阶段我国工业化城镇化深入推进，能源需求不可避免继续增长。必须贯彻“三新一高”要求，立足国情，妥善处理好发展和减排、当前和长远的关系，统筹稳增长和调结构，深化能源领域市场化改革，推动能源绿色低碳转型，提升能源安全保障能力。

第五节　全球能源结构与消费展望

俄乌冲突下导致国际原油价格急升。而在能源绿色转型的大背景下，这将刺激和利好天然气行业的投资以及发展。

在全球能源绿色转型的大背景下，天然气作为过渡能源，将在能源清洁化和保障能源安全稳定等方面发挥重要作用，例如欧盟天然气占一次能源消费比例就高达 25%。具体而言，天然气本身虽然会产生一定数量的碳排放，但本身相对于煤炭而言更为清洁和环保，且碳排放水平更低。从长远趋势来看，天然气具备良好的过渡性质，是全球脱煤和能源低碳化趋势中需要布局的重要能源。

另外，可再生能源对化石能源的替代是一个较长的过程和周期，且目前风电、光伏发电等受制于一定的气候或季节因素，暂时无法完全替代化石燃料发电，从而为确保能源安全的需要，化石燃料有序退出和过渡能源稳定替代存在必要性。因此，在未来一段时间内，部分国家或将重视天然气资源潜力并适当加强天然气的产业投资与战略储备。

从短期来看，随着天然气和原油等化石燃料价格的暴涨，绿色环保和清洁能源产业迎来投资热潮，众多知名新能源发电企业股价连续上涨。从长期来看，清洁能源对化石能源的替代是全球可持续发展进程中的重要趋势，但前期仍然无法立即摆脱化石能源的依赖，尤其是此次对油气进口依赖度较高的欧洲而言，全球性的能源供应短缺将造成严重影响。

目前风力发电、太阳能光伏发电等技术已基本趋于成熟，尤其在中国，风电和光伏的发电成本连续多年下降，且后续其规模和经济性还会继续提升。根据国家能源局提供的数据，从 2007 年到 2017 年，中国光伏发电度电成本累计下降了约 90%，未来即将进入平均上网时代。而从发电效率来看，风能转化率和光伏转化率是低于火电的。据业界估算，风力发电机组叶片转化效率平均不到 20%，晶硅太阳能电池组件的光电转换率一般在 20% 到 26%，而火电的热效率普遍能超过 40%。

同时，光伏和风能等新能源产业在发电上虽然不需要像化石燃料那样依赖进口，但本身原材料和组件的供应会受到国际贸易进出口影响，如硅片、风力涡轮、锂离子电池等。中国目前已成为全球最大的清洁能源组件出口国，2021 年中国出口欧洲光伏组件达 40.9GW，同比增长 54%。从而，随着清洁能源逐渐对化石能源替代，部分国家对化石能源的进口依赖将逐渐向对清洁能源发电组件的进口依赖，新能源产业的供应链风险和国际贸易竞争是各国将要重视的问题。在此背景之下，地缘政治风险引发的贸易制裁、供应短缺等也会影响到各国清洁能源产业的良性发展。

此外，光伏和风电存在季节性，不仅受天气和季节的影响，也会受到极端天气影响。2021 年 2 月，美国得克萨斯州在极端寒潮的影响下发生了较大规模的停电，占得克萨斯州电力供应 23%的风力发电因机组设备被冻结无法正常运行和供应，反映了新能源设施本身对气候变化存在的劣势和局限性。

未来的全球能源消费格局，将以清洁、安全、独立并重，以清洁能源消费对化石能源替代为主流趋势，降低化石能源进口依赖、提高能源发展的独立性和自主性，同时为了保障能源安全性，将有序退出煤电，合理布局天然气等过渡能源。其中，能源消费格局的变化将加快全球经济贸易与化石能源脱钩的进程，化石燃料资源的重要性将逐渐让步于可再生能源相关产业的技术投资和原材料贸易。同时，能源消费构成将走向多元化，实现化石能源、过度能源、可再生能源的阶段性合理布局，在清洁转型的同时防范能源风险，最终实现能源产业的长期可持续发展。

第十章　绿色金融国际工作进展与展望

2021 年是中国碳中和“元年”，同样也是俄罗斯的碳中和元年，以及中俄开启能源紧密合作的元年。2021 年 2 月，俄罗斯正式设立了 2060 年实现碳中和的减排目标与承诺，包括《2050 年前限制温室气体排放法》在内的一系列政策与法案相继出台，涵盖碳交易、森林保护、碳排放披露、碳税等多个领域，从多个维度全面开启绿色低碳转型的系统性工作。

2021 年 12 月，在第三届中俄能源商务论坛上，习近平主席向论坛致贺信指出，“双方能源合作的显著成绩诠释了中俄新时代全面战略协作伙伴关系的广阔发展潜力，中方愿同俄方一道努力，打造更加紧密的能源合作伙伴关系，共同维护能源安全，应对全球气候变化挑战”。自此，中俄两个亚洲大国将成为未来全球碳中和与绿色低碳经济发展的潮流领导者与中坚力量，中俄双方优势互补、互利共赢的绿色合作将成为世界标杆，为联合国可持续发展议程不断注入新动力。

第一节　中俄可再生能源与低碳合作前景广阔

2022 年上半年，全球可再生能源投资达 2660 亿美元，中国占 43%；在过去的二十年间，中国累计在海外开展了超过 1000 亿美元的清洁能源投资，若中俄开辟清洁能源投资合作新起点，将使全球可再生能源投资规模迅速翻番。在全球低碳经济大趋势下，中俄在可再生能源领域的国际合作中建立了良好的基础，可再生能源是拓宽中俄能源合作内涵的新角度与新方向，也是全球低碳转型背景下应对气候变化目标对各国务实气候合作的客观需求。早在 2014 年，俄罗斯水电集团就与中国三峡集团签署了关于成立合资公司在阿穆尔州和哈巴罗夫斯克边疆区建造防汛水电站的协议；2018 年初，中俄两国的可再生能源合作项目乌里扬诺夫斯克风电项目正式投入运行；2021 年 5 月，田湾核电站 7 号、8 号机组和徐大堡核电站 3 号、4 号机组正式开工。借助区位优势、政策优势与市场优势，中俄在风电、水电、核电等可再生能源领域将继续建立规模更大、合作程度更深、专业化水平更高的国际合作项目。2021 年，中国光伏组件出口额 246.1 亿美元，同比增长 44.8%；风电出口规模也达到 12.9 亿美元，均位居全球第一，中俄建立可持续能源贸易合作伙伴关系，将进一步为双方带来每年上百亿美元规模的进出口合作。

低碳与清洁可再生能源对俄罗斯尤其是远东地区具有重要意义。首先，发展可再生能源对于俄罗斯实现 2060 年碳中和目标具有关键性的核心作用，有助于俄罗斯为全球气候行动注入大国影响力，在绿色低碳领域成为主导力量，未来俄罗斯有很多低碳减排的政策设计都高度赖于清洁发电的增量，这将成为长期战略布局中的重要一环。其次，俄罗斯的绿色金融市场有很大的发展潜力和上升空间，可再生能源项目投融资有助于俄罗斯不断扩大绿色金融的市场规模、加强绿色金融业务的实践创新和国际投资合作。若能将远东地区建成全球可再生能源投资大市场需要建设与之匹配的国际绿色金融中心。最后，就远东地区而言，远东地区的自然环境、经济发展状况等均为可再生能源尤其是光伏和风电的发展提供了优势基础条件，开展远东可再生能源投资有助于其开展产业升级与经济转型。

俄罗斯可再生能源具备投资优势，截至2021年，俄罗斯可再生能源发电装机总量超过5万兆瓦，占总装机容量达20%，借助良好的产业和区域优势，俄罗斯多地可吸引中方开展可再生能源投资。例如，俄罗斯南部与西南部地区光照资源丰富，借助中国光伏组件进口，俄罗斯将迅速扩大太阳能发电的供应；俄罗斯西伯利亚等西北部地区风力充足，以摩尔曼斯克为首的多个风力发电场若得到投资开发，将带来数千吉瓦的风电供应；萨哈共和国探索以可再生能源技术为主体的现代能源综合体，发挥太阳能发电加储能系统的联合优势，有望借助中国的技术与资金投入进一步扩展到北极圈的其他地区；水电是俄罗斯可再生能源的最主要组成部分，但俄罗斯目前在其具有经济开发性的水电资源中仅开发了四分之一，大量位于远东和西伯利亚地区的水电资源有待国际合作与开发，并借助电力传输或“动电西送”实现大范围供应。

从面临的难题和挑战来看，中俄双方需要克服多个层面的难点，为后续的持久合作打下牢固根基：首先，中俄双方需要进一步明确2060年碳中和目标的实现路径，尤其是尽快建立可再生能源领域的绿色转型时间表和路线图，通过阶段性的低碳减排目标引导相关项目合作的方向和进度；其次，中俄双方需要统一和完善各个领域的绿色标准，包括清洁能源产业标准、绿色投融资标准、碳排放与环境披露等，中俄绿色标准是将中俄可再生能源合作范式推广到全球、吸引更多国际资金与国际合作的前提和基础；最后，化石燃料的转型风险是中俄合作中需要不断重视和预防的不确定因素，俄罗斯作为油气大国，需要在能源转型的过程中注重能源安全，推动碳中和目标与低碳转型国际合作平稳健康进行。

未来，中俄在可持续能源合作中大有可为，并有望将远东地区发展为全球可再生能源的中心。当前，远东在俄罗斯经济中承担的作用越来越明显，同样在绿色低碳领域也将焕发新的生命力。中俄开展可再生能源与绿色低碳领域的务实合作，具备重大前景。

一是可以不断引导全球能源经济重心向东移，在远东地区形成一大批可再生能源合作案例库与项目库，不断吸引全球绿色资金投入中俄绿色市场中去，不断带动周边国家加入中俄绿色合作圈。同时，中俄可在海参崴地区建立亚洲碳排放权市场交易及绿色金融中心，以统一的市场标准和规范建立起亚洲可持续金融中心。

二是中俄将通过可再生能源合作，扩展到面向能源合作的一系列绿色服务合作，再进一步扩展到包括碳交易、绿色金融、低碳科技等在内的多种绿色领域的全面深入合作，拓宽能源合作的外延，实现从点对点、到点对面、再到面对面的深化，在此过程中，中俄建立和形成绿色标准并推向全球，是中俄合作走向全球的关键性的一步。早在“十三五”期间，科技部就提出了以可再生能源为关键领域的国际科技合作和技术转移，为探索新合作发展模式奠定基础，中国可再生能源对外援助与合作将为中俄绿色低碳市场挖掘新红利，实现技术共享、标准共建、资金联通。

三是有助于建立世界气候治理的领导者地位，在全球气候治理领域展现举足轻重的东方大国力量，中国是全球最大的碳排放国，俄罗斯则是第四大碳排放国，中俄双方的低碳减排合作动向为全球各国树立了榜样和示范，中俄在应对全球气候变化上的贡献将成为全球气候治理的最重要组成部分。

中国决策层对中俄能源合作将大有可为，一是可以扩大对俄清洁能源产业投资规模，不断鼓励国内清洁发电项目走出去与引导国内绿色资金走出去，将中俄能源合作作为开辟国际绿色投融资合作的重要赛道；二是需要建立国际绿色能源投资基金，面向中俄优质清洁发电项目和低碳转型项目，鼓励越来越多的全球私人资本投入中俄能源项目中，集中到远东绿色金融市场；三是可以在双方 2060 年碳中和目标中设立更多的阶段性合作，推动绿色技术、绿色标准的共享；四是应当以中俄远东地区为中心建立亚洲乃至全球的绿色投资中心与碳金融市场，将绿色金融业务单位国际合作辐射到周边国家。

总而言之，通过长期的、可持续的绿色可再生能源合作，中俄将不断打造更为深入的绿色紧密合作伙伴关系，并共同成为引领全球低碳经济前进方向的领航者。

第二节　COP27 与全球绿色发展新走势

2022 年 COP27 大会在埃及举行，此前历年缔约方会议大多在欧洲发达国家召开，一定程度上反映了当前在全球气候变化问题上，发展中国家正在越来越重视气候问题下的国家利益和国际合作。COP27 主席国与 COP26 主席国编写的联合报告呼吁每年投入 2 万亿美元支持发展中国家遏制全球变暖并应对其影响，直到 2030 年。这表明，那些过去曾在工业革命时期排放大量温室气体且在当前对气候问题没有尽到足够的义务和贡献的部分发达国家，应当补偿其他一些国家因气候变化所遭到的损失，涉及移民、粮食安全、贫困等问题等，尤其是针对发展中国家的气候援助和低息贷款应当及时落到实处。可见，未来在气候问题上，发展中国家和发达国家在气候变化的融资、援助、补偿等领域将会有越来越多的谈判和竞争，这也为全球气候治理格局带来更多的不确定性。

从全球环境角度，应对全球气候变化风险存在的新挑战有三：

第一，发展中国家正在被拖入“气候陷阱”，并面临气候问题下的三重问题与矛盾：一是气候变化为发展中国家带来的一系列问题和困境非常迫切；二是发展中国家应对气候变化困境的资金却极为缺乏；三是发展中国家本身金融业发展水平不足，无法短时间内搭建起符合应对气候变化需求的金融框架，即使直接提供资金援助，也未必能以最大效益运用这些气候资金，这些综合矛盾正将发展中国家迅速带入气候陷阱之中。

第二，当前全球范围内与气候相关的金融资金和市场，仍然缺乏私人资本的参与，单靠政府资本和公共资金无法满足实现联合国可持续发展目标所需要花费的高额成本，这有赖于国际性的气候投融资市场和金融框架提供支持。

第三，气候变化问题最大的风险来源于国际政治，气候问题是一个长达半个世纪的重大议题，但国际局势的变化为国家之间的气候合作带来了诸多不确定因素，各国难以面对同一目标协同发力。

从能源格局来看，受到能源危机的影响，欧洲多国重启煤炭等高碳排放发电设施，市场中有关能源绿色转型进程是否过快以及清洁能源能否满足能源安全等讨论升温。近年来，欧洲能源危机越来越突出，2020 年欧盟国家可再生能源发电量占比 38%、化石燃料发电占比 34%，能源安全问题和能源转型问题被欧洲各国加快提上议程。同时，全球能源绿色转型也面临三大挑战：一是从能源增量角度，可再生能源的增长还不足以完全满足日益增长的能源消费需求，这就延续了化石燃料发电的惯性，不利于能源清洁化并与化石燃料脱钩的进程的加速；二是欧洲能源危机表明，能源供给与消费格局较为复杂、分散，欧洲部分国家化石燃料对外依存度较高，由此产生的能源安全问题为地区能源局势带来了较大风险；三是清洁电力的储存和运输存在需要克服的多种难题，面对能源供给与消费的复杂地理分布，在很大程度上制约了全球清洁能源贸易格局。

从全球范围来看，清洁能源未来的发展难点将在发电领域的原材料进出口，以及之后的储能、运输等技术，并且在能源转换效率方面也存在需要克服的难题，同时清洁能源还面临季节性的不稳定性。此外，各国在未来推进能源清洁化的进程时，将在很大程度上依赖那些光伏、风电等基础设施的原材料出口国家，这也为中国带来机遇，甚至可能令全球能源中心“向东移”。

第三节 推动国际气候投融资体系建设

随着全球各国应对气候变化的进程进入主流和快车道，气候投融资在 21 世纪全球碳中和可持续发展进程中的重要性将逐渐提高。越来越多的国家和跨国大型企业已开始充分意识到气候投融资与气候适应能力在绿色经济时代的重要性，对于气候变化带来的政策环境变化对于产业和行业造成的冲击，经济主体需要承受和应对相关的风险，使其整体可控。

为推动全球气候投融资体系建设，中国应做好以下工作。

第一，要改善绿色融资结构，吸引更多的社会资本进入气候投融资活动中，券商、保险等金融机构应当在气候投融资业务上发力，推出更加多样化的气候金融工具。

第二，需要不断改进气候投融资资金与项目的错配问题，注重气候投融资项目的回报周期。

第三，提升全球 ESG 业务的积极性。面对那些受气候变化影响较大的“气候脆弱型”国家，应当发挥国际气候援助的普惠性，一是发达国家必须兑现其气候资金援助承诺，并及时提高援助的范围和数量；二是降低国际气候与绿色资金、技术、标准等的国际流通门槛，并避免和阻止气候霸权的产生；三是应当建立国际性的气候投资援助基金，并吸引全球私人资本投入发展中国家和欠发达地区的气候金融市场。

第五篇　风险防范

导语：绿色金融的发展，不但要面对气候风险和高碳产业的转型风险，也要克服绿色高兴技术产业的盈利难题和成果不确定性，更重要的是需要防范“绿色滞涨”风险，本章引入停滞性的绿色通胀——“绿色滞涨”的风险防范问题。

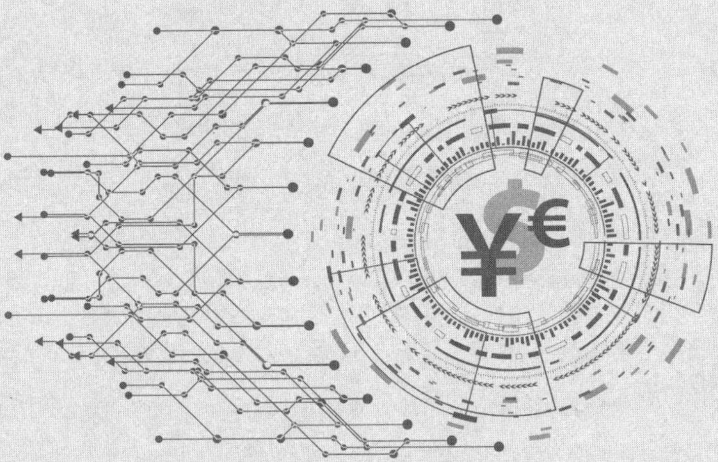

第十一章　谨防绿色滞涨

21 世纪气候变化问题日益严峻，能源和产业的快速“脱碳化”趋势明显加快，化石燃料、天然气价格与消费迅速增加，能源成本从电价传导到了一系列金属价格、金属冶炼和工业生产成本之上，形成价格冲击，同时伴随着绿色低碳需求的高速增长，全球“绿色通胀”问题开始凸显，新能源产业所需的原材料成本迅速上升。与此同时，当前部分国家和地区的绿色产业发展之路还尚未找准方向，存在投资失衡、资金错位、增长匮乏、低碳减排效应不明显等问题，导致绿色产业停滞不前，这种停滞性的绿色通胀问题，可称为“绿色滞胀”。

应对与克服绿色滞胀，是推动绿色产业稳定健康发展的基础，也是预防经济社会系统性风险传导的客观需求。对此，中国应正确思考和应对潜在的绿色滞胀风险和问题，提升绿色产业的投资效益，并提高金融机构预防和克服绿色滞胀的意愿和能力，不断为中国绿色低碳经济挖掘新增长点。

第一节　绿色滞胀与绿色通胀：成因与现状

“通胀”在经济学中指当一个经济中的大多数商品和劳务的价格

在持续一段时间内的普遍上涨。2022 年 3 月 17 日，Isabel Schnabel（ECB 执行委员会成员）首次提到“绿色通胀”。所谓的绿色通胀也被很多学者定义为“碳通胀”，在《巴黎协定》后，许多企业正在调整自身生产流程以努力减少碳排放，金属和矿产需求飞速增长，但是由于技术等因素的原因导致短中期供给受限，导致了 2022 年初开始许多关键大宗商品价格显著上涨。例如，相比传统车辆，电动车的金属矿材用量超过六倍；而一座海上风力发电厂相比燃气发电厂，需要使用超过七倍的铜；新能源技术需要的大量金属和矿物质，比如铜、锂、钴，尤其是在转型时期的价格，便开始大幅度上涨。

从国际上来看，近期全球经济形势表明，在高通胀下，滞胀端倪开始出现。

2022 年 6 月 26 日，国际清算银行发布报告称，全球经济面临进入高通胀时代的危险，通胀威胁加上增长前景疲软和金融脆弱性使得经济滞胀风险正笼罩全球。OECD 国家的 PPI 目前已经达到有数据以来的历史最高水平，而 CPI 也已经接近第三次石油危机时的水平；我国的 PPI 也突破了有数据以来的历史最高水平，而 CPI（非食品）也处于历史高位。2022 年 5 月，全球 112 个国家的通胀率升至 6%以上，而同时全球经济增速在疫情前已开始放缓，2020 年全球 GDP 增速因受疫情冲击呈现负增长，2022 年 6 月，世界银行将本年度全球经济增长预期下调至 2.9%，远低于此前 1 月预期的 4.1%。此次绿色通胀伴随疫情冲击和俄乌冲突等不确定性因素，颇具持续性，各国中央银行在收紧货币政策的同时将进一步加剧滞胀风险，中国也不例外。

从国内来看，中国的绿色滞胀存在内外两个主要潜在风险因素。

首先是外在因素，从历史数据可以看出，发展中国家经济增长速度和通货膨胀率都与发达国家基本同起同落。这种经济联系使一起获得迅速发展的同时，也把发达国家的滞胀危机通过贸易渠道传播蔓延至发展中国家。由于俄乌冲突、叠加疫情的双重压力、供应链的中断，前期过于宽松的货币政策，高通胀叠加持续的经济低迷导致了出现绿色滞胀的风险。同时由于本国市场消费信心不足，同时又要压制发展中国家发展。美国 2011—2021 年便开始对中国光伏产品采取贸易保护政策，十年间从中国进口的光伏产品金额直接减少了 86%。2022 年以来，美国对华光伏贸易政策密集，呈长期趋严的特点。7 月又出台了《通胀消减法案》，间接组织从中国进口新能源电动车电池配件及原材料。

同样，欧盟制定了一系列绿色标准用以提高光伏产品的市场准入门槛。当前中国光伏产品已在部分欧洲国家遭遇了绿色碳壁垒等。因此欧美国家显现出的滞胀危机，导致绿色贸易保护主义，通过绿色产品的关税壁垒和控制数量、压低价格等手段，使中国的新能源行业出口业或在将来受到一定程度打击。同时，也将国内绿色高通胀及滞胀风险转移到出口产品，并将在未来持续很长一段时间，成为导致未来中国发生绿色滞胀的直接成本因素。

其次是内在因素，由于资金早期一窝蜂地涌入光伏、风能等行业，导致投资结构的失衡，加上企业约束机制不健全，投资行为短期化，绿色投资存在乱而不活的现象。在“双碳”背景下，中国绿色新产业的投资得到了快速增长，短期内直接提高了全社会的通货膨胀水平。对绿色经济巨大的投资需求，通过对全社会总需求水平的拉升，对新能源产品物价提供了需求支撑。全球经济同步向绿色经济转型，产业上的趋同性带来了对绿色能源的大规模投资。这种大规模投资，显然无助于投资成本的控制，还容易造成了行业的波动。更为重要的是，由于绿色技术进步的制约，新能源产出效率短期内还构不成对传统能源的比较优势。

经过初期绿色投资风潮后，绿色科技发展没有达到预期，绿色产业在初期并没有发挥理想的绿色、低碳、转型效果，绿色资金没有有效运用，绿色产业缺乏回报。同时前期大量资金涌入也变相地推高了价格，新能源原料飞涨，进一步的推动新能源上游成本上升。而短期内的低收益，叠加能源危机，绿色技术例如储能技术迟迟没有更进一步的发展，新能源产业发展暂缓，不得不重新向传统能源寻求高效开发利用，也使得绿色投资者在国家补贴陆续撤离后，开始放缓，重新审视绿色发展的可持续性，绿色产业发展便按下了暂缓键。

另外，地方政府领导和政府的观念仍未转变，绿色发展的思想还没确立，政策决策部门难以制定出绿色发展的整体策略；有些地方政府虽然制定了本地区的绿色发展规划，但对绿色很少提及，缺乏发展的前瞻性。同时由于经济下行，财政收入锐减，部分地方政府宁可让生态资源闲置，也不敢大力发展绿色升级，激励政策也不到位。

此外，社会上漂绿、数据造假现象频发，后期也没有相匹配的绿色项目可以让金融机构投资。我国绿色金融市场规模虽然不断增加，但是 2020 年由于疫情的影响，增长速度也有所下降，绿色金融带动绿色产业发展效果不足预期，大量投资没有运用到绿色领域。

以上种种迹象都表明，我国绿色经济得以健康发展的微观基础并不够牢固，不能承受外来危机的冲击，在未来恐有绿色滞胀的风险。

回顾中国现状，中国应警惕产生绿色滞胀的潜在风险。

面临经济下行和疫情波动等压力，从长期来看，中金分析中国新能源金属板块已进入“绿色滞胀”的阶段，历史性高价和资源可得性差对行业增速和估值中枢持续压制。从短期来看，宏观层面的全球流动性收紧，国内疫情以及下游成本压力传导不畅对新能源车产业链产生负面影响。从中长期来看，新能源金属面临下游需求范式的结构性变化，使得供应周期难以与迅猛增长的新能源车需求所匹配，从而导致连创历史新高的价格和较差的资源可得性，原先高歌猛进的需求增速也一定程度上被压制，新能源金属板块由此进入“绿色滞胀”的状态。

结合外部全球经济衰退和绿色高通胀的影响，中国应警惕绿色经济发展动力是否依旧明显，旺盛的需求是否能在未来得到满足，以及新能源成本是否能在政府调控下有效回落到正常水平。

第二节　高成长能否走出绿色滞涨？——行业案例分析

绿色经济当前虽然没有陷入难以修复的滞涨问题，但目前在多个行业中已形成潜在风险。绿色滞涨外在表现出当前绿色经济的发展能力无法与绿色经济的发展预期进行匹配，进而造成绿色项目的成本巨高不下，但绿色经济却陷入发展停滞的一种经济状态。同时绿色滞涨的表现形式是多元的，它既可以发生在投入成本相对较低的行业，也可发生在投入成本相对较高的行业。

一、以光伏为代表的低成本行业，原材料供给不足与绿色经济扩展需求之间的错位引发了绿色滞胀风险，需进行政策引导和市场相应

在投入成本相对较低的行业中，绿色滞涨的表现形式为行业相关成本不断下降的同时伴随着原材料需求的不断上升，但久而久之由于有限原材料供给难以满足无序的绿色经济扩张，故形成绿色滞

涨风险，最终造成原材料稀缺以及价格上涨，同时绿色经济短期内陷入停滞。

光伏产业在此类绿色滞涨现象中具有代表性，近些年，全球光伏产业通过政策支持、资金投入、技术创新实现了成本的大幅下降，多低的用电价格甚至低于火力发电。因此，在全球碳中和背景下，各国开始大力布局光伏。光伏涉及众多上下游产业并需要多种原材料金属，例如铝、铜、锌等，这些金属本就具有强周期属性，再加上全球碳中和背景下各国对清洁能源需求的不断扩张，造成这些金属的价格波动加大。

与此同时，2022 年的俄乌冲突更是增加了绿色滞涨的风险。一方面是欧洲各国正加强布局清洁能源以摆脱对俄罗斯的能源依赖，大大提升了对光伏的需求，另一方面是西方各国对俄罗斯的制裁涉及了船舶货运等物流行业，而俄罗斯又有这较为丰富的金属矿产资源，使得光伏所需金属的供应能力受到冲击。

在当前复杂的背景下，既要保障绿色经济的高增长，还要预防绿色滞涨风险，需要做好三方面工作。

首先，政府需要通过政策引导来对清洁能源的短期需求进行干预。在考虑到清洁能源原材料的强周期属性，当绿色经济的高增长期遇到逆周期的清洁能源原材料价格时，将会对绿色经济造成停滞增长的风险，甚至衰退。所以相关的推广政策也需要将其纳入政策的实施评估当中。

其次，扩大清洁能源相关人才规模，减缓薪资过度增速以推动化解绿色滞涨危机。绿色滞涨风险的形成与清洁能源项目成本息息相关，其中不仅涉及原材料成本，也包含人工成本。现阶段清洁能源从业者的收入普遍高于传统化石能源，由于人工工资的高企对滞涨会产生直接影响已有成熟的论述，所以加强相关人才队伍的建设不仅可以弥补人才缺口，也可缓解绿色滞涨风险。

最后，多边合作，稳定国际关系，为全球的清洁能源原材料供应提供良好的环境。因为清洁能源项目涉及多个领域，所需要的原材料种类众多，一个国家很难满足原材料的全产业供应，绿色经济只有在全球化背景下才可保持低成本、高增长的发展模式，这需要多国共建多边贸易合作。

二、以CCUS为代表的高成本行业，原本就较高的成本加上缺少资金支持和技术投入导致产业停滞，形成绿色滞胀风险，需配合近期气候投融资工作的开展进行应对

在投入成本相对较高的行业中，绿色滞涨的表现形式为投资机构对投入成本高、周期长的绿色项目缺乏信心。由于高成本行业长期缺乏资金支持，相关技术难以提升，最终形成项目的投入成本长期维持在高位，伴随着数量增加步伐停滞的绿色滞涨现象。

以碳捕集、利用与封存（CCUS）为代表行业，在我国，CCUS的成本普遍在500~1000元/吨二氧化碳，正由于CCUS的投入成本较高，我国自2004年投运第一次CCUS项目至今，正在运营与正在建设在CCUS项目共计仅49个，具体难以满足挡下我国的绿色发展需求，同时与光伏、水电等低成本、高增长的绿色行业形成了鲜明对比。根据测算，尽管到2060年我国CCUS成本有望降低到140~410元/吨二氧化碳，但目前还尚未形成成熟的资金引导机制对CCUS相关业进行规模化的资金支持。所以高成本行业要破解或走出绿色滞涨需要可持续的资金投入以帮助相关行业提升技术能力，降低投入成本。

对此，近期开展的气候投融资工作或将有效帮助高成本行业走出绿色滞涨。气候投融资工作的核心目的在于解决气候资金需求和供给的矛盾，这与高成本行业当前的需求不谋而合。气候投融资在通过开展开展金融工具创新、政策协同、建设气候投融资项目库等工作为高成本项目吸引更多资本投入其中，并打造可持续的资金供应模式。

当前全球正处于实现碳中和目标的初级阶段，各国的减排情绪高涨，同时也为保障自身能源的供给安全，绿色经济正步入高增长期，当成本控制不当时极易出现绿色滞涨现象。由于绿色经济的高增速往往源自于资金的高投入，所以在化解绿色滞涨危机时金融机构需要承担起重要的作用。通过资金引导、政策扶持稳定清洁能源相关原材料的价格弹性。此外，完善 ESG 等投资原则为此前由传统能源为主导的经济发展模式寻求新增长点，为全球的绿色经济发展营造良好氛围。

第三节　金融机构如何应对绿色滞胀

在中国未来的绿色转型升级过程之中，中国需要正视潜在的绿色滞胀风险，合理做好预防和应对工作，不断挖掘绿色和新能源产业的优势地位，促进低碳经济和战略新兴产业的平稳增长。对此，金融业作为绿色产业重要的核心支持力量，金融机构需提升应对绿色滞胀的能力和意愿，为我国绿色产业平稳布局持续注入动力。

一、从绿色滞胀的来源和成因来看，因绿色滞胀带动的资源的价格上涨与异常波动，需要及时予以关注和预防

要克服绿色滞胀，首先需应对绿色通胀。从气候治理的大环境角

度，应对气候变化的需求使得产业经济发生“脱碳化”，这将会引发化石燃料的“资产搁浅”，而气候相关政策可能导致化石燃料投资迅速抽离，并转而涌入新能源产业中，推高原材料成本。绿色滞胀的一大主要特征是产业停滞性的绿色通胀，一是为应对气候变化提高了成本，包括限制煤电后的天然气价格上涨，以及耗电量较大的有色金属冶炼产业；二是因一系列相关的绿色新政策所带动绿色产业的大量涌入，用于可再生能源技术的物料价格不断提升，包括用于电动汽车组件的铝和镍，以及广泛用于电子布线及马达的铜等，多因素综合催生了绿色通胀的发生。

产业经济绿色转型需要一定的过程，对化石燃料的依赖、向清洁能源的无序过渡、新能源产业高速扩张，种种矛盾都是防范绿色滞胀的过程中需要应对的复杂因素，金融业作为经济绿色发展的重要支持力量，金融机构可合理运用金融风险对冲工具，积极建立并完善绿色滞胀的风险防范机制，以不断应对绿色滞胀中价格波动、风险传导。从绿色金融业务布局的角度，应将绿色滞胀隐含的风险波动纳入气候变化与绿色转型风险应对的范畴之中，合理规划和完善绿色授信政策，使绿色信贷与宏观经济转型目标相兼容，从绿色行业准入源头上防范系统性风险。

二、从现有绿色产业布局的角度，应正确引导资金进入合适的绿色产业和领域，从绿色增量上改善绿色滞胀

绿色产业可能存在的资金错配和资源错位等问题，这也是与绿色通胀相互作用并综合催生绿色滞胀的主要因素。当前，绿色产业投资项目目录尚在不断完善之中，企业面临转型压力、技术成本压力等制约因素，部分地方也缺乏绿色发展的前沿战略眼光和规划，从而绿

色产业整体上来看仍然存在一定的空间失衡，部分领域的绿色资金配置未能发挥充分作用。

在应对全球气候客观带动的投资活动转型之中，金融业应当合理配置这些相关的资产布局，重视高碳产业转型的客观需求，推动绿色产业的平稳有序发展，既要防范产业转型可能隐含的系统性风险，也要保障能源安全，更要防止新兴产业无序扩张。根据国际上潜在绿色滞胀风险的因素分析，部分金融机构有些以“脱碳化”为目标的投融资活动，包括对燃煤电厂的断贷停贷、对开展具备洗绿或漂绿性质业务的公司提供融资等，短期内未必有助于绿色产业的增长，导致绿色产业整体步伐停滞不前，绿色低碳转型的实际成效不如预期，并令现有的减排目标推迟或失效。同时，绿色产业投资错位、绿色投资方向与客观要求不匹配也是造成绿色产业停滞的另一大原因，一是部分企业可能即使顺利获得了满足融资条件和限制门槛的绿色资金，但事后却并没有将其运用到正确的领域，而是借助绿色信贷或债券为其他项目弥补资金缺口；二是部分地方还没有充分重视绿色产业对地方经济的广泛前景，或是受限于地方资源禀赋和产业现状，从而在绿色产业上发生投资错位等问题。因此，金融机构应该合理加强对绿色资金的流向监管，正确引导资金进入绿色产业，不仅需要面向绿色转型的阶段性目标开展绿色资金的投资引导活动，也要针对绿色融资主体开展长期贷后监管，并不断完善环境信息披露规范机制。

三、从碳中和长远目标的角度，应以长期主义应对绿色滞胀，不断提升绿色投资的长期综合效益

从我国生态文明建设的角度，应对和防范绿色滞涨，本质上还应

回归到产业经济的长期绿色高质量发展之上。碳达峰、碳中和作为一场持久战，是一项未来数十年内的系统性工程，时刻需要应对阶段性的难题和困境，而绿色通胀和绿色滞胀等问题也需要以长期可持续发展的战略眼光和行动举措加以应对，金融机构作为绿色产业的重要推动力量，将发挥举足轻重的关键作用。

对此，金融业应不断挖掘潜在的具有长期可持续潜力的绿色低碳产业，提升每一单位绿色资金的运用效率并且提高 ESG 投资效率。绿色资金的融资和投入，关键在于在绿色低碳减排中形成可量化的实际效果，只有将绿色资金与碳减排的数量挂钩、与绿色经济的效益挂钩、与绿色转型的成效挂钩，才能以长期目标导向作为激发绿色发展的核心动力，降低绿色通胀和绿色滞胀的潜在系统性风险，为我国的绿色可持续发展不断注入新动能。综合来看，短期内无论是能源通胀还是绿色通胀，在绿色转型中都是客观存在并需要主动面对的重大问题，应当以长远的碳中和战略眼光发展绿色产业，提高绿色产业与碳中和目标的长期一致性，不断着眼于长期绿色收益的全面布局。

第四节　防范绿色金融三大风险与挑战

尽管我国当前绿色金融业进展显著，但绿色金融在我国仅有短短数年的起步发展，各个领域尚且还不够成熟，仍应注重相关领域的风险防范与应对挑战。

一、防范绿色金融支持高碳行业中的转型风险

为更好地发挥金融市场为高碳行业提供的转型支持，绿色金融

需要发挥以下四点重要作用，并防范相关过程中的转型风险。

第一，转型金融相关产品和业务需要与这些传统高碳排放行业企业转型的实际情况高度挂钩，避免资金与减排目标脱钩造成系统性风险，并且在当前中国绿色转型目标的道路上，各行业领域的绿色低碳升级是一场持久战，并非一蹴而就，在此背景下，转型金融相关产品的期限就要考虑到企业低碳化转型的长期性特点。

第二，需优化资金结构，在面向高碳排放行业时注重产品种类的多元化，并且要不断发挥政府资金的杠杆效应，撬动更多的社会资本参与到转型金融当中。

第三，需要建立面向两高行业低碳转型活动的激励惩罚机制，避免相关企业在获得资金支持后产生有恃无恐的心理，也要为金融机构对企业的绩效考核提供方向。

第四，应建立良好的信息披露制度，因转型金融关注的是企业或项目的减排过程，所以实施主体在运用转型金融工具后的数据与信息就显得尤为重要，且企业所披露的相关数据是否具有公信力成为金融机构对企业进行绩效评估的关键。

二、防范和避免企业在绿色金融业务中的“洗绿”“漂绿”等行为的风险

为推动绿色发展务实、不走偏、不走样，需要注重防范用绿色金融项目资金投入非绿色项目活动中或对高碳项目进行虚假的低碳宣传，而是促进企业将目标集中在传统棕色业务存量的转型上去。而对于企业开展ESG业务具备积极的推动作用，转型活动所需要的信息披露、环境治理等活动，与企业提升ESG业务的方向是一致的，也有助于企业提升ESG信息披露水平。绿色金融还应通过对转型活动

的支持，以覆盖目前难以惠及的“棕色”领域，有效弥补绿色金融制度和市场存在的不足。

三、从全球环境角度，绿色金融应注重防范全球气候变化的阶段性风险

第一，发展中国家目前正在被拖入气候陷阱，并面临气候问题下的三重问题与矛盾：第一重矛盾是气候变化为发展中国家带来的一系列问题和困境非常迫切；第二重矛盾是发展中国家应对气候变化困境的资金却极为缺乏；第三重矛盾是发展中国家本身金融业发展水平不足，无法短时间内搭建起符合应对气候变化需求的金融框架，即使直接提供资金援助，也未必能以最大效益运用这些气候资金，这些综合矛盾正将发展中国家迅速带入气候陷阱之中，这也是中国作为发展中国家，在绿色金融自身发展与对外国际合作过程中需要注重防范的风险和问题。

第二，当前全球范围内与气候相关的金融资金和市场，仍然缺乏私人资本的参与，单靠政府资本和公共资金无法满足实现联合国可持续发展目标所需要花费的高额成本，这有赖于国际性的气候投融资市场和金融框架提供支持，也是我国在推动绿色金融国际化进程中应当重点面对和克服的难题。

第三，气候变化问题最大的风险来源于国际政治，气候问题是一个长达半个世纪的重大议题，但国际局势的变化为国家之间的气候合作带来了诸多不确定因素，各国难以面对同一目标协同发力，这也为我国绿色金融和绿色贸易等对外合作过程中带来更多的风险和挑战。

第六篇　未来演进

导语：绿色金融不仅是绿色产业的发展问题和金融业的变革问题，更应当从生态文明和人类命运共同体的层面探讨绿色金融的发展和演进。绿色金融的中国创新诠释，在于真正从人与自然和谐共生的角度看待金融业的本质、探讨绿色金融的未来方向。

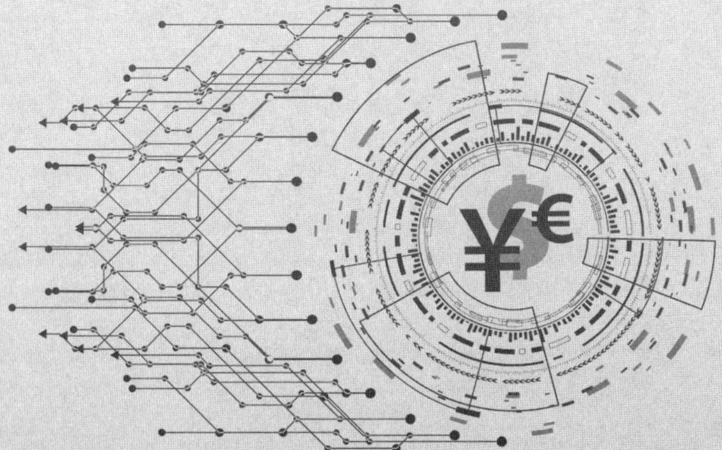

第十二章　建立生态共同体与人类命运共同体

当西方灾难资本主义正让人类“生活在一个行将死去、生机日渐消亡的星球上”①时，中国却在以前所未有的力度抓生态文明建设。继2017年党的十九大报告提出2050年“全面提升生态文明”“建成美丽中国”目标后，2020年中国对外郑重宣布2030年实现碳达峰、2060年实现碳中和，自此掀起一场人类史上规模最大、效率最高的碳减排行动，以生态为重心的人类命运共同体建设进一步得到推进。

然而，实现这些目标并不容易，国内一些地方出现“运动式减碳”、绿色产能投资过剩、经济增长放缓、“两高”缺乏调控、限电限产和“一刀切”式能源转型等迹象，致使一些人对中国承诺碳中和目标感到困惑、对以生态为重心的人类命运共同体的建成路径产生怀疑，甚至还有人由此对中国崛起未来的信心不足，并在国际社会中造成了负面舆论影响。针对这些问题，本书梳理2060碳中和目标提出以来中央顶层设计高效率推进的进程，评估绿色低碳发展带来的综合性收益，进而从生态共同体的角度论述中国崛起背后的新推动力，最终讲述中国崛起所区别于西方崛起的文明性与持续性，为中国未来的生态共同体建设和大国崛起指明方向和路径。

---

① 娜奥米·克莱恩．改变一切：气候危机、资本主义与我们的终极命运，李海默等译．[M]．上海：上海三联书店，2018.

第一节　碳中和顶层设计高效出台的背后动力

自 1972 年联合国首次讨论温室气体排放造成气候变化问题以来，各国对气候变化应对方法、份额、机制等进行了长达半个多世纪的博弈。2015 年，在被称为人类命运“最后的窗口期”，联合国气候大会通过了旨在将全球气温较前工业化时期上升幅度控制在 2 摄氏度以内、并努力限制在 1.5 摄氏度的气候变化协定《巴黎协定》。2016 年 4 月 22 日，时任中国国务院副总理张高丽作为中国国家主席习近平特使在《巴黎协定》上签字。同年 9 月 3 日，全国人大批准加入《巴黎气候变化协定》，中国成为完成批准协定的 170 多个缔约方之一。

《巴黎协定》最大贡献在于，全球共同应对气候变化的“硬指标”得以明确。而要实现这个指标，必须推行各国的净零排放计划。21 世纪 20 年代末，全球约 110 个国家制定了在本世纪中叶实现温室气体净零排放即“碳中和”的目标，[①] 以积极开展并落实《巴黎协定》框架下的全球气候治理路线图。

2020 年 9 月 22 日，国家主席习近平总书记在联合国大会上首次宣布中国“二氧化碳排放力争于 2030 年前达到峰值，努力争取 2060 年前实现碳中和”。此后一年多里，笔者统计，习近平总书记至少 50 次在不同的国内外场合谈到碳达峰碳中和，几乎是每周必谈与关心的重大话题。中央重要会议也强调，碳达峰、碳中和（简称“双碳”

① 安东尼奥·古特雷斯：《到 2050 年实现碳中和：当今世界最为紧迫的使命》，2020 年 12 月 11 日在气候雄心峰会上的讲话.

目标）是以习近平同志为核心的党中央经过深思熟虑作出的重大战略决策。实现碳达峰、碳中和，是我国实现可持续发展、高质量发展的内在要求，也是关系中华民族永续发展、推动构建人类命运共同体的必然选择。

如表 12-1 所示，中央决策层全力推动“双碳”目标落实，仅用一年多时间就基本完成了顶层设计所需要的领导机制、指导文件、战略部署。许多国家大战略的出台与部署均需要数年的时间，比如“一带一路”协议 2013 年秋季提出后的一年多，2015 年 3 月才推出第一份名为《推动共建丝绸之路经济带和 21 世纪海上丝绸之路的愿景与行动》的政府白皮书；国家的其他发展战略，如京津冀协同发展、粤港澳大湾区、长江经济带的顶层设计出台速度也慢于“双碳”目标。相比之下，“双碳”目标的落实与推进在 2021 年可谓快速而高效，[①] 既体现了中国紧跟国际趋势、致力于全人类生态共同体事业的大国责任，也反映了中国决策层时不我待、分秒必争推进气候变化与生态治理的时代紧迫感，更标志着中国生态文明建设正式进入了绿色低碳发展的新阶段。

表 12-1 中国宣布“双碳”目标以来发布的重大文件与政策列表

发布时间	发布机构、会议	文件名或主要政策内容
2020 年 12 月 18 日	中央经济工作会议	将“做好碳达峰碳中和工作”作为 2021 年八大重点任务
2021 年 2 月 22 日	国务院	《关于加快建立健全绿色低碳循环发展经济体系的指导意见》
2021 年 3 月 15 日	全国两会	通过十四五规划将“双碳目标”作为重点之一

① 王文，刘锦涛．碳中和元年的中国政策与推进状况——全球碳中和背景下的中国发展（上）［J］．金融市场研究，2021（5）：1-14.

续表

发布时间	发布机构、会议	文件名或主要政策内容
2021年4月26日	中办、国办	《关于建立健全生态产品价值实现机制的意见》
2021年4月30日	中共中央政治局	就新形势下加强我国生态文明建设进行第二十九次集体学习，要求各级党委和政府要“明确时间表、路线图、施工图”
2021年5月26日	碳达峰碳中和工作领导小组第一次全体会议	紧扣目标分解任务、指导和督促地方及重点领域、行业、企业科学设置目标、制定行动方案
2021年7月30日	中共中央政治局会议	坚持全国一盘棋，纠正“运动式”减碳，先立后破，坚决遏制“两高”项目盲目发展
2021年9月12日	中办、国办	《关于深化生态保护补偿制度改革的意见》
2021年10月10日	中共中央、国务院	《国家标准化纲要》，其中“要求建立碳达峰、碳中和标准”
2021年10月21日	中办、国办	《关于推动城乡建设绿色发展的意见》
2021年10月24日	中共中央、国务院	印发《关于完整准确全面贯彻新发展理念做好碳达峰碳中和工作的意见》
2021年10月26日	国务院	印发《2030年前碳达峰行动方案》
2021年11月2日	中共中央、国务院	《关于打好污染防治攻坚战的意见》
2021年12月10日	中央经济工作会议	要求创造条件尽早实现能耗“双控”向碳排放总量和强度“双控”转变
2022年1月24日	中共中央政治局	就努力实现碳达峰碳中和目标进行第三十六次集体学习

究问碳中和顶层设计的高效出台，可以从历史延承、国际趋势、战略逻辑、社会基础四个方面去分析。

一、从历史延承看，碳中和顶层设计的高效出台，是新中国成立以来持续坚持与不断完善生态文明建设的必然结果

在新中国成立前夕起草的《共同纲领》中就有重视治水的条款。

毛泽东、周恩来等提出变废为宝、防旱抗旱、植树造林、兴建水利、根治黄河等思想，成为改革开放后推进生态文明建设的重要基础。1973 年，第一次全国环境保护会议召开，制定了中国首部环境保护综合性法规《关于保护和改善环境的若干规定（试行草案）》。1978 年通过《中华人民共和国宪法》首次在宪法中对环境保护做了明确规定，标志着中国生态文明建设进入法治化轨道。1983 年全国第二次环境保护会议，将环境保护确定为基本国策。1996 年中央决策层第一次采纳了“环境安全”的提法，环保力度不断提升。进入 21 世纪，中国发展对生态条件的要求越来越高。2004 年，中央决策层首次提出“建设资源节约型国民经济体系和资源节约型社会”，开始大力发展低碳经济、循环经济、绿色经济。党的十七大提出建设生态文明，致力于在更高层次上推动中国的可持续发展。[①]

2012 年党的十八大报告里大篇幅地讲述“大力推进生态文明建设”，致力推动中国生态文明建设进入崭新时代。习近平总书记反复强调，“绿水青山就是金山银山”，山水林田湖草沙是一个生命共同体，构建生态安全屏障体系。“两山理念”成为生态文明建设的重要思想组成。2017 年，党的十九大会首次提出“高质量发展”新表述，其中提出“建立健全绿色低碳循环发展的经济体系”，为中国特色社会主义建设进入新时代下的高质量发展指明了方向。2021 年党的十九届六中全会通过《中共中央关于党的百年奋斗重大成就和历史经验的决议》强调，必须实现创新成为第一动力、协调成为内生特点、绿色成为普遍形态、开放成为必由之路、共享成为根本目的的高质量发展，推动经济发展质量变革、效率变革、动力变革。实现高

① 汪希，刘锋．改革开放以来中国共产党推进生态文明建设的经验［J］．毛泽东思想研究，2015（4）：132-136.

质量发展是我国经济社会发展历史、实践和理论的统一，是开启全面建设社会主义现代化国家新征程、实现第二个百年奋斗目标的根本路径。

70 多年环保与生态思想和实践在中国演进史中，生态文明建设在中国发展事业中的地位越来越重要。当前，中国特色社会主义进入新时代。新时代下的高质量发展，就“要在碳达峰碳中和框架下，逐步和有序实现我国生产生活方式全面绿色低碳转型，这是一场广泛而深刻的经济社会系统性变革”[①]。从这个角度看，碳中和的顶层设计高效出台不是空水楼台，也不是突发奇想，而是有着长期的思想、制度、实践的深厚基础。

二、从国际趋势看，碳中和顶层设计的高效出台，是符合世界经济趋势并能获得绝大多数国家认可与支持的发展策略

推进绿色清洁能源、降低污染排放以及提高资源利用效率的长期发展方向，无论从哪个方向看，都对国家发展具备合理性与正确性。1972 年 6 月，首届联合国人类环境会议在瑞典斯德哥尔摩举行，各国政府首次多边讨论环境议题，开始重视温室气体过度排放造成的环境污染。[②] 1988 年，世界气象组织和联合国环境署合作成立政府间气候变化专门委员会（IPCC）。IPCC 于 1990 年发布首次《气候变迁评估报告》，系统阐述工业化以来以二氧化碳为主的温室气体排放是气候变暖的主要原因。1992 年，联合国环境与发展会议在巴西

---

① 刘鹤．必须实现高质量发展［N］．人民日报，2021-11-24.

② 于宏源．全球环境治理内涵及趋势研究［J］．上海人民出版社：东方青年学人文库，2018（9）.

里约热内卢召开，达成《联合国气候变化框架公约》[①]，首次推出“共同但有区别的责任”为原则要求各成员国自主开展温室气体排放控制。[②] 1997年，IPCC在日本京都推动拟定《京都议定书》，目标在2010年令全球温室气体排放量比1990年减少5.2%。然而，“共同而有区别的责任”原则并没有强制约束力，《京都议定书》也没有达到理想的效果，除一些欧洲国家的碳排放达到峰值外，2010年全球总排放量非但没有减少，反而比1990年增长了近46%。[③] 该时间段的全球碳总量提升，折射的是包括中国、印度、巴西在内一批新兴国家经济快速增长。此后，经历了数回合谈判后，2015年12月12日，联合国195个成员国在2015年联合国气候峰会中通过了《巴黎协议》，取代京都议定书，设定“将全球平均气温上升控制在较工业化前不超过2摄氏度、争取控制在1.5摄氏度之内”的硬指标，敦促各成员国努力在2050—2100年实现全球“碳中和”目标。[④] 自此，全球气候治理进入“碳中和元年”。[⑤]

半世纪以来的气候应对史，不只是人类认知全球气候的思想史，也是一部国际政治曲折而艰辛的谈判史，还涉及广大发展中国家追求生存权、发展权而进行的残酷斗争史。通过一系列的认知演进、

---

① John W. Ashe, Robert Lierop, Anilla Cherian. The role of the Alliance of Small Island States (AOSIS) in the negotiation of the United Nations Framework Convention on Climate Change (UNFCCC). Natural Resources Forum, 1999, 23 (3).

② 万霞．“后京都时代”与“共同而有区别的责任”原则［J］．外交评论（外交学院学报），2006（2）：93-100.

③ 吴静，王诗琪，王铮．世界主要国家气候谈判立场演变历程及未来减排目标分析［J］．气候变化研究进展，2016（3）：202-216.

④ 李威．从《京都议定书》到《巴黎协定》：气候国际法的改革与发展［J］．上海对外经贸大学学报，2016（5）：62-73，84.

⑤ 王文，刘锦涛．“碳中和”逻辑下的中国绿色金融发展：现状与未来［J］．当代金融研究，2021（1）.

谈判斗争，人类先是在气候变暖的逻辑、机理和原则上达成一致共识，再是降低温室气候排放目标、持续发展进程上形成基本合力，最终使人类进入“碳中和元年”为新起点的全球气候治理时代。①

随着碳中和成为最重要的全球气候治理议题，至少140个国家相继提出与“碳中和”相关的政策，国际产业、经济、贸易、投资格局随之将发生转变，大国博弈的方式也出现新规律、新轨迹与新框架。② 中国若能通过抓住国际“碳中和”政治经济格局变化中的国际合作机遇，在国际绿色产业发展中占据先机，对外把握绿色低碳“外循环”，对内促进产业升级“内循环”，加速资源合理、高效、安全流动，定能在新一轮大国博弈中牢牢占住领衔位置。从这个角度看，碳中和的顶层设计高效出台，不只是与全球气候治理接轨的被动迎合，更是对未来国际体系、经济局势与产业格局的主动塑造。

三、从战略逻辑看，碳中和顶层设计是建立中国全行业部门绿色低碳发展框架的最高效方式，为中国生态文明发展进程提供了战略基础，也是中国在全球低碳竞争中占据先发优势的战略选择

从国内形势层面，中国减排成效显著，2019年碳排放强度（每单位国民生产总值的增长产生的二氧化碳排放量）比2005年降低了48.1%③，但自“碳中和”目标提出后，中国的碳减排工作遇到了决定性的转折点，需从产业到部门、从国家到省市重新探索更为安全可

① 董亮．全球气候治理中的科学评估与政治谈判［J］．世界经济与政治，2016（11）：62-83+158-159.

② 王文．碳中和，新全球博弈刚刚开始［J］．中国经济评论，2021（11）.

③ 李学磊．我国应对气候变化和推动低碳发展取得显著成效［N］．新华社，2020-09-27.

靠的方案和路径，挖掘产业升级与绿色转型的潜在机遇，最终实现可持续的高质量发展。

中国将碳中和顶层设计融入了新发展理念之中，是真正做到了站在人与自然和谐共生的新高度来谋划中国未来数十年内的经济社会发展，在转型的挑战中探索机遇，① 并形成了中国碳中和发展蓝图：在全行业范围内广泛开展传统产业低碳升级、金融体系绿色转型、能源结构清洁优化、资源利用效率提升、环境兼容和谐共生、绿色低碳技术创新、贸易流动绿色循环等全方位的低碳布局。

从国际形势层面，2021 年不仅是中国的“碳中和元年”，同样也是全球低碳竞争开启的元年，面对复杂的国际碳中和局势以及全球气候变化引发的政治问题，各国在 2021 年前后纷纷开启绿色发展政策升级与转型，不断扩大绿色投融资规模，广泛推动能源清洁化，加强生态环境保护和生物多样性保护的力度，意图在国际碳中和局势中提升大国气候影响力。在此背景下，中国碳中和顶层设计的出台，是助力中国在全球碳中和竞争中占据发展中国家先发优势的必然选择。

在全球低碳竞争之中，中国承担了发展中国家特有的减排压力，面对经济发展与环境保护之间的矛盾，中国建立了先进、高效、科学的生态兼容与环境友好的发展模式，通过碳中和顶层设计指导与“1+N”政策体系②系统性地为国内各行业、各部门、各地区低碳转型工作开展的时点选择和路径探索提供了行动依据，走出了一条中国特色碳中和发展之路，以应对新一轮的国际绿色低碳竞争和

① 李俊峰，李广．碳中和——中国发展转型的机遇与挑战［J］．环境与可持续发展，2021（1）：50-57.

② 解振华．从十个领域加速转型创新［N］．中国纪检监察报，2021-10-19（005）.

挑战。

四、从社会基础看，人民群众对于生态文明与美好环境的向往和需求、企业在新发展模式下的转型需求，均是碳中和顶层设计融入全社会经济之中的群众与社会基础

随着绿色低碳发展的理念传播与政策宣讲，生态文明思想逐渐深入人心，人民群众在物质生活水平普遍提升的基础上，对美好生态环境产生了广泛需求，这为新阶段中国产业经济发展提出了更高的质量要求，也是生态文明建设和碳中和顶层设计广泛融入各行各业中去的群众基础。只有坚持走生态优先、绿色低碳的发展道路，才符合广大人民群众的根本利益；只有如期实现碳达峰、碳中和长远目标，顺应广大人民群众的环境期待，才是中华文明乃至人类文明实现永续发展的前提和基础。

进一步从企业角度来看，碳中和顶层设计在各行业与部门得到快速和高效的响应，也离不开企业迫切的转型需求。

第一，高污染、高排放的企业，在碳中和目标下具有转变工业生产方式和企业经营理念的客观需求，低碳、环保、绿色的生产活动是企业在全社会经济绿色转型中应当选择的转型趋势，在宏观绿色升级大环境下，企业在微观层面布局低碳生产与可持续经营是顺应时代潮流的最合理高效选择。

第二，在碳中和“1+N”政策体系下，面对各行业推动和实施的低碳政策措施与激励惩罚机制密集出台，企业在政策环境下具有充分挖掘碳中和政策优势的积极性与主动性。

第三，随着环境披露机制逐渐成熟和完善，企业生产经营所产生的环境影响具备科学评估和量化的现实基础，而在碳中和顶层设计

的引导下，企业融资越来越与其环境影响所挂钩，企业通过改善和提升生产活动的环境兼容属性是实现可持续融资和经营的切入点，同时碳中和目标下的绿色金融创新也带动了企业的机遇探索，例如碳排放权交易市场下的碳资产融资、转型金融下的工具创新。

第四，随着全球绿色低碳竞争的开启，在微观层面上，企业的生态属性与可持续发展能力也是企业综合实力的重要组成部分，这与碳中和目标下各行业通过绿色转型以提升综合生产效率的方向是兼容一致的。

最后，综合历史延承、国际趋势、战略逻辑、社会基础几个层面的论述，碳中和顶层设计的高效出台，背后是一系列思想创新、国际潮流、发展需求等因素的综合推动。碳中和不仅是一场国际竞争，必须从全球角度分析国际低碳局势，也是一场国内全产业经济的变革，必须进行全面统筹与规划。一个国家的治理能力往往反映在其气候环境治理能力上，大国也承担了较高的国际气候环境保护责任。[①] 结合国内外“碳中和”形势，中国需尽早规划达成路线和实施方案，积极寻求更新的发展模式，为绿色转型和气候治理注入新动力。在全球应对气候变化与可持续发展进程中，中国碳中和顶层设计的迅速建立和高效出台，是生态文明建设与经济绿色转型的客观需求和必然结果，也为生态共同体的建立打下了坚实的政策与环境基础，更是在世界大变局下助力中国崛起的重要出口。

① 文同爱，周磊．论发达国家的国际气候环境保护责任［J］．时代法学，2014（1）：88-95.

第二节 生态共同体助力中国崛起的路径

人类命运共同体的构成，体现了新时代中国特色社会主义开放的基本宗旨和智慧，不是虚无的乌托邦，而是对不同文明和谐共存的思考，其实施路径多种多样，最为突出的是“一带一路”倡议的提出与落实，不断推进公正合理的国际政治经济新秩序逐步形成。在经济与政治全球化下，通过对人类命运共同体的构建，中国逐渐重构全球治理范式格局。①

在人类命运共同体视角下，气候共同体、生态共同体、地球共同体等都是人类命运共同体的重要组成部分，均是在环境问题的国际差异中建立中国诠释的出发点和立足点。在碳中和顶层设计带动的全行业经济绿色转型过程中，建立生态共同体是中国实现绿色崛起的路径和出路，具体可分为四个层面。

一、积累中国经验：中国通过完善生态共同体理论创新与实践探索，将为世界可持续发展进程积累中国经验，为全球碳中和目标贡献中国力量

自工业革命以来，人类向大气排放了约 1.5 万亿吨二氧化碳，资本和财富的积累与碳排放密切相关，美国累积排放超过 4000 亿吨，占比高达 27%，远超其他任何一个国家。② 同时期的其他资本主义国家也贡献了极高的碳排放，是今全球气候治理难题的罪魁祸首。

---

① 刘伟，王文．新时代中国特色社会主义政治经济学视阈下的“人类命运共同体”[J]．管理世界，2019，35（3）：1-16.

② 阳平坚．重返全球气候治理，美国如何取信于世界［N］．环球时报，2021-11-04（015）.

区别于西方灾难资本主义生产模式下的高耗能、高排放、高污染的工业文明体系，中国探索可持续的生态文明建设实践路径是独树一帜的，与生态环境的兼容性是开展生产活动与建立生产关系的核心属性之一。中国正充分借助发展中国家的后发优势，在社会主义现代化强国进程中将生态文明理念融入其中，实现经济增长、环境保护与生态进化的有机结合。在全球气候变化问题极为严峻的 21 世纪，先污染、后治理的高排放型的工业生产方式并不适合尚未完成工业化进程的发展中国家，更在发达国家从碳达峰到碳中和的碳减排新阶段中带来了难以转变的模式惯性，而如何处理好发展与减排的矛盾是发展中国家探索全球低碳竞争出路的前提和基础。

由此可见，碳中和顶层设计对中国而言不仅是一次全面经济转型，更是中华复兴的一次观念、思想与生活方式的革命。[①] 中国建立生态共同体的过程，不仅是作为发展中国家探索出一条生态经济之路的过程，也是为世界积累可持续发展的中国经验的过程，以更低的成本（资源节约利用和环境保护）和更高的效率（降低能耗与污染并提高生产效率与质量）实现全行业经济的绿色发展。

二、提升国际影响：在以气候治理主导的大国博弈中，中国借助绿色“一带一路”等国际战略，将开启生态共同体的多边进程，在国际政治经济局势的重塑中发挥中国影响力

21 世纪的大国博弈进入了一个新阶段，气候变化正在塑造这一阶段的国际政治，应对气候变化议题已逐渐占据国际政治经济议程

---

① 王文，刘锦涛．碳中和对中国未来的意义——全球碳中和背景下的中国发展（下）[J]．金融市场研究，2021（6）：1-7.

的核心位置。[1] 在以气候治理为主的全球博弈局势之中，我国近年来在生物多样性保护等国际合作中发挥了重要作用，已成为全球环境基金最大发展中国家捐资国，成立“一带一路绿色发展国际联盟”并与多个国家建立合作与对话机制，中国正在借助绿色“一带一路”等国际性的大国战略，逐渐建立起中国主导、多边参与的生态共同体区域合作进程，在包括气候治理在内的国际政治经济合作中塑造中国的大国影响力。

在21世纪20年代，全球碳中和进程将成为重塑国际体系的重要转折点，从前在合作关系或政治联系并不密切的国家之间将有望在生态共同体格局下重新建立起信赖关系。在此期间，中国通过积极开展国际气候对话与生态合作，将主动抓住国际气候政治经济格局中的战略机遇，在国际碳中和竞争中占据优势先机，与国内绿色转型进程下的产业升级创新相呼应，上实现国内与国外的绿色双循环。

三、挖掘体制优势：中国在生态共同体的建立过程中，通过充分挖掘体制机制优势、信守气候承诺，将持续对外讲好中国生态文明与碳中和故事

在国际社会上，中国作为全球第二大经济体，历来信守承诺，充分挖掘并对外展现了体制机制优势：例如，中国以前所未有的高效率在雾霾治理上达成了瞩目成就，坚持打好污染防治攻坚战，生态环境部发布的《2021中国生态环境状况公报》显示，2021年全国生态环境质量主要指标顺利完成，生态环境质量明显改善，339个地级及以上城市中，218个城市环境空气质量达标，占64.3%，同比上升3.5

① 张海滨．气候变化正在塑造21世纪的国际政治［J］．外交评论（外交学院学报），2009（6）：5-12.

个百分点。[①] 又比如 2022 年北京冬奥会期间，中国集中优势资源和力量，联合多方机构共同服务，举办了历史上首届实现碳中和的奥运会，[②] 全面唤起了全球人文生态交流的觉醒，为全球可持续发展注入了中国信心。[③]

中国在建立生态共同体的过程中，充分展现了关切人类长远安全的中国诚意，在国际舆论中，国际社会在环境领域对中国批评要明显少于政治领域，意味着对中国生态文明建设的国际肯定。生态共同体理念的国际实践，是中国推进多边主义进程的重要途径，这使得我国对新时代多边主义理论和实践的发展作出了历史性、开创性贡献。中国将生态文明思想融入经济社会发展体系之中，只要在生态共同体等理念的指导下，中国通过中国行动向世界的可持续发展贡献了中国力量，就能建立起中国对人类命运共同体的解释权，在气候政治问题的国际舆论竞争之中争取中国优势。

四、全面政策升级：中国在生态共同体下提升政策目标的方法智慧，将推动生态政策、绿色金融、低碳产业、能源转型等领域综合并进，并实现中央与地方协同发力

生态共同体的建立，对中国带来了政策升级要求，这同样也是碳达峰、碳中和目标的现实需求。中国提出 2030 年碳达峰、2060 年碳中和目标，是联合国《巴黎协定》气候治理进程中的大国承诺，是

① 中华人民共和国生态环境部：《2021 中国生态环境状况公报》，2022 年 5 月 27 日发布，https：//www. mee. gov. cn/hjzl/sthjzk/zghjzkgb/202205/P020220527581962738409. pdf.

② 王文，刘锦涛，赵越，葛敏．北京冬奥背后的绿色金融力量［N］．中国银行保险报，2022-02-17.

③ 王文．绿色办奥的中国实践［N］．人民日报，2022-02-21.

在人类命运共同体下探寻生态共同体出路的中国实践[①]。碳中和目标的实现过程是一次持久战，生态共同体的建立也是一场重塑经济社会发展方式的重要路径和历史进程，更是一场涉及各行各业且自上而下的全面绿色转型，不仅中央层面进行了宏观战略部署，更获得了涉及能源、工业、交通、环境、科技等近乎所有行业部门的全面配合，以及金融体系所提供的与之匹配的绿色金融资源支持。自碳中和目标提出以来，各级政府与各行部门均高度重视，积极探索行动方案，加快制定路径规划，将金融支持绿色发展、工业生产与产业链供应链绿色升级、能源清洁可持续替代转型等领域的各种要素纳入同一个生态经济系统之中，并实现中央和地方的协同发力，[②] 在碳中和顶层设计中充分提升了政策目标的方法智慧，在生态文明建设与可持续发展道路上迈出稳健而坚定的步伐。

第三节　中国崛起的未来方向

党的十九届六中全会通过的《中共中央关于党的百年奋斗重大成就和历史经验的决议》，以“十个明确”概括了习近平新时代中国特色社会主义思想的核心内容，明确了中国特色社会主义事业总体布局是“经济建设、政治建设、文化建设、社会建设、生态文明建设五位一体。”[③] 在资源环境约束下，统筹环境污染治理、生态保护、

① 中国财富管理 50 人论坛：《解振华详解制定 1+N 政策体系作为实现双碳目标的时间表、路线图》，2021 年 7 月 27 日.

② 向家莹. 多省市“十四五”加码碳达峰布局［N］. 经济参考报，2021-01-19.

③ 新华社北京 11 月 16 日：《中共中央关于党的百年奋斗重大成就和历史经验的决议》，2021 年 11 月 11 日中国共产党第十九届中央委员会第六次全体会议通过.

绿色循环发展等要素，是探索生态良好的文明发展道路的关键举措。

生态文明体制是中国全面深化改革进程中的重要目标，且生态文明建设贯穿了五位一体的各个环节：从经济建设角度，生态文明理念在经济建设中承担并发挥了重要职责，将带动经济发展以不牺牲环境代价实现可持续增长，从生态让步于经济转变为生态与经济协同增效，在发展中国家乃至全球各国绿色发展进程中探索中国路径与经验；从政治建设角度，可持续发展与生态文明理念也对政治建设工作产生了深远影响，积极健康的政治文化、和谐友好的政治环境、风清气正的良好政治生态是提升决策议事协调能力和增强政治团结力的基础；从文化建设角度，中国特色生态文明建设是中国特色文化自信的重要组成部分，也是中国特色社会主义道路自信、制度自信等领域的生态实践，更为中国在国际社会上建立生态领导力、提高气候影响力和讲好中国碳中和生态文明故事提供了文化基础；从社会建设角度，生态文明理念已广泛融入社会生产、人民生活的方方面面，人民群众的绿色发展和生态环境意识显著增强，而生态文明理念又为精准扶贫、脱贫攻坚、健康中国等社会建设目标带来了理论指导和路径探索方向；从生态建设角度，生态文明理念是生态建设的核心指引，更是资源环境领域最为深远和坚实的理论创新，为我国实现人与自然、环境与经济、人与社会三大层次的协同发展提供了理论基础、目标指向和实践动力，开辟了中国特色社会主义的新境界。①

生态文明理念结合五位一体布局，为中国建立生态共同体并落实碳中和顶层设计战略框架提供了理论指导。西方大国的工业文明体系往往是在逐利的基础上将生态环保视为社会责任或公共服

① 周生贤．中国特色生态文明建设的理论创新和实践［J］．求是，2012（19）：16-19.

务，但中国的生态文明建设明显区别于“西方灾难资本主义”，更具备文明性和持续性。生态共同体是中国实现大国崛起和中华民族伟大复兴的未来方向，中国当前作为全球第二大经济体，在世界经济增长和新冠肺炎疫情后的经济复苏中均是重要的增长极，而在生态领域的大国贡献更加不容忽视，这是21世纪气候政治时代中国赢得国际社会舆论认可和对外讲好中国故事的关键领域。

生态就是文明，生态就是未来，建立生态共同体是中华民族伟大复兴的战略根据，也是进一步构建人类命运共同体的出发点，中国充分意识到生态文明理念的战略价值，通过推进生态共同体的建立，在世界范围内积累中国生态经济发展经验并贡献中国力量，最终为中国未来的大国绿色崛起指明前景方向。

第十三章　中美绿色合作竞争未来走向

中国和美国是全球最大的两大经济体，也是全球最大的两个碳排放国，中美之间的气候合作与竞争将成为全球各国的标杆和参照。

2021 年 4 月 22 日，美国总统拜登在“世界地球日”之际邀请了包括中国、俄罗斯等 38 个国家的领导人及两位欧盟领导人（欧盟委员会主席、欧洲理事会主席）参加为期两天的气候峰会，意图重建美国在全球气候治理中的领导地位并提高国际气候话语权，并借着呼吁设立更高气候目标为由向中国施压，甚至联合各国开展气候合作同中国竞争。

中国则强调要“坚持共同但有区别的责任原则”开展全球气候治理，并“坚持走生态优先、绿色低碳的发展道路”。可见，中国不仅没有在气候峰会上受到美国的影响和牵制，更不会被部分国家的减排新目标打乱自身的步伐和节奏。

在未来，气候治理问题将长期成为中美博弈的重要组成部分，中国虽然与美国在应对气候变化和低碳产业投融资等方面有希望进行有限的合作，但中美竞争对抗的背景与“全球绿色低碳经济战争”的环境在长期内不会改变。为此，中国必须深入分析和研判全球气候治理新局面以及美国的动向，提前开展气候布局，掌握全球低碳竞争的主动权。

第一节　美国在气候问题上欲重夺世界霸权

一、美国对重夺国际气候话语权的迫切性

拜登上任后便立即重返《巴黎协定》并急于召开此次气候峰会，表明美国正式宣告已重回气候舞台，并意图成为全球气候治理的领导者。

随着中国提出明确的“碳达峰”与“碳中和”目标，且国内各部门开启碳减排全面布局，具备强大而高效的执行力，美国出于对霸权的维护，必然将在气候领域展开追进。在气候峰会上，美国在2050年实现“碳中和”的基础上，提出了新的减排目标，计划于2030年实现温室气体相比于2005年降低50%~52%。配合此前拜登政府提出的2万亿美元涉及大量应对气候问题和推进能源转型的新基建计划中，足以体现美国在全球气候治理上史无前例的野心。

但从实质上看，美国举办此次气候峰会的战略意图至少有三个方面：一是在联合国《巴黎协定》外另起炉灶，按自身的规则重建气候秩序，以显示其气候治理的领导权；二是借高调宣布新目标计划的方式，削弱中国在应对气候变化上的国际影响力，防止将气候变化政策的国际领导者地位让渡给中国，实现对中国“绿色崛起”的遏制；三是向参加峰会的各国进行气候邀约，呼吁提高减排目标与资助贡献，修复自前任政府退出《巴黎协定》后受损的国际形象与国际关系，重新组建“气候联盟”。

二、推动各国建立减排新目标向中国施压

美国借助气候峰会设立更高减排目标的呼吁得到了部分国家的响应。具体来看，日本提出了2030年碳排放相比于2013年降低46%的减排新目标（比此前26%的承诺高出了20%）；韩国宣布停止为海外燃煤电厂项目提供公共资助；加拿大计划2030年温室气体排放相比于2005年的减排力度从30%提高到40%～45%；巴西承诺2030年实现50%的碳减排并在2050年比原计划提前10年实现“碳中和”；英国则最为激进，计划将在2035年之前减少78%的碳排放量，并提前十五年在2035年走向“碳中和”目标；此外，欧洲议会和欧盟理事会在《欧洲气候法》达成的临时协议中也提出将2030年较1990年减排目标从40%增加至55%。

部分国家的减排新目标营造出了一股气候治理的国际紧张感。美国重回《巴黎协定》后再度入局全球治理，如何与美国之间开展气候合作显然是当下各国必须面对的首要问题。而美国也希望通过“气候联盟”推动甚至胁迫中国提高自主贡献目标，以领导者的身份追求国际新型“气候霸权”。

三、中国在减排目标上不盲目跟进

从现实角度来看，部分欧美国家在气候峰会上的新目标多半只是高调的空口承诺，除了表达对美国的呼应以外，几乎没有切实有效的减排路径。而中国、俄罗斯、印度等国则并未提出更新的自主贡献目标，从而美国以开展气候峰会为名施压与胁迫中国的意图并没有达成。

中国计划在2060年实现“碳中和”具备减排绝对值上的重大压

力，但在2030年“碳达峰”期间，此前提出的单位GDP二氧化碳排放（碳强度）比2005年下降65%的相对值目标具备一定的过渡性质，不以牺牲经济发展换取短时的碳减排贡献。中国努力走绿色发展之路，本质上是提升经济发展效率，归根结底是提升人民群众的生活质量，并满足日益增长的美好环境需求，而不是本末倒置地为了减排而减排，更不会以空谈目标的方式来提高气候治理国际影响力。

第二节　中美绿色合作存在基础和可能

一、中国可对中美绿色合作抱有期待

美国气候大使克里曾多次访华，中美也联合发布过《中美应对气候危机联合声明》，表示“中美致力于相互合作并与其他国家一道解决气候危机”。全球气候变化是全人类共同面对的生存问题，使中美在气候治理领域存在利益重叠，并有望成为重启战略合作的起点。为此，中国对于中美气候合作可抱有一定的期待，具体反映在两个方面。

一方面，气候合作将缓解短期内中美紧张局势。当前，中美关系已经降至多年来最低点。在前任政府的极端对华政策下，拜登政府不仅要修补此前受到严重损害的国际关系，更要重拾自美国2016年退出《巴黎协定》以来停滞不前的低碳环保领域的国内政策与国际合作，重新与中国开展对话和交流。中美作为世界前两大经济体，同时也是前两大碳排放国，二者在气候变化上的行动举措与合作方式将成为世界各国的首要参考依据。

另一方面，中美有望在气候变化与低碳经济上追求共同利益。低

碳环保是超越国别的重要议题，而清洁能源和绿色发展作为世界经济升级转型的大方向，本质上并不存在国际的结构性利益冲突和意识形态色彩。中美在绿色领域存在较好的合作基础，至少可以追溯到2010年中国部分省市与美国的绿色金融合作以及2016年奥巴马时期成立的中美绿色基金。未来中美在光伏、锂电池、绿色交通等领域均具备深化合作的前景，并通过国际绿色投资扩大本国就业岗位、提升贸易进出口。为此，中美在气候谈判中求同存异并探索符合双方互利共赢的合作模式，存在可能性与可行性。

二、中美绿色合作存在限度

尽管中国存在与美国探索绿色合作的可能，但从客观形势来看，只能开展有限度的、小规模的短期合作，具体而言。

一方面，中美在长期内将继续保持竞争和对抗的关系，这将直接影响气候合作的范围和深度。2021年4月13日，美国国家情报总监办公室公开了2021年《美国情报系统年度威胁评估》报告内容，其中将中国列为威胁名单的首位，并提及气候变化上“势均力敌的竞争”。气候治理关系到国际资源的优化配置，随着低碳经济占据主流，国际气候利益冲突发生的频率将逐渐高于合作共赢。而中美作为世界前两大经济体，必然会成为冲突的焦点，不断削弱已有的合作基础。

另一方面，美国气候政策在长期内存在两大不确定性：第一，拜登政府执政存在窗口期，修复前任政府气候问题的过程使得新政策更难以开展，且继任政府亦存在完全推翻拜登气候政策的可能，从而使得中美之间长期而深入的气候合作具有较高的不确定性。第二，美国对于气候承诺存在违约风险。在气候治理的历史上，美国不仅极少兑现目标，反而屡次毁约，例如2001年小布什宣布退出《京都议定书》，2017年特朗普宣布退出《巴黎协定》，奥巴马政府时期曾同意向“绿色气候基金”提供30亿美元但实际出资10亿美元。拜登政府雄心勃勃的2万亿美元新基建计划在财政收入预期和执行力等方面饱受质疑，美国在没有发挥气候治理表率作用的前提下谈国际合作没有充足的说服力。

三、应重视美国可能进行的气候压制

随着国际气候变化问题的日渐尖锐，气候治理已成为各国提升全球影响力和彰显国际领导力的新杠杆。在气候峰会没有达成牵制中国目标的基础上，中国应正确分析和看待美国未来可能进一步开展的阻碍和打压。

首先，美国或将通过“绿色贸易战”追求世界绿色经贸格局中的新型霸权。“碳中和”倒逼各国加速经济转型，使得清洁能源的使用与发展面临重大机遇，传统化石能源则面临或改造或弃用的风险，一场重组绿色经济贸易格局的重大转变即将出现。以石油资源为中心和纽带的“石油美元”霸权体系将逐渐衰落，以绿色低碳产业为重心的国际经贸新秩序将逐渐成为未来支撑世界经济的主流。美国出于对本国霸权的维护，将积极投入国际“碳中和”之路上的战略合作、利益博弈、贸易竞争之中，在新大国竞争主战场中将中国视为最大的对手。

其次，美国或将通过“绿色技术战”对中国绿色低碳相关产业技术研发展开遏制。当前，各大国在围绕新兴绿色产业的研发竞赛中已纷纷开足马力，目的是尽早抢占绿色低碳产业链的上游位置，向其他国家输出生产标准。美国也正通过挖掘低碳技术创新的国际领先优势，将其升格至与其他高新技术产业占据同等重要的地位，成为在中美低碳经济竞争中重要推动力，为后续的对外技术授权转让提供坚实基础，并可能对中国展开新一轮的“绿色技术战”，通过一系列技术禁令和企业制裁实现对中国的创新遏制。

最后，美国或将通过“绿色金融战”加大对气候融资与绿色资本流动的国际操控。世界经济的低碳转型升级使得国际资本将更青睐具备潜力与产能的绿色新产业，各国绿色产业的发展潜力与优惠政策将成为吸引外国优质投资者的新条件。与此同时，新一轮与低碳投融资相关的绿色金融博弈即将开启。拜登政府正在考虑为华尔街银行设定气候影响的全球标准，财政部和监管机构正拟定加强要求企业揭露环境冲击的规范。由此可见，美国可能通过新的“全球标准”在绿色资本的国际流动中实现干预和操控，包括对绿色投资提出准入限制，或在绿色低碳相关股票和债券指数的成分股中加入或剔除中国企业以直接影响投资者的判断。

第三节 佩洛西窜台后的新局势

2022 年 8 月 2 日至 3 日，美众议院议长佩洛西不顾中方强烈反对执意窜访中国台湾地区，外交部随即宣布了包括暂停中美气候变化商谈在内的一系列反制措施。佩洛西窜台事件展现了美方干涉中国内政、损害“一个中国”重要原则的野心和目的，并将其置于其他国际事务之上，这不利于中美正常开展双边交流与合作，更为中美未来开展应对气候变化相关的产业经济贸易合作带来了政治风险与不确定性。

2021年是全球各国积极应对气候变化、为实现21世纪碳中和目标共同努力所卓有成效的一年，气候治理进入“格拉斯哥时代”，联合国可持续发展议程成为高度共识。作为应对气候变化的最主要角色，中美两国于2021年发布了两份旨在应对全球气候危机的共同声明，但就在共同声明即将进入执行阶段之际，佩洛西窜台事件对中国主权和领土完整的侵犯迫使中国暂停了对美气候商谈，这一事件反映出美国在同中国开展气候合作与业务之时完全没有顾及中国对于尊重国家主权和领土完整的政治诉求，不以此作为开展国际合作的前提和基础。

此前，国际上大量观点认为，气候合作应当相对独立于其他领域的政治经济合作关系，但佩洛西事件极大地影响到了国际社会对气候合作的信心，此前中国通过共同应对气候变化重建国际战略信任和多边合作关系所作出的努力将会失效。过去的一段时间内，中美双方已经开展了一些企业和地方的气候合作，建立了相对务实的成效，例如广东曾与加州签署过合作备忘录。而在佩洛西事件后，宁德时代计划暂缓宣布北美设厂计划，地缘政治风险的提升已经影响到包括国际气候投融资在内的一系列实质性气候合作业务，且其风险有可能进一步传导到金融市场和贸易活动中去。

从未来局势走向的角度，佩洛西窜台或将影响国际气候治理形势，以及全球碳中和进程。就已达成的实际成果而言，中美气候合作并非中方或美方各自实现自身气候治理目标的唯一推动力和核心贡献，即便合作暂停，中美双方依然有绿色可持续发展的国内基本盘，尤其是中国的国内绿色产业内循环相对更为成熟、独立和完善。但是，若中美这两个全球最大的经济体未能就应对气候变化问题达成可持续发展共识，则将显著影响其他国家对气候问题的判断和决策。以往历年的国际气候会议均表明，只有全球各国目标一致、达成共识，共同应对气候变化，才能为人类文明存续寻求出路。中美之间的气候竞争与合作动向对于其他国家将起到标杆和示范作用，若美国持续执意给一切良性国际合作与事务添加地缘政治风险，将在国际社会上形成负面案例，并使得其风险扩散和波及《巴黎协定》的其他大部分签约国。

一、中国在气候领域面临新挑战

以碳中和为目标应对气候变化俨然已成为当下国际政治经济领域的最热门的议题，围绕气候治理展开的国际博弈亦越来越频繁，以碳中和与绿色可持续发展为底层逻辑的国际新竞争正在全面展开。中国在展现大国责任和担当的同时，应努力争取自身合理权益，在类似佩洛西窜台事件等问题中寻求战略定力，时刻警惕美国的气候意图和动向。

首先，从近期美国的动作来看，中国应谨防美国等西方国家借干涉中国内政之名开展气候制裁。此前在 2021 年，美国就所谓的“新疆问题”对中国光伏企业实施制裁，对新疆开展多晶硅禁令，佩洛西窜台更是直接揭示了美国侵犯中国领土完整、意欲分裂中国的企图，美国对华气候遏制行径对于向来排华与抑华的西方国家具备示范和煽动效应，引发气候制裁的国际效仿，并令气候问题进一步沦为政治手段，更可能进一步蔓延到对小国参与国际气候行动的“选边站”抉择之上。可见，气候政治开始颠覆过往“没有共同的朋友、只有共同的利益”的认知，美国在气候问题上开创了放弃共同利益、置人类命运共同体于不顾、视气候治理为国际政治手段的先河，这对于推进联合国可持续发展议程、实现 21 世纪全球碳中和目标而言可谓是最大的阻碍。

其次，气候变化与碳中和广泛涉及产业经济的诸多行业与部门，中国应警惕美国配合气候博弈所相关的一系列关税、贸易、金融博弈的联合开展。从美国近期动向分析主要可分为三个层面：一是要警惕美国以碳排放总量为由开展道德绑架，美国向来以中国是全球最大的碳排放国为由胁迫中国承担更多气候责任，认为中国是全球气候危机的罪魁祸首，勾连部分岛国就海平面上升问题向中国进行道德绑架。2020 年 9 月，美国发布《中国破坏环境》事实清单就温室气体排放和其他环境问题无端指责中方。2021 年 7 月，美国气候特使克里呼吁中国提高碳减排速度，批评如果中国到 2030 年才实现碳达峰，则其他国家必须在 2040 年甚至 2035 年之前达到零排放才能弥补。二是要警惕美国抢占气候投资与绿色产业的标准定义权，此前美国专利审查部门早已开展专利审查改革，开展加速审查程序推动环境改善和能源节约等绿色技术专利的通过与推广，加快有关环境质量、新能源发展、降低温室气体排放等发明专利申请以促进绿色技术发展，意图在碳中和时代占据绿色产业链的顶层地位，以实现“绿色卡脖子”。三是要警惕美国对华全面开展气候关税战、贸易战、金融战，2021 年 7 月美国参议院民主党人正酝酿效仿欧盟推出碳边境税计划，2021 年 3 月拜登政府考虑为华尔街银行设定气候影响的全球标准，此外美财政部和监管机构还曾拟定加强要求企业揭露环境冲击的规范，防止气候资金流入中国。

最为重要的是，中国应主动争取气候话语权，谨防陷入国际舆论劣势。中国在气候治理上向来注重说到做到，普遍以务实为原则，始终坚持从人类命运共同体角度出发开展气候行动，从未将气候问题政治化。此次佩洛西事件中，中方的反制措施是对佩洛西窜台的正当合理应对，美国意图占领国际舆论优势、指责中国在“惩罚全世界”的论断毫无根据。从本质上来看，不干涉中国内政、尊重中国主权和领土完整，是中美建立合作关系的重要政治基础，这其中更包括气候合作，中国应积极争取国际气候话语权，应对气候变化不仅是低碳技术、清洁能源、绿色金融等表层领域的国际竞争，而是更深层次上的话语权规制权斗争。当前，在全球各国参与度越来越高的基础上，气候问题泛政治化的趋势越来越明显，掌握气候治理的话语权和主动权是维护国家利益的基础。

二、将气候变化作为对美绿色竞争筹码

自从大力推进生态文明思想以来，中国将碳达峰、碳中和目标纳入了顶层设计，开展了全球历史上最大的绿色低碳减排运动。中国在应对气候变化上的努力有目共睹，国际社会对中国气候治理成效和决心的无端质疑明显低于其他领域，但中国也应时刻谨防美国等西方国家对中国开展的气候遏制与打压。面对佩洛西窜台和美国对华气候遏制行径，本书提供以下建议。

在开展一切国际气候事物之前，中国应当时刻看清美国的真实野心与目的，美国屡次将新疆、台海等问题作为对华筹码，未来同样也会将气候议题完全政治化。在过去数十年内的全球气候治理中，美国的承诺和美国的行动几乎从未匹配，美国说一套做一套的行径在国际社会上有目共睹。对内，美国自身缺乏气候行动力和规划力，气候政策朝令夕改，气候治理效率低、成效差。2022 年 6 月，美最高法院裁决限制环保署监管碳排放权力，联邦政府难以限制发电厂碳排放，这令拜登政府 2030 年温室气体减排目标大打折扣。对外，美国过去承诺过的减排目标和气候资金援助几乎很少兑现，也曾先后

退出《京都议定书》和《巴黎协定》等重要气候协议。可见，美国从未以实现全球可持续发展作为开展气候行动的初衷，而是不断寻求自身利益并损害他国利益和全人类的共同利益。因此，中国应充分看清美国的真面目，在气候问题上对美国保持清醒的认知，转而寻求更为切实的资金承诺和产业合作。

一方面，从人类与国际大局角度出发，中国不应在气候合作上与美国全面脱钩，应保持缠斗，努力将全球气候治理拉入正轨。中美是全球最大的两大经济体，也是最大的两个碳排放大国，要实现 21 世纪碳中和目标，离不开中美任何一方对气候治理作出努力，且中美气候合作动向将全面影响全球可持续发展进程与气候治理的未来走势。在气候问题上，中国并不可完全放弃气候合作的未来前景和潜在收益。对此，中国保持对美国的气候缠斗，以气候共同体作为长远目标开展持久战、拉锯战，不断敦促美国在气候合作上拿出足够诚意，停止对中国的政治挑衅、停止侵犯中国主权和领土完整，在气候问题上与中国相向而行、与世界可持续发展潮流保持一致。中国还应令美国意识到，中方对佩洛西窜台的气候反制措施并非以中美气候脱钩为目的，核心诉求是美国应立即停止干涉中国内政，将气候合作独立于意识形态和国际政治斗争之外。同时，中国应积极发展气候盟友，可借助"一带一路"绿色投资等战略联合其他重要国际力量，为共同应对气候变化持续注入新动力，努力获得国际社会的肯定和响应，带动全球气候合作进入互利共赢的正常轨道。

另一方面，中国应将气候合作作为对美竞争和钳制的筹码，在绿色产业上实现对美制衡。当前，国际上光伏、储能、新能源等产业的上游原材料供应对中国的依赖仍然较大，部分西方国家还无法实现清洁能源产业链的自给自足，缺乏能源独立性。美国对华实施光伏禁令等气候制裁措施不仅不利于美国自身的绿色产业健康发展，更损害了全球绿色低碳发展进程。对此，中国面对美国气候政治手段，应考虑将气候合作作为钳制美国绿色转型与发展的筹码，在全球碳中和进程中实现对美绿色产业制衡。构建绿色产业链价值链离不开“绿色全球化”的实现，中国应积极把握全球绿色一体化中的重要机遇，合理利用产业链优势地位。

三、全球气候治理下的中国应对

西方国家早在20世纪90年代就已实现碳达峰，而中国作为发展中国家，工业化进程尚未实现，仍担当“世界工厂”角色，从“碳达峰”到“碳中和”的过渡期仅有30年，远低于发达国家的60~70年，减排形势相当严峻。处在不同的发展阶段，就要承担“共同但有区别的责任”。能否在气候治理上获得国际影响力，并不取决于减排承诺的大小，而应取决于对自主贡献的执行力。面对全球气候治理与博弈，中国应坚持自己的目标，团结可以团结的盟友，积极维护本国切身利益，做好阶段性的气候治理全面布局。

首先，中国在短期内应布局“气候舆论战”，掌握气候治理的全球话语权。中国在推动低碳减排的过程中不得不以部分牺牲经济增长为代价，展现了负责任的大国担当。在全球气候治理问题上，中国既要表达自身的减排决心和自主贡献目标，也要对外多提中国低碳发展的巨大付出，不断提升国际公信力。因此，在短期内，中国应积极布局气候低碳领域的舆论战，努力提升气候治理的话语权威，不受美国等西方国家的舆论指责与牵制。

其次，中国在中期内应布局“低碳技术战”，开展气候治理相关产业政策调整与技术成果转化。具体而言，应广泛建设绿色创新重点实验室和基地平台，建立绿色成果转化市场，对开展绿色高新技术的初创企业提供资金上的政策支持，设立绿色科技创新基金与绿色技术产权信息服务平台。同时在国际市场中要提前预防美国可能在低碳技术方面对未来中欧绿色合作展开的破坏和阻挠。

最后，中国在长期内应布局“绿色发展战”，走不被他国牵制的“中国模式”。在气候治理谈判上，中国应秉持着“美国先行”的原则，美国有义务率先实现自身承诺的气候目标。气候峰会反映了美国可能将气候问题作为限制其他国家发展的手段，但未必会将自身带进减排困境，若美国未能如期兑现气候承诺，反而进行回避与逃脱，将令其他国家陷入低碳竞争的困局。因此，中国要在长期内走好“中国模式”，将低碳经济转型作为提高国民经济发展质量的方式，而不仅仅将气候治理当作国际谈判与博弈的政治筹码，更不能受到以美国为首的发达国家的约束和牵制。

第十四章　绿色金融、碳中和与大国博弈

应对气候变化问题，已成为影响全球政治经济秩序未来走向的重要变量。2022 年，全球局势进入新的动荡变革期，[①] 各国则不得不在变局中寻求其演化规律和突破口。[②] 各国为实现碳中和目标，正开展行之有效的举措，如降低碳源、提升碳汇等，[③] 客观上推动了碳中和在国际政治经济议程中的地位核心化。

研究碳中和、绿色金融、能源转型等问题对国际政治经济格局与相应大国博弈规则的推动和塑造作用，将有助于揭示气候问题影响国际秩序走向的内在逻辑与规律。[④] 同时，2022 年俄乌冲突引发全球能源危机，气候与能源矛盾亦迅速凸显，在气候政治中寻求出路也成为受能源问题影响较大的国家当前的迫切需求。

---

① 王文．世界进入新的动荡变革期［J］．前线，2022（7）．

② 本书所指碳中和按如下定义：在一段时间内，经济主体通过植树造林、生物固碳、节能环保等方式，抵消该时间段内自身产生的温室气体排放，根据所遵循的国际计算标准将碳足迹降至零，也称碳净零排放。数据和名单为联合国官网提供并动态更新，联合援引能源和气候情报组、联合国气候变化框架公约的统计数据.

③ 温室气体现已被认为是造成全球气候变化的来源，而构成温室气体的排放来源中，按照温室效应进行排列，头号温室气体为二氧化碳，按排放效应折算后，其重量占比超过 80%，考虑到甲烷和其他温室气体的减排方式与二氧化碳有根本不同，本书以二氧化碳排放作为唯一研究对象。

④ 王文．碳中和，新全球博弈刚刚开始［J］．中国经济评论，2021（5）．

第一节　气候变化引发国际秩序变迁

一、国际行动基于生产活动转型——碳排放约束的形成与影响

随着气候变化研究的深入，越来越多的证据揭示了气候问题在人类文明演进中的重要性与迫切性，应对气候变化已成为国际政治经济议题的重点。① 2021 年，IPCC 发布第六次“气候变迁评估报告”，将气候问题的存在性和与人类活动的相关性向决策者进行了全面的揭示，建立了较长时间尺度的气候影响路径。② 联合国环境规划署（UNEP）和政府间气候变化专门委员会（IPCC）数据反映，应对气候变化的核心要素在于压缩和约束碳排放的上升空间，这一目标强化了应对气候问题的国家雄心，而实际行动将基于生产活动的转型。

UNEP 在其发布的《2021 年排放差距报告》中指出，③ 如果各国实现碳中和“净零”排放承诺，将有助于将全球升温幅度控制在 2.2℃的水平，碳排放约束极为紧迫，若要实现 2℃目标，2030 年的年排放量必须比当前的无条件国家自主贡献低 130 亿吨二氧化碳当量，1.5℃目标则需要约束到 280 亿吨。④

---

① 张海滨．气候变化正在塑造 21 世纪的国际政治［J］．外交评论（外交学院学报），2009（6）.

② 周天军，陈梓明，陈晓龙，等．IPCC AR6 报告解读：未来的全球气候——基于情景的预估和近期信息［J］．气候变化研究进展，2021（6）．

③ 该报告原文引自：United Nations Environment Programme（2021）．*Emissions Gap Report 2021：The Heat Is On-A World of Climate*. Nairobi.

④ 该报告原文引自：United Nations Environment Programme（2021）．*Emissions Gap Report 2021：The Heat Is On-A World of Climate Promises Not Yet Delivered-Executive Summary*. Nairobi.

压缩温室气体排放的上升空间并进入负增长是各国理应纳入决策的气候目标，根本目的是将大气中的温室气体浓度维持在合理范围，这有赖于降低碳排放源的增长效应，以及提升碳汇的吸收效应、应用 CCUS 等负碳技术，[①] 考虑到后者现阶段对总排放的覆盖范围有限，从而采取行之有效的措施降低排放成为各国需紧迫推行的首要目标。实现这一目标的过程将由资源运用方式和生产方式的主动变革所决定，即在符合气候目标的碳排放约束情景下充分提高相对生产效率，这是一国在碳中和阶段产业经济发展实力的核心要素和参与国际博弈的基础，更是国际气候合作在实践上所努力的共同方向。

二、气候问题影响大国博弈的“气候政治”基础

自 2020 年以来，国际研究界逐渐认为碳中和对大国博弈将产生新影响。奥林·塞丁等认为对这一影响的研究在气候政治领域具备突破性。当前，碳中和正以始料未及的速度重新定义大国博弈与国际政治。[②] 在国际碳中和共识之下，遵循以生态环境和可持续发展为重心的政府形式的赋能状态成为可能，并以“竞争性环境主义”（Contested Environmentalism）状态重新定义大国实力。[③] 在竞争式环保主义看来，一个国家的实力至少在两个方面与生态问题和气候问题相关：其一，一个国家的综合实力高度依赖于其构成资源的稀缺性，在气候治理时代，包含碳汇、碳资金、碳减排技术等符合应对气候变化

① 陈明星，程嘉梵，周园，等．碳中和的缘起、实现路径与关键科学问题：气候变化与可持续城市化［J］．自然资源学报，2022（5）．

② Ole Sending，Thomas Hornburg & Indra Overland. Climate Change and International Relations：A Five-Pronged Research Agenda. Journal of international affairs. 2020，73. 183-193.

③ Wu F，Martus E. Contested environmentalism：the politics of waste in China and Russia. Environmental Politics，2021，30（4）：493-512.

与节能减排范畴的要素，将对国家实力的影响占据主流；其二，一个国家在碳中和目标下的经济生产和经济积累过程有助于缓解生态退化过程，并持续处于相互促进的良性循环中。[①] 此外，碳中和下还存在全球绿色金融资源配置竞争信息不对称问题，[②] 这些均需要更新气候政治的政策框架与治理体系以探讨这一变革。[③]

以研究气候经济学而获 2018 年诺贝尔经济学奖的威廉·诺德豪斯用“气候赌场”的比喻提出，在日益紧迫的气候临界点到来之前，不同国家都将面对碳排放约束带来的时空成本与效益平衡。[④] 应对气候变化全球外部性的国际治理问题在国际协议和制度的必要性下至少还存在四个凸显的政策选择博弈问题：欠发达地区或部分发展中国家面对气候变化的无能为力或无所作为、以美国为首的不考虑国际协调的碳排放管制行动、以欧盟为首的区域性碳排放控制系统、以《巴黎协定》为主的多数国家间的国际碳约束协议，[⑤] 这些是继碳中和对国家基础生产活动和综合国力的影响之后，需要继续思考和探索的问题。

基于既往学术研究文献，本书认为，碳中和引发的从生产关系变革，到综合国力升级，再到国际竞争博弈规则重塑的这一底层逻辑尚未充分发掘。众多研究虽然论证了气候问题对国际秩序变迁影响的存在性，但一是未能充分揭示其方式和路径，二是在碳中和这一新兴

---

① 余建辉，肖若兰，马仁锋，张文忠．国际贸易“碳中和”研究热点领域及其动向［J］．自然资源学报，2022（5）．

② 信瑶瑶，唐珏岚．碳中和目标下的我国绿色金融：政策、实践与挑战［J］．当代经济管理，2021（10）．

③ Cross I D，Congreve A. Teaching（super）wicked problems：authentic learning about climate change. Journal of Geography in Higher Education，2021，45（4）：491-516.

④ 威廉·诺德豪斯．气候赌场［M］．北京：中国出版集团东方出版中心，2019.

⑤ Scott Barrett，Environment and Statecraft：The Strategy of Environment Treaty-Making，Oxford：Oxford University Press，2003.

议题上的探讨有待加深，而将二者纳入一个新框架之中展开深入探讨则是本书具备现实意义的创新之处。

第二节　碳中和目标下大国博弈规则重塑的路径探索

根据当前碳中和下大国博弈的实践分析，博弈规则的变化方式可以从生产方式、国力组成形态、国际秩序演化的路径展开分析。如表 14-1 所示，随着技术发展处于不同阶段的变化，生产方式和生产关系的变革带动了制度体系的变迁，对外则在相应阶段形成了不同的博弈规则和方式。在碳中和时代，碳中和引发的生产方式的变化也会通过类似的路径带动国际竞争秩序的转变。

表 14-1　不同阶段下国际博弈特征与方式的变迁

所处阶段	生产方式变迁	生产关系变迁	国际资源与产业竞争方式变迁
前工业时期	生产力：非化石能源的利用，包括体力劳作、畜牧耕作、航海渔业等； 生产关系：地主阶级土地私有下的农业生产关系； 核心资源：符合碳排放增加的趋势，但不具备高强度的碳排放特征	封建土地所有制； 高度集权的中央专制； 民政与宗教结合，世俗主义得以进一步发展； 等级与阶层划分以封建土地所有者与农民阶级之间的矛盾为主	国际合作受运输与交通影响以民间贸易为主； 国际斗争以小范围内的土地兼并、部落扩张等模式为主
转变：工业革命后，碳排放暴增，生产力水平与碳排放量正相关			

续表

所处阶段	生产方式变迁	生产关系变迁	国际资源与产业竞争方式变迁
工业时期	生产力：基于化石能源的消耗与利用（第一次工业革命以煤为主，第二次工业革命以石油为主），借助大规模提高产量的机械化生产设备； 生产关系：资本主义雇佣关系形成，分配制度发生资本化和市场化； 核心资源：具备高排放、高污染的环境影响	资本主义市场经济：私有财产制度下的交易自由与契约自由，金融资本发生自由流动； 资产阶级与无产阶级雇佣关系下的阶层矛盾占据主流	航海技术进步下的外海殖民与侵略扩张：本质是对生产资料的掠夺与资本扩张； 列强开启争夺世界殖民霸权的国际竞争格局
转变：碳中和目标下的碳排放约束带动以低碳减排为目标的一系列绿色科技革命，核心目标是在控制温室气体浓度上升并保证同样生产力的前提下，降低生产活动中的碳排放			
碳排放约束时期	生产力：以提高对排放空间的运用能力（碳排放权市场手段、低碳科技、碳汇资源等）为主的绿色生产力； 生产关系：分工细化，带动生产关系的社会化和国际化，分配模式遍及全民； 核心资源：具备减碳的属性和潜力	碳中和下的经济制度具备环境兼容性与可持续性； 碳中和目标提升了人与自然的矛盾关系在决策层面的比重； 金融、贸易、能源以及与之相关的国际合作准则开始具备“脱碳化”趋势	气候行动背后的国家利益博弈在国际竞争中的核心地位提升； 气候效率公平成为发达国家与工业化国家核心矛盾、道德争议与博弈焦点； 对化石资源和生产资料的攫取转变为提高碳排放空间运用效率
未来趋势：由减碳进一步过渡到零碳，甚至实现零碳——生产力水平与碳排放量不显示明显的正相关关系，生产效率与碳排放量呈现负相关			

碳中和对大国博弈规则的重塑以这一作用方式所展现：首先，提升碳排放约束下的生产效率的客观要求，使得各国寻求具备低碳减排特征的生产方式和生产关系为主的经济转型革命，实现环

境与经济之间的兼容，这些生产资源和方式建立起了气候治理时代的大国综合实力基础；其次，综合国力在金融、贸易等层面的竞争表现形式发生转变，这以碳中和目标的国际化与全球共识达成为前提，从博弈参与者组成的单边或双边贸易与金融博弈、双边气候责任博弈、小多边气候地缘政治博弈、国际气候公约多边博弈等几个层面的规则形成所展现，最终带动大国博弈规则的重塑。

随着全球应对气候变化共同目标的大国雄心逐渐增强，大国博弈必然会以在有限的碳排放上升预期中争夺利益为新目标。[①] 控制温度上升预期有赖于短期内较为激进的减排行动以及长期内控制大气内温室气体的动态平衡，当碳排放得到产权确立后，碳排放的市场机制得以令气候变化与金融体系发生联动：碳排放权具备金融工具的基本属性，碳资产与围绕其展开的一系列金融活动为 21 世纪金融体系增添了新的维度。而碳排放约束下的生产技术转型，将令资源利用方式和工业生产方式发生根本转变，并迅速改变大国实力的评估方式。

同时，为实现碳中和目标，博弈的大国各方逐渐形成了系统性的双边和多边博弈形式，不仅带动了国际经贸体系、国际政治与法律制度、国际标准与规范、国际金融体系等逐渐围绕着“脱碳化”而展开，而且随着碳中和实现进程越快、实现路径越清晰，经贸往来、金融博弈与竞争规则重塑等外在表现形式，最终将形成国际秩序在气候变化下的政治变革。

① 王庆龙，刘力臻．国际碳排放权交易：市场价格对交易规模的门限效应［J］．税务与经济，2018（1）．

一、生产转型环节：排放约束带动生产力升级

气候治理要求各国生产方式发生根本转型，碳中和共识的达成加速了这一过程，碳排放约束下运用排放空间的能力成为一国应重视的核心资源。

保罗·肯尼迪在《大国的兴衰》中指出，大国的经济基础决定和影响着它的相对地位。为了持续维持大国的国际地位，需要一国不断提升足够的资源投入保持其经济增长，才能维持强国地位。在国际范围内，经济力量和经济重心的转移则预示着新大国的崛起。①

在减缓温室效应所客观要求的碳排放增量的约束下开展生产活动的能力在一国的经济基础中占据较高地位：一是在有限的排放增量约束下提高生产效率以达到同样或更高的生产水平，并尽可能地降低排放；二是在更理想的情况下，更高层次的技术要求能进一步实现不受碳排放约束的限制，以“净零排放”的生产方式，对既有的环境影响进行抵消。

纵观人类文明史，生产活动所需的稀缺资源是经济发展与国际斗争两个维度的源头，例如：前工业时代以水源、土地、食物、劳动力为核心资源；第一次与第二次工业革命期间以煤、石油等化石燃料为核心资源；在碳中和带动的新产业革命下，掌握和运用碳排放空间的能力将成为新的核心资源。

在碳中和革命发生之前，化石燃料的消耗伴随着碳元素的消耗与碳排放的增加，但碳中和目标与碳排放空间约束所引发的生产技术革命将彻底改变既往经济基础建设的增碳属性。由增碳转为减

① 保罗·肯尼迪．大国的兴衰［M］．北京：中国经济出版社，1989.

碳，意味着能源争夺的核心目标可归结为获得更多的“碳”，而碳排放约束下实现经济基础建设的核心目标则是通过产业革命实现同样的生产结果下比以往排放更少的“碳”，实现碳中和目标的最终方向将是确保人类文明与生态环境组成的综合系统不再净增额外的“碳”。

因此，中国要努力实现《巴黎协定》所制定的21世纪全球温控目标，就必须从总量和强度两方面控制温室气体排放量以应对气候效率竞争，从而国际共识为碳排放空间赋予资源稀缺性，明确了碳排放的产权性质，其实质是稀缺的环境容量使用权的获取，[①] 也是实现环境外部性市场机制的基础。[②] 在全球气候治理整体目标下，在碳排放约束下合理利用排放空间的能力作为大国实力的重要经济基础将在长期内具备战略重要性，是中国实现可持续发展并有实力参与气候大国博弈的核心。

回顾前工业文明以来的生产方式与国际关系变化，大国博弈与竞争过程中经济基础的资源载体和形式特征历经了三个阶段的演化，且在碳中和时代将围绕碳排放约束开启一场运用排放空间改变生产方式和生产关系的、自发的新竞争（见表14-2）。

① 主力军．碳排放权的金融属性问题研究［N］．上海法治报，2015-09-02.

② 蒋海舲，肖文海，魏伟．能源气候外部性内部化的价格机制与实现路径［J］．价格月刊，2019（8）.

表 14-2　生产资源视角下的国际竞争演进历程

时期	核心资源	国际博弈的阶段性特征
前工业时期	以人口（劳动力）、土地、水源、粮食等为主的非化石燃料资源	更早的农业文明时代，粮食资源和农业生产是国家和文明存续的支柱； 四大古文明（尼罗河文明、两河文明、印度河文明、黄河文明）均起源于河流①，依赖于固定的水源发展农业生产活动； 中古时期以来的前工业时代，拥有或能够买到军事手段的能力是政治实体维持并展开竞争的资本②
第一次与第二次工业革命时期	以煤炭、石油等为主的工业生产所需的不可再生能源	工业文明下，工业机械化生产依赖于煤炭、石油等化石能源供应； 大国竞争实力依赖于化石能源的资源禀赋，且早期受制于运输能力，源于能源的商品属性和地缘属性③； 国际贸易一体化时代，石油资源定价权成为资源竞争④的重要领域
碳排放约束时期	充分运用排放空间的能力，以碳排放权、低碳零碳负碳等技术、碳定价权、碳汇资源等为主	在碳排放约束时期，排放空间增量有限令短期内的碳排放成为工业生产和经济活动所需的稀缺资源； 工业生产模式发生转变，根本在于能源结构发生转变，风电、水电、光伏、水电等清洁可再生能源不受制于矿产资源禀赋； 围绕碳排放空间的碳定价权、生物和林业碳汇增量、CCUS 等负碳技术亦成为大国竞争的重要载体

① 周丽晓，王姗姗，刘小才．浅析文明古国的兴衰与地理环境的关系［J］．知识经济，2010（18）．

② 保罗·肯尼迪．大国的兴衰［M］．北京：中国经济出版社，1989．

③ 杨宇，何则．能源地缘政治与能源权力研究［J］．地理科学进展，2021（3）．

④ Zhang D，Ji Q，Kutan A M. Dynamictransmission mechanisms in global crude oil prices：estimation and implications. Energy，2019，175：1181-1193.

二、国力升级环节：排放空间利用率决定综合国力

在碳中和目标下，生产转型与升级水平显示了一国对排放空间的利用效率，在综合国力中的占比逐渐升高，而碳中和共识推动了国力评估方式发生转变。

在当前的条件下，全球自然碳汇禀赋及其增量在未来一段时间内仅能覆盖一定比例的碳排放，并且CCUS等负碳技术受限于成本和技术等原因所产生的效果也有限。而碳中和作为一个相对概念，必须在未来数十年内降低碳源排放、压缩碳排放的增量空间，这表明碳中和共识的达成使得碳排放空间理应存在约束，各国应提升对“存在约束的排放空间”的运用能力以提高生产效率，实现减排与生产并举、环境与经济并重，这是衡量国家实力的一项基础，也是改变大国综合实力评估方式和规则的动因，更是中国抓住博弈先机的重要领域。

在全球碳减排世纪目标与碳排放约束下，大国生产方式的先进性以生产效率和环境影响为首要评价准则，带动技术和资金投入以实现降低资源消耗与污染物排放、降低每单位生产所形成的温室气体排放。碳中和要求生产技术升级以提高综合质量而非产量供给为目标，生产方式的碳强度、环境影响、绿色化程度是一个国家制造业综合实力的重要评价标准，在碳中和大国博弈规则新框架下追求绿色高质量发展是中国实现国力升级的高效途径。[①] 基于碳排放约束，以碳排放权市场手段、碳汇、碳金融、低碳产业、碳捕捉和封存技术（CCUS）等为主的碳排放空间运用能力将成为继军事实力、金

---

① 王文，刘锦涛．碳中和元年的中国政策与推进状况——全球碳中和背景下的中国发展（上）［J］．金融市场研究，2021（5）．

融实力、信息技术之后的第四种大国核心竞争实力基础。

三、秩序变迁环节：碳中和引发国家实力与国际格局重塑

碳排放约束下的综合国力在金融、贸易等层面的表现形式开始发生转变，气候问题与其他国际政治经济问题广泛交织在一起，带动了国际秩序的转型与变迁。

通过生产方式和生产关系的升级以提高排放空间运用能力，是参与气候治理时代国际博弈的实力基础，而博弈规则和形式的重塑，则以碳中和共识下四个层面的变化所构成，分别是国际贸易、金融、能源与工业生产领域、以发达国家与发展中国家之间的气候责任博弈、区域范围内的气候地缘政治博弈、国际气候公约与环境立法谈判多边博弈。

（一）国际贸易、金融、能源、工业生产等领域正以“脱碳化”为核心特征发生变革

碳排放约束下，生产方式与国力评估标准发生转变，大国提高对碳排放空间的运用能力来提升低碳综合竞争实力，从而博弈规则与方式——包括经济贸易博弈、金融资产博弈、金融资本流动博弈等上层秩序和格局也将以“脱碳化”为核心开始改变。

其一，国际经贸博弈的“脱碳化”体现在产品进出口优势、产品认证标准和跨境流动的顺利开展，均与各自低碳属性的高度关联。

从产品进出口角度，国际贸易产品竞争优势越来越依赖于其产品的“脱碳化”程度，在气候危机的迫切性之下，应对气候变化的意识和理念带动了国家、企业、个人等主体的绿色消费需求，倾向于进口和消费环境影响较小、具备循环可持续利用特征的绿色商品；从

产品认证角度，"脱碳化"亦带来两大趋势，一是产品环境认证的重要性逐渐提升并不亚于质量认证，二是产品的碳排放水平将成为环境认证的一项重要指标，且标准越来越规范、底线越来越严格，提升环境标准要求有助于相关商品的国际流动性；从跨境流通的角度，以欧盟碳边境税为首的环境类关税直接影响了高排放、高耗能产品的出口成本，颠覆出口商品国家的竞争优势。① 以上各种"脱碳化"趋势正在不断推动国际经贸博弈规则的升级与国际贸易优势的重新分配。

其二，国际金融投资博弈的脱碳化则体现在碳中和下金融风险和收益的评判规则的转变。碳中和的时间跨度，使得未来资产的贴现价值在碳中和共识的确立后迅速发生转变，在气候目标和碳排放约束下，企业生产经营项目、金融资产组合配置、金融机构投资活动等隐含的潜在风险和预期收益必须将气候环境因素考虑在内，以及因气候问题带来的一系列额外的社会经济影响。②

其三，金融风险与收益的脱碳化进一步带来了国际金融市场的两大转变趋势：一是资产评估的模式转变：风险与收益的"脱碳化"改变了金融资产组合配置与风险对冲方式，金融机构倾向于提高资产组合中绿色低碳资产的比例，而开展高排放和高污染生产项目的企业则必须考虑持有一定的绿色资产来开展风险对冲；二是跨国资本的流向转变："脱碳化"将成为国际金融资本流向的一项长期趋势，金融机构配置跨境投资的方向将从高碳项目转向低碳项目，且国际金融资本的在区域之间的流动将从灰色市场转向绿色市场。

① 陈政．碳边境调节机制将推动世界经贸格局重构［N］．中国能源报，2021-09-20.
② 赵伟勋．投资环境对金融投资管理重要影响和促进［J］．现代商贸工业，2015（15）.

表 14-3 碳中和理念下各国际领域“脱碳化”特征

博弈领域	脱碳化特征	大国博弈规则演变特征
国际贸易体系	产品出口质量与进口检验将与产品的碳足迹挂钩； 国际产品的品牌塑造将重视环境责任宣讲； 碳排放量与碳足迹以国际碳顺差与碳逆差的形式开始成为贸易进出口核算对象①	大国借助碳关税开展贸易竞争，打压制造业国家与出口国家； 碳关税引发碳排放生产主体企业的跨国迁移；② 生产者原则下的“隐含碳”问题引发国际气候治理与减排责任的归因矛盾和大国谈判③
国际金融机制	投资：由高碳领域逐步撤出转向低碳领域； 融资：项目和主体的环境适应性成为融资的决定因素； 市场：资金向绿色标准同一、环境披露完善、开发程度高的绿色金融市场聚集； 产品创新：运用金融创新提高低碳资源的市场化水平； 标准：绿色项目和资产认定从环保原则升级为绿色低碳原则	大国逐渐建立绿色金融中心提高对国际绿色游资的吸引力； 以资产抵押和信用等级等为主的资金借贷开始发生升级，信用主体的环境适应性对信贷能力起重要决定作用； 国际绿色项目标准的话语权直接决定了某些领域未来的发展前景，令某些国家优势项目缺乏国际融资吸引力； 通过建立绿色标准上的限制来控制绿色资金的国际流动
国际能源发展	能源消费逐渐摆脱化石燃料的资源束缚； 清洁能源发展水平逐渐替代不可再生能源禀赋成为国家能源保障实力的主体	以石油资源竞争为主体的国际竞争体系发生转变，石油定价权不再成为国际霸权； 情节能源产业的技术竞争与产品进出口带动能源产业的国际竞争优势

① 彭水军，张文城．贸易差额、污染贸易条件如何影响中国贸易内涵碳“顺差”——基于多国投入产出模型的分析［J］．国际商务研究，2016（1）．

② 蓝庆新，段云鹏．碳关税的实质、影响及我国应对之策［J］．行政管理改革，2021（11）．

③ 李峰，胡剑波．中国产业部门隐含碳排放变化的影响因素动态研究——基于细分行业数据的实证分析［J］．经济问题，2021（11）：77-87．蒋雪梅，刘轶芳．全球贸易隐含碳排放格局的变动及其影响因素［J］．统计研究，2013（9）．

续表

博弈领域	脱碳化特征	大国博弈规则演变特征
国际工业生产	生产技术的绿色升级：提高资源利用率、降低污染物排放、降低能耗； 生产过程中开展清洁能源对化石能源的替代	面对产业链转移，制造业国家开展绿色生产技术升级应对碳关税等国际绿色贸易竞争①
全球信息披露	产品认证：碳排放与能耗评价将同时作为产品质量认证规范； 生命周期碳足迹将引入企业、产业链、产品的环境披露②	大国抢占信息披露标准的制定权，以符合自身利益、提高自身评价水平为目的制定披露项目； 掌握碳排放历史数据库的权威性将成为大国评判其他国家碳排放量与应对气候变化的依据

（二）以欧美发达国家为主的气候主导者，与其他以工业化国家和发展中国家为主的气候参与者之间，引发了以气候责任划分为国际谈判博弈的新进程，中国则面临碳排放大国和发展中国家的特殊矛盾

碳中和共识虽持续得到世界广泛认可，但各国的减排进程并非齐头并进，均有自身利益的驱动因素，尤其是尚未实现工业化的发展中国家与发达经济体之间存在不可调和的矛盾，使气候目标的实现进程演变成了一场围绕国际责任划分争端的新气候谈判，并令中国陷入特殊的困境之中。

从历史溯源的角度，欧美发达国家是主要的温室气体排放国，中

① 周亚敏．环境规制与产业链转移的关系辨析——基于产业链完整性和安全性视角［J］．城市，2021（5）．

② 王微，林剑艺，崔胜辉，等．碳足迹分析方法研究综述［J］．环境科学与技术，2010（7）．

国等发展中国家没有在工业化时期造成大量碳排放，不是当前气候变化问题的罪魁祸首，却要共同承担减排责任和压力。在发展中国家看来，欧美发达国家理应为发展中国家提供更多减排技术援助与资金支持。①

从现状评估的角度，以中国、印度为代表的发展中国家人均碳排放量低于北美，且承担了因承接发达国家工业转移、制造多数发达国家消费品的“隐含碳”，② 但反而在总排放量上遭受谴责，难以争取气候经济悖论下的碳排放公平，全球碳中和进程中面临着碳减排话语权的新博弈。③

从未来预期的角度，以中国为主的发展中国家不得不承载经济增长与低碳发展双重使命，为获得在碳排放空间上的更多权限，势必会在碳核算、碳交易等多个领域与发达国家之间产生的需求博弈，目标是在以不损害经济发展为原则开展碳排放长期主导权。

此外，发展中国家群体内部虽然具备类似的处境，但依然在气候立场和选择上存在部分发展中国家的内部矛盾与差异。以中国和印度为例，中印在《巴黎协定》谈判过程中的发声引领了发展中国家的主流立场，但中国更倾向于采取更积极的方式和以大国的身份参与全球气候治理（代表性的决定是 2060 年碳中和目标时间较为紧迫，以及碳达峰与碳中和目标之间仅间隔 30 年），而印度受发展水平差异则在减排路径、资金投入、实施力度上相对较为保守，并仍坚持传统发展中国家的立场。同时，气候问题在中印双边关系中的影响也

---

① 孟国碧．碳泄漏：发达国家与发展中国家的规则博弈与战略思考［J］．当代法学，2017（4）．

② 何文韬，郝晓莉，陈凤．基于生命周期的新能源汽车碳足迹评价——研究进展与展望［J］．东北财经大学学报，2021（11）．

③ 威廉·诺德豪斯．气候赌场［M］．北京：中国出版集团东方出版中心，2019．

在逐渐提升。①

（三）从区域范围内的气候地缘政治博弈和国际范围内气候公约与环境立法谈判多边博弈来看，区域性或世界性的气候公约是气候政策国际谈判的合法性来源，对气候公约的主导力是塑造大国博弈规则的竞争要素

从全球政治视角来看，半个世纪以来，全球气候治理是一场曲折的国际政治谈判史，先是历经近 30 年的发展后达成了全球性的基本共识，后又在 21 世纪前 20 年的谈判后，逐渐建立起以碳中和核心目标为基础的气候治理体系。②

从实际行动力的层面，气候治理史可被划分三个阶段：联合国议题诞生阶段、《京都议定书》与哥本哈根阶段、《巴黎协定》阶段、“碳中和元年”后的新发展阶段，并对应多个气候国际合作组织演进：IPCC 的成立与《联合国气候变化框架公约》③《京都议定书》④《哥本哈根协议》⑤《巴黎协定》⑥《格拉斯哥气候公约》，历经多轮国际深化后，以碳中和导向的应对气候变化与实现可持续发展，已成为联合国自 20 世纪 90 年代冷战结束后继反恐怖主义、反跨国洗钱与腐

① 王谋．加强中印应对气候变化合作：意义与合作领域［J］．城市与环境研究，2017（3）．

② 董亮．全球气候治理中的科学评估与政治谈判［J］．世界经济与政治，2016（11）．

③ 董亮，张海滨．IPCC 如何影响国际气候谈判——一种基于认知共同体理论的分析［J］．世界经济与政治，2014（8）．

④ Lee Chung Lau，Keat Teong Lee，Abdul Rahman Mohamed. Global warming mitigation and renewable energy policy development from the Kyoto Protocol to the Copenhagen Accord—A comment. Renewable and Sustainable Energy Reviews，2012，16（7）．

⑤ 巩潇泫，贺之杲．欧盟行为体角色的比较分析——以哥本哈根与巴黎气候会议为例［J］．德国研究，2016（4）．

⑥ 李威．从《京都议定书》到《巴黎协定》：气候国际法的改革与发展［J］．上海对外经贸大学学报，2016（5）．

败以来所达成的第三次全球共识，并进而将主导新阶段的国际资本流向、大国博弈规则和国际金融秩序。碳中和国际共识已深入渗透到国际政治行为主体之间的政治关系和运行方式之中，碳中和目标下的一系列气候公约逐渐形成有形的国际框架束缚，而碳中和带动的大国竞争与合作格局演变亦逐渐形成无形的国际博弈规则，为中国带来的全新的国际局势挑战。

总之，自碳中和目标成为共识后，国际政治经济体系的脱碳化趋势涉及贸易、金融、能源等多个领域的行业认定、标准制定、规则约定、市场准入门槛等，而这些领域存在较大的国际分歧。未来在碳中和共识下的相关规则与标准之争，将面临相当严峻的国际谈判。对中国而言，占据大国博弈先机和话语权，是掌握全球低碳发展领导权的前提与基础。

第三节　大国博弈的表现形式：内生路径逻辑的外在化展现

历次工业革命分别带动了国内生产方式、社会关系以及国际博弈规则的转变，而当前现状显示，碳中和引起的博弈基础升级以及规则体系变革，再一次改变了大国竞争的评判方式以及国际关系的往来准则，甚至激发了新的国际矛盾。

对此，本书循序探讨了碳中和进程中的三个博弈阶段，并借助大国博弈规则重塑的基础路径框架揭示其内在规律：

第一阶段是大国如何参与博弈：碳中和进程作为全新赛道，一国在碳约束下的生产转型规则中，克服“气候—经济”等综合悖论，积极投身到碳中和下的大国博弈格局中去。

第二阶段是大国在博弈进程中如何进一步巩固自身地位：源于碳排放约束的客观存在，大国在全球政治经济中的话语权和地位越来越由气候话语权所决定。

第三阶段是随着时间演进，博弈发生进一步激化：大国在气候利益中产生的争端越来越明显，不同国家因应对气候变化效率差异产生了气候责任划分的新难题。

在既有三个阶段之外可能存在的外因加速：以俄乌冲突为例，能源危机加速了大国的"脱碳化"进程，其他突发因素也将产生类似影响，着力点正在于各国对"脱碳化"的客观需求。

一、参与博弈：克服"气候—经济"悖论，提升综合国力

碳中和目标将气候变化下的政治经济秩序引进了新进程，各国参与这一新规则下的博弈需要重塑生产方式，克服"气候—经济"综合矛盾。首先，碳中和引发了经济基础与生产方式的变革，这一变革要求各国在碳排放空间约束下提升排放空间的运用能力，这将在碳中和时代综合国力的构成中占据核心地位，也是占据碳中和大国博弈优势的基础——在约束下碳排放强度下降与产业结构调整将表现为"脱钩型"结构，人均 GDP 的提高与人均碳排放降低形成经济增长与碳排放脱钩的基础模式。[①] 但是，工业化过程在生产方式上会对碳排放产生惯性，未完成工业化进程的发展中国家无法即时适应碳中和下的新国力评估方式，这种工业化增碳与碳中和减碳之间的深层次矛盾，令中国等发展中国家面临着气候转型与工业化进程之

① 彭佳雯，黄贤金，钟太洋，等．中国经济增长与能源碳排放的脱钩研究［J］．资源科学，2011（4）．

间的气候经济悖论。2021 年，中国每创造 1 万美元 GDP，其排放的二氧化碳分别是法国、英国、德国、日本的 9 倍、7 倍、5 倍、5 倍（2020 年），[①] 中国计划到 2030 年单位国内生产总值二氧化碳排放比 2005 年下降 65%以上，[②] 这一目标比例高于发达国家与其他碳排放大国，平衡 GDP 增长预期与碳强度下降目标之间的矛盾是令中国等发展中国家提升工业化过程综合效率的基础，这一过程依赖于碳排放空间运用效率的提高。

在碳排放空间运用效率竞争的基础上，实现资源利用、生产活动、贸易流动、金融投资等领域的低碳化也是国家转型和实力提升的重要途径。同时，通过处理碳中和下的气候与经济悖论，碳中和大国博弈中也会对气候领导者产生一定的外部压力。大国必须正确处理社会经济增长与生态环境保护关系的前提下探索兼具资源高效利用、污染物排放控制、经济高效率发展的环境兼容性增长模式，主动将低碳经济视为现实战略选择。[③] 在这一点上，中国的压力尤其明显。中国推动碳中和目标下的新型综合国力提升，实现气候治理新阶段下的大国崛起，与此同时还需推进工业化、城镇化的提升，在这个过程中，中国在与其他气候领导者之间的博弈也将使碳中和大国博弈发展态势复杂化。

二、巩固地位：碳排放约束下气候话语权升级为大国话语权

从气候行动主体参与的实践情况来看，在碳排放增量空间约束

---

① 郭士伊，刘文强，赵卫东．调整产业结构降低碳排放强度的国际比较及经验启示［J］．中国工程科学，2021（6）．

② 国务院：《国务院关于印发 2030 年前碳达峰行动方案的通知》，2021 年 10 月 26 日发布．

③ Shi C，Feng X，Jin Z. Sustainable development of China’s smart energy industry based on artificial intelligence and low-carbon economy. Energy Science & Engineering，2022，10（1）：243-252.

下，排放空间的运用效率、国力评估方式和经贸格局的转型，正影响和主导着现有的国际竞争合作关系和大国交往方式。某种程度上来说，气候实力决定着大国实力，气候话语权也因此决定了大国话语权。各国对于提升气候实力的行动力和积极性是空前的，UNEP 在《适应差距报告 2020》中指出，“大多数国家（72%）已经通过了至少一项国家级的适应规划。”①

从大国合作话语权角度，共同发展和普遍繁荣是全球合作的重要原则，碳中和下的人类命运共同体属性带动了大范围内的国际碳减排与绿色产业经贸合作。气候合作独立于其他领域的国际竞争已成为包括中美在内大部分国家的一项新共识，以中、美、欧等为代表的温室气体排放量占比较大且减排责任较重的国家与地区，正逐渐掌握气候治理举措、低碳减排路径等标准合作的先声国际话语权，营造气候领导者的形象和地位，气候影响力日益提升，不仅与中国等经济体量较大的发展中国家展开抗衡，还带动其他中小国家持续关注中美和中欧气候合作动态来制定自身气候行动规划。②

气候治理责任的分配及话语权争议也在区域范围内推动发展中国家组建利益共同体，一是表达发展中国家存在的面临应对气候变化的同时不牺牲经济增长的特殊诉求，共同在气候谈判中争取合理权益；二是以互利共赢、风险共担、成果共享为准则开展发展中国家内部气候互助、技术流通、绿色贸易关税便利等，逐步降低对发达国

① United Nations Environment Programme（2020）. Emissions Gap Report 2020：An Inflection Point. Nairobi.

② 康晓．多元共生：中美气候合作的全球治理观创新［J］．世界经济与政治，2016（7）．

家的资金和技术依赖。①

从日渐转变的大国竞争话语权角度，大国之间在工业时代资源禀赋和生产规模的竞争，正通过气候目标与碳约束转化为生产效率和环境影响的竞争，在国际经贸博弈规则脱碳化的背景下，“脱碳化”的国际贸易进出口方式激化了跨国碳转移矛盾，这尤其对中国的影响最为显著。例如，根据世界银行的测算结果，中国自 2001 年加入 WTO 以来，每年基于生产活动测算的碳排放要明显大于基于需求活动测算的碳排放，尤其自 2005 年以来由生产活动产生的碳排放中有近 10%～20% 的部分随贸易活动转移到国外，主要流入发达国家。② 碳转移的归属争议和碳排放责任的划分争议还会成为《巴黎协定》时代大国气候竞争与博弈的一项重要矛盾，权责范围的模糊显著影响了国际合作中的平等和互利。

在碳中和博弈规则的推动下，气候变化的成本分配继而成为核心问题，各国在应对气候问题中还将面临气候投资的机会成本，在政策资源、金融资源、科技资源等有限的前提下，气候责任分配令各国不得不考虑将用时间和资源投入其他产业，还是投入当前气候投资以履行气候治理责任，并投身于国际低碳竞争之中。为此，发达国家和发展中国家面临的难度存在差异，尤其是中国面临的矛盾格外突出，无论气候责任如何分配，发达国家总能以自身的资源优势和政治实力开展符合自身利益的气候行动，而部分不发达国家限于客观条件无法开展气候行动，成为气候责任分配下无意识、无自主的“搭

① 李昕蕾．全球气候治理中的知识供给与话语权竞争——以中国气候研究影响 IPCC 知识塑造为例［J］．外交评论（外交学院学报），2019（4）．

② 李继峰，郭焦锋，高世楫，等．国家碳排放核算工作的现状、问题及挑战［J］．发展研究，2020（6）．

便车”问题，继而带动国际气候合作与谈判的话语权争夺。

此外，不完善的国际气候合作与支援模式还会带来额外的国际问题——气候治理进程透明化差异产生的信息不对称引发了逆向选择和道德风险问题：前者意指那些即便获得资金也难以有效开展气候行动的国家积极寻求国际气候援助的行为，后者则意指那些获得了国际气候资金支持的国家没有将其落实到位的行为。

三、利益争端：应对气候变化效率差异引发气候责任划分难题

从国际升级环节的路径探索中可以看出，排放空间利用率的差异决定了大国气候治理的内在实力，那么，随着时间演进，实力差距逐渐外在化，碳中和下的国际博弈将分化为气候领导者和追随者，并在气候责任划分上产生利益争端和权责矛盾。本质上看，气候领导者既具有得天独厚的战略优势，也应承担必要的大国责任。UNEP 指出，“若将升温幅度限制在 2℃内，2030 年的年排放量必须在各国提交的无条件的国家自主贡献减排方案的基础上，再减少 150 亿吨二氧化碳当量；如果全球温室气体的排放量在 2020 年至 2030 年之间不能以每年 7.6%的水平下降，世界将失去实现 1.5℃温控目标的机会；二十国集团（G20）合计占全球碳排放总量的 78%，但只有 5 个成员国承诺实现长期净零排放目标，在短期内，出于公平和公正的考虑，发达国家须比发展中国家更快地实施减排”。①

碳中和共识在国际范围内对不同国家具有不同程度的约束力，部分大国存在追求和维护气候霸权的战略意图和利益驱动，从而

① United Nations Environment Programme（2019）. Emissions Gap Report 2019. UNEP，Nairobi.

为碳中和博弈规则的正常演进带来了风险和不确定性。而中国虽然是气候博弈的重要参与者，但中国却面临发展中国家特有而显著的困境，面对的问题和风险更为严峻。碳排放的量化约束本质上并不以国家为主体而区分，从而气候治理的效率公平属性也将影响大国博弈的公平性。气候治理的效率公平是气候谈判的一大核心问题，即是否应让部分国家按照工业化阶段、经济发展效率和质量开展国际气候行动并合理分担责任，争论的焦点之一在于应对气候变化应更注重于人与人的权利平等，还是国与国的权利平等？

气候变化问题具备强烈的人类共同命题属性，国际气候合作，包括气候投融资、低碳技术研发、绿色贸易流通等，理论上独立于国家之间的政治争端、外交纷争和产业竞争等领域，也并不受制于意识形态、宗教形态、地缘政治等限制。即使是原本存在矛盾冲突的国家，对于气候领域存在的利益重叠也在一定程度上缓和了彼此之间的关系和局势，并利用带动经济社会系统性变革的绿色产业撬动各个领域国际合作的战略重启。例如，在能源清洁化趋势下重建能源基础设施建设投资与组件进出口合作关系、在温室气体控排领域寻求开放性的科研和技术合作。

气候合作具备互利共赢的属性，而碳中和大国博弈也并非零和博弈，良性的国际气候竞争环境并不存在结构性利益冲突，但是，气候竞争与合作关系一旦偏离正常轨道，将沦为部分发达国家为稳固气候领导者地位的政治手腕和施压工具，带来具备针对性的紧张格局。

其一，大国博弈规则的“脱碳化”趋势存在利益分歧，处于“脱碳化”进程不同阶段的国家有借助自身阶段差异开展博弈的意图和条件。发达国家可能运用世纪气候目标下的国际道义压力，迫使以中国为首的处于工业化进程中的发展中国家开展较为激进的气候行动，不顾自身已完成工业化累积的温室气体排放才是当前气候问题的主要来源（见图 14-1 和图 14-2）。发达国家未承担相应的责任，例如美国表示将“按照自己的方式解决排放限制问题”，却要求中国等发展中国家共同参与应对，而后者面对该责任错配问题，受制于大国的金融、军事、科技实力，难以发声维护合理权利，由此激化了国际气候矛盾。

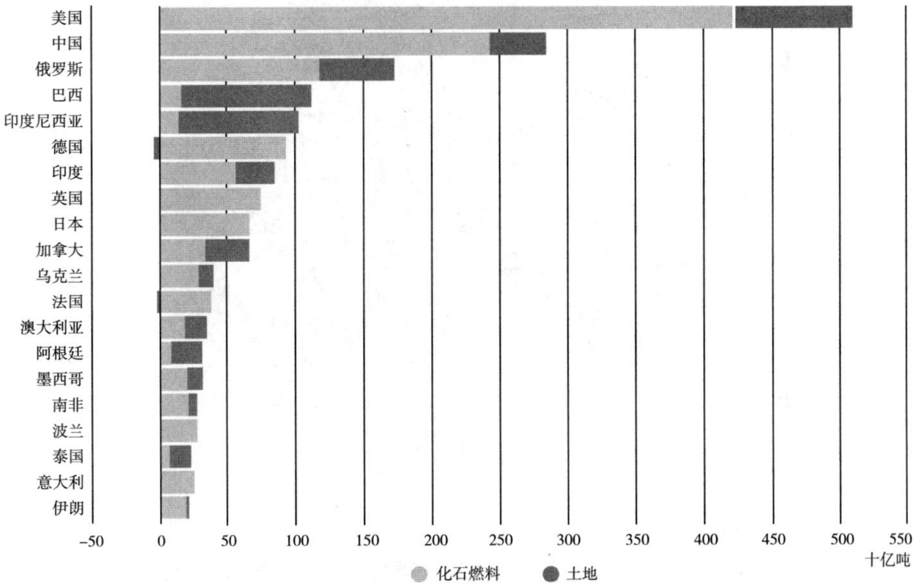

图 14-1　1850—2021 年累积二氧化碳排放量前 20 位国家列表

（资料来源：Carbon Brief）①

其二，大国博弈规则是自发演进且由全部参与者共同促成的，不

① 第二次工业革命开始以来，率先进入工业化的美国和欧洲国家累积贡献了最多的二氧化碳排放，美国累积排放达 5090 亿吨，近乎中国的两倍。

Carbon Brief. Analysis: Which countries are historically responsible for climate change? 2021. https://www.carbonbrief.org/analysis-which-countries-are-historically-responsible-for-climate-change.

存在仲裁主体，中国理应与其他国家共同享有谈判权。但以美国为首的部分发达国家所制定的气候承诺没有第三方保证，缺乏足够的公信力，有些并不具备长期性和实操性，美国此前宣称退出或重返《巴黎协定》并未受到惩罚和约束，反映了大国气候行动缺乏相应的担保机制和惩罚机制。

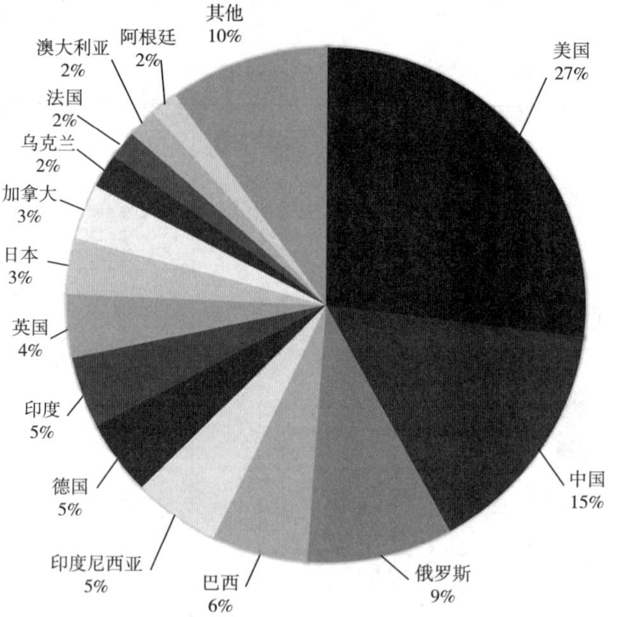

图 14-2　1850—2021 年累积二氧化碳排放量较高国家份额占比

（资料来源：CarbonBrief）①

其三，量化约束造成了碳排放行为的不可逆属性，一是碳排放本身对环境的影响不可逆，若以美国为首的任何国家未能兑现减排承诺，该后果将由全体国家共同承担，二是碳减排行动对于经济发展造成的影响也是不可逆的，若部分发展中国家在气候问题上走错方

① 数据来源与图 14-1 一致，比例经计算所得.

向，在制定目标和行动方案上出现偏差，将不仅难以实现经济高质量绿色发展的基本目标，更将在气候治理时代的全球竞争格局中再度身处落后地位，甚至激化为一系列的国际问题和争端。因此，中国早早地开始绿色低碳转型的顶层设计与科学布局，避免陷入被动。

以上多种气候效率公平矛盾，为 21 世纪上半叶碳中和大国博弈可能潜在的紧张关系埋下了新隐患——当气候行动的执行力缺乏惩罚机制，在其他国家已付出大量沉没成本的条件下，一国的中途退出将令气候治理进程缺乏国际公平，激化国际矛盾。

四、外因加速：能源博弈加速“脱碳化”进程，以俄乌冲突为例

从能源视角切入可以看出，各国对“脱碳化”进程存在客观需求，突发因素或将加速碳中和下的大国博弈进程。2022 年 2 月俄罗斯与乌克兰军事冲突后的欧洲与全球能源危机表明，能源脱碳化是碳排放约束下转变生产方式的基础，在地缘政治的层次和范围上，化石燃料危机进一步加速了碳中和多边博弈的进程。

其一，从欧盟在俄乌冲突后的动态来看，布局清洁能源产业是当前欧盟摆脱化石燃料对外依存度和提升能源独立自主性的最有效手段。IEA 在 2022 年 3 月发布报告称，“欧盟政策制定者寻求摆脱俄罗斯天然气供应的速度越快，在经济成本和近期排放方面的潜在影响就越大”，[①] 欧盟对油气的高度进口依赖以及俄罗斯对外能源输送网络的战争反制，多因素综合引发了从欧洲范围内开启并扩展到全球

① IEA（2022）. A 10-Point Plan to Reduce the European Union's Reliance on Russian Natural Gas. IEA，Paris. https：//www. iea. org/reports/a - 10 - point - plan - to - reduce - the - european - unions-reliance-on-russian-natural-gas.

的阶段性能源价格波动与化石能源危机，欧盟意识到把握能源自主性和实现经济转型的重要性。同时，为了维持国际影响力，在碳中和目标下加快国际竞争与化石文明脱钩的进程是欧盟在地缘政治博弈中建立优势地位的环境基础。俄乌冲突暴露的能源危机，反映了能源与经济“脱碳化”在地缘政治战略博弈中的地位加速提升。相对的，中国在光伏、风电等清洁产业已逐渐开始奠定清洁可再生能源的大国地位。

其二，从欧美国家遏制俄罗斯发展的未来看，欧美国家必然会维持脱碳化的方向以此获得对俄博弈优势。高度依赖化石燃料的生产方式、经济活动和贸易活动，本质上与碳元素脱钩的方向是相背离的。在欧美国家看来，“脱碳化”进程加速，本身就是对以化石燃料为主要大国力量的俄罗斯的一种新博弈方式。欧美国家甚至会在未来更进一步强调，高强度的化石燃料开采利用、贸易流动、燃烧发电等活动，本质上并不符合这一生态文明层次的共生方向，而这样的欧美国家站位对俄罗斯来讲将具有更多的道义优势与战略正义感。

第四节　探索碳中和路径的中国诠释

本书通过对碳中和下大国博弈规则重塑的实践研究和路径分析，为中国参与全球气候治理竞争提供了重要的参照。

2022 年 11 月，党的二十大报告提出，“推动经济社会发展绿色化、低碳化是实现高质量发展的关键环节”，① 只有实现了高质量发

① 习近平：《高举中国特色社会主义伟大旗帜　为全面建设社会主义现代化国家而团结奋斗——在中国共产党第二十次全国代表大会上的报告》，新华社北京 10 月 25 日电。http：//www. gov. cn/xinwen/2022-10/25/content_5721685. htm.

展，才能在碳中和格局下的大国博弈中不断占据经济环境协同发展的先发优势，为中国式现代化探索路径。中国自进入工业时代以来长期未能在全球发展潮流中占据优势地位，在过去近半个世纪的全球气候治理格局演进中也未能起到足够的引领作用，但在碳中和目标下，中国具备追求气候应对国际领导者的潜力不断被挖掘，自身优势地位具有引领大国未来博弈态势的可能。若中国把握好碳中和产业革命下的转型升级，将从根本上推进社会主义现代化强国的进程；若把握好碳中和共识下的国际博弈，将重塑中国在应对全球气候变化领域的领衔国际地位。

一、从碳中和带动大国博弈的路径中可以看出，在碳排放约束下，中国提升综合国力和实现经济现代化的路径应当转变

碳中和长远目标的约束性并不体现在对经济生产和社会发展的阻碍，而是对生产方式和发展模式所提供的路线指引和边界确定，碳排放约束带动的“减碳”效应是实现生产方式和生产关系向产业革命升级的核心主导。

中国通过碳中和目标获得了新的历史机遇，应当通过碳中和下的经济基础变革，实现一场经济社会全方位的系统性升级，提升以绿色低碳发展水平为主的综合国力。① 碳中和目标下的绿色转型并不意味着要放弃高碳产业，也不意味着放弃经济增长，更不代表大量企业关停和员工失业。在碳中和所依托的经济转型中，高碳产业要寻求更低碳、更环保、效率更高的生产方式，实现产业升级；能源清洁化不仅推动中国摆脱化石能源的对外依赖、提高能源独立性，把能源饭碗

① 王文，赵越．欧美碳减排经验教训及对中国的借鉴意义［J］．新经济导刊，2021（2）．

牢牢地抓在自己手里，也能加速国际石油美元体系的衰落；绿色产业创新带来了大量新岗位，促进了相关领域的人才培养，且转型的高碳产业和新增的绿色产业都能让从业者在一个更健康、更环保的环境下工作；在光伏、绿电、新能源等行业，中国主动占据了产业链的优势地位。

全球气候治理是中国提升国际地位和话语权的重要转折点，是中国继反霸、反恐、反贪、反战、反贫等之后所主动承担国际责任且获得广泛支持的一项重要领域。碳减排与应对气候变化是一场国际舆论竞争，只有靠不断兑现承诺而非仅仅制定承诺，才能占据道德阵地并提升国际声誉。

二、维持中国在气候治理中的大国形象，高度依赖于对气候承诺和责任的兑现，这决定了中国如何重塑低碳发展的国际话语权与规则塑造力

同时作为全球最大的碳排放国和最大的发展中国家，如何平衡环境与经济的矛盾关系，成为中国最具影响力的大国实践。在碳中和大国博弈中提高气候治理的话语权与掌握气候舆论的主动权，核心在于如何对外讲好中国碳中和故事。发展中国家尚未从工业发展过渡到环境治理阶段，早期对于应对气候变化多以参与、协商、讨论为主，缺少积极性与主动性。为此，中国在《巴黎协定》与碳中和目标下的大国博弈中，应挖掘并把握后发优势，提高两方面的话语权：一是气候行动的解释权，二是气候标准的塑造权。

从解释权的角度，中国需要防范气候效率公平问题中的气候领导者打压。在气候危机下，国家与国家之间的责任应当是平等的，部分发达国家无权为发展中国家强加义务。为此，中国在气候行动上的

话语权在于中国有权定义和决定自己的气候目标、方法和成果，中国有权对其他国家的气候行动作出评价，也有权对于其他国家的气候要求进行选择。

从塑造权的角度，中国应把握碳中和共识下全球气候相关标准制定与大国博弈规则的塑造力，参与国际标准和体系的建立，以符合人类共同利益、推动各国实现互利共赢、重视发展中国家的特殊需求三方面原则开展贸易规则、金融标准、关税水平、技术规范等领域的制定，营造良好公平的气候竞争与合作环境。同时，积极开展“环境外交”，制定正确的环境外交理论和方案，努力为维护全球环境安全作出更大贡献。①

三、从更长的时间尺度上看，碳中和带动了全球秩序变迁

伴随了持续的国际博弈和竞争，中国应从根本上带动对碳中和的目标端正——中国推进碳中和是践行人类命运共同体理念的真实例证。碳中和不仅事关中国的社会主义现代化建设和民族复兴，更是人类在气候危机下寻求的一条重要出路。中国在人类命运共同体的大框架下，应以探索中国特色碳减排与绿色发展道路为根本原则，先做好自身工作，时刻避免受到部分西方发达国家裹挟和强迫。

中国所探索的碳中和之路并不是一场军备竞赛，不是为了争夺世界霸权，本质上仍是承担应对 21 世纪全球气候变化的大国责任与担当，为的是全人类的长远共同利益。实现气候目标是一个不断寻求合作、以良性竞争促发展的过程，中国应运用双循环和新发展理念寻

① 张海滨．论中国环境外交的实践及其作用［J］．国外社会科学情况，1998（3）．

求发展出路，并发挥中国经验的作用，带动广大发展中国家的能源清洁发展、绿色基础设施建设、气候问题危机预防与治理，推动全球绿色发展进程，共同构建人类命运共同体。

中国人民大学重阳金融研究院图书出版系列

一、智库新锐作品系列

[1] 百年变局. 王文、贾晋京、刘玉书、王鹏 著. 北京师范大学出版社. 2020年5月

[2] 数字中国：区块链、智能革命与国家治理的未来. 王文、刘玉书 著. 中信出版集团. 2020年3月

二、智库作品系列

[1] "一带一路"十年答卷（8本9大语种）. 张东刚 主编. 外文出版社. 2023年8月

[2] 智慧型经济. [俄罗斯] 谢尔盖·博德鲁诺夫 著. 中国金融出版社. 2023年3月

[3] 世界眼中的全球发展倡议. 王轶 主编. 外文出版社. 2022年11月

[4] 碳中和九问. 中国人民大学重阳金融研究院 编著. 中国财政经济出版社. 2022年6月

[5] 碳中和与中国未来. 王文 刘锦涛 赵越 著. 北京师范大学出版社. 2022年6月

[6] 中国经贸新形势与地方发展. 王文 赵文阁 刘英 主编. 人民出版社. 2022年4月

[7] 财富是认知的变现. 舒泰峰 著. 中国纺织出版社. 2021 年 12 月

[8] 称量货币时代. 石俊志 著. 中国金融出版社. 2021 年 11 月

[9] 中国金融软实力：金融强国新支撑. 中国人民大学重阳金融研究院 编著. 人民出版社. 2021 年 10 月

[10] 迈向绿色发展之路. 翟永平 王文 主编. 人民出版社. 2021 年 6 月

[11] 绿色金融的机遇与展望：名家解读中国绿色发展. 中国金融学会绿色金融委员会 主编. 中国金融出版社. 2021 年 5 月

[12] 转型的世界：对国际体系、中国及全球发展的思考. 达尼洛·图尔克 著. 外文出版社. 2020 年 12 月

[13] 战疫——让世界更了解中国（中、英文版）. 刘元春 主编. 外文出版社. 2020 年 12 月

[14] 世界古国货币漫谈. 石俊志 著. 经济管理出版社. 2020 年 11 月

[15] 看好中国（罗马尼亚文），王文 著. Integral 出版社. 2020 年 11 月

[16] 负利率陷阱：西方金融强国之鉴. 王文 贾晋京 刘英等 著. 中国金融出版社. 2020 年 10 月

[17] 探讨中国发展之路——吴晓求对话九位国际顶级专家. 吴晓求 等著　王文 主持. 中国经济出版社. 2020 年 6 月

[18] 成就、思考、展望——名家解读新中国 70 年辉煌成就. 庄毓敏 主编　王文执行主编. 中国经济出版社. 2020 年 6 月

[19] 货币主权：金融强国之基石. 王文 周洛华 等著. 中国金融出版社. 2020 年 5 月

［20］开启亚欧新时代：中俄智库联合研究两国共同复兴的新增量. 王文、［俄］谢尔盖·格拉济耶夫 主编. 人民出版社. 2019 年 11 月

［21］大金融时代——走向金融强国之路. 王文 贾晋京 卞永祖等 著. 人民出版社. 2019 年 10 月

［22］中国改革开放 40 年与中国金融学科发展. 吴晓求 主编. 中国经济出版社. 2019 年 9 月

［23］看好中国（繁体中文），王文 著. 开明出版社（台北）. 2019 年 9 月

［24］最后一场世界大战. 美国挑起与输掉的战争. 格拉济耶夫著. 世界知识出版社. 2019 年 8 月

［25］强国与富民. 中国人民大学重阳金融研究院 主编. 中国人民大学出版社. 2019 年 8 月

［26］强国长征路：百国调研归来看中华复兴与世界未来. 王文著. 中共中央党校出版社. 2019 年 7 月

［27］“一带一路”这五年的故事（7 本 6 大语种）. 刘伟 主编. 外文出版社. 2019 年 4 月

［28］货币起源. 周洛华 著. 上海财经大学出版社. 2019 年 4 月

［29］伊朗：反妖魔化（中英波斯三语）. 王文 著. 伊朗纳尔出版社. 2019 年 4 月

［30］别误读中国经济. 罗思义 著. 天津人民出版社. 2019 年 2 月

［31］看好中国（英文版）. 王文 著. 英国莱斯出版社. 2018 年 11 月

［32］中国改革大趋势. 刘伟 主编. 人民出版社. 2018 年 10 月

［33］到人大重阳听名教授讲座（第一辑）. 王文 主编 胡海滨执行主编. 中国金融出版社. 2018 年 10 月

［34］造血金融与一带一路：中非发展合作新模式. 程诚 著. 中国人民大学出版社. 2018 年 8 月

［35］新丝路、新格局——全球治理变革的中国智慧. 王利明 主编. 新世界出版社. 2018 年 6 月

［36］富豪政治的悖论与悲喜. 陈晨晨 著. 世界知识出版社. 2018 年 4 月

［37］“一带一路”民心相通. 郭业洲主编 主编. 人民出版社. 2018 年 1 月

［38］看好中国：一位智库学者的全球演讲. 王文. 人民出版社. 2017 年 10 月

［39］风云激荡的世界. 何亚非 著. 人民出版社. 2017 年 10 月

［40］读懂“一带一路”蓝图. 刘伟主编. 商务印书馆. 2017 年 8 月

［41］金砖国家：新全球化发动机. 王文、刘英著. 新世界出版社. 2017 年 7 月

［42］全球治理新格局——G20 的中国贡献于未来展望. 费伊楠、人大重阳 著. 新世界出版社. 2017 年 7 月

［43］“一带一路”故事系列丛书（7 本 6 大语种）. 刘伟主编. 外文出版社. 2017 年 5 月

［44］世界新平庸　中国新思虑. 何伟文著. 科学出版社. 2017 年 5 月

［45］一带一路：中国崛起的天下担当. 王义桅 著. 人民出版社. 2017 年 4 月

[46] 在危机中崛起：美国如何实现经济转型. 刘戈 著. 中信出版集团. 2017 年 4 月

[47] 绿色金融与“一带一路”. 中国人民大学重阳金融研究院、中国人民大学生态金融研究中心 著. 中国金融出版社. 2017 年 4 月

[48] 破解中国经济十大难题. 中国人民大学重阳金融研究院 著. 人民出版社. 2017 年 3 月

[49] 伐谋：中国智库影响世界之道. 王文 著. 人民出版社. 2016 年 12 月

[50] 人民币为什么行. 王文　贾晋京 编著. 中信出版集团. 2016 年 11 月

[51] 中国—G20（大型画册）. 中国人民大学重阳金融研究院 著. 五洲传播出版社. 2016 年 8 月

[52] G20 问与答. 中国人民大学重阳金融研究院 著. 五洲传播出版社. 2016 年 8 月

[53] 全球治理的中国方案. 辛本健 编著. 机械工业出版社. 2016 年 8 月

[54] “一带一路”国际贸易支点城市研究（英文版）. 中国人民大学重阳金融研究院 著. 新世界出版社. 2016 年 8 月

[55] 2016：G20 与中国（英文版）中国人民大学重阳金融研究院 著. 新世界出版社. 2016 年 7 月

[56] 世界是通的——“一带一路”的逻辑. 王义桅 著. 商务印书馆. 2016 年 6 月

[57] 一盘大棋——中国新命运的解析. 罗思义 著. 江苏凤凰文艺出版社. 2016 年 4 月

[58] 美国的焦虑：一位智库学者调研美国手记. 王文 著. 人民

出版社. 2016 年 3 月

[59] 2016：G20 与中国. 中国人民大学重阳金融研究院 著. 中信出版集团. 2016 年 2 月

[60] “一带一路”国际贸易新格局：“一带一路”智库研究蓝皮书 2015-2016. 中国人民大学重阳金融研究院 主编. 中信出版集团. 2016 年 1 月

[61] G20 与全球治理：G20 智库蓝皮书 2015-2016. 中国人民大学重阳金融研究院 主编. 中信出版集团. 2015 年 12 月

[62] “一带一路”国际贸易支点城市研究. 中国人民大学重阳金融研究院 著. 中信出版集团. 2015 年 12 月

[63] 从丝绸之路到欧亚大陆桥. 黑尔佳·策普-拉鲁什，威廉·琼斯 主编. 江苏人民出版社. 2015 年 10 月

[64] 财富新时代——如何激活百姓的钱. 王永昌 主笔 & 主编. 中国经济出版社. 2015 年 7 月

[65] 生态金融的发展与未来. 陈雨露 主编. 人民出版社. 2015 年 6 月

[66] 构建中国绿色金融体系. 绿色金融工作小组 著. 中国金融出版社. 2015 年 4 月

[67] “一带一路”机遇与挑战. 王义桅 著. 人民出版社. 2015 年 4 月

[68] 重塑全球治理——关于全球治理的理论与实践. 庞中英 著. 中国经济出版社. 2015 年 3 月

[69] 金融制裁——美国新型全球不对称权力. 徐以升 著. 中国经济出版社. 2015 年 1 月

[70] 大金融与综合增长的世界——G20 智库蓝皮书 2014-

2015. 陈雨露 主编. 中国经济出版社. 2014 年 11 月

[71] 欧亚时代——丝绸之路经济带研究蓝皮书 2014-2015. 中国人民大学重阳金融研究院 主编. 中国经济出版社. 2014 年 10 月

[72] 重新发现中国优势. 中国人民大学重阳金融研究院 主编. 中国经济出版社. 2014 年 8 月

[73] 谁来治理新世界——关于 G20 的现状与未来. 中国人民大学重阳金融研究院 主编. 社会科学文献出版社. 2014 年 1 月

三、学术作品系列

[1] 中国绿色金融发展报告 2021. 马中、周月秋、王文主编. 中国金融出版社. 2022 年 1 月

[2] 中国绿色金融发展报告 2020. 马中、周月秋、王文主编. 中国金融出版社. 2021 年 1 月

[3] 经济政策不确定性与微观企业行为研究. 刘庭竹 著. 中国人民大学出版社. 2020 年 11 月

[4] “一带一路”大百科. 刘伟主编 王文 执行主编. 湖北：崇文书局. 2019 年 12 月

[5] 中国绿色金融发展报告 2019. 马中、周月秋、王文主编. 中国金融出版社. 2019 年 12 月

[6] 轻与重：中国税收负担全景透视. 吕冰洋. 中国金融出版社. 2019 年 2 月

[7] 中国绿色金融发展报告 2018. 马中、周月秋、王文主编. 中国金融出版社. 2018 年 7 月

[8] 全球视野下的金融学科发展. 吴晓求主编. 中国金融出版社. 2018 年 5 月

[9]“一带一路”投资绿色标尺. 王文、翟永平主编. 人民出版社. 2018 年 4 月

[10]“一带一路”投资绿色成本与收益核算. 王文、翟永平主编. 人民出版社. 2018 年 4 月

[11] 中国绿色金融发展报告 2017. 马中、周月秋、王文主编. 中国金融出版社. 2018 年 1 月

[12] 互联网金融风险与监管研究. 刘志洋、宋玉颖 著. 中国金融出版社. 2017 年 9 月

[13] 从万科到阿里——分散股权时代的公司治理. 郑志刚著. 北京大学出版社. 2017 年 4 月

[14] 金融杠杆与宏观经济：全球经验及对中国的启示. 中国人民大学重阳金融研究院 著. 中国金融出版社. 2017 年 4 月

[15] DSGE 宏观金融建模及政策模拟分析. 马勇 著. 中国金融出版社. 2017 年 2 月

[16] 金融杠杆水平的适度性研究. 朱澄 著. 中国金融出版社. 2016 年 10 月

[17] 金融监管与宏观审慎. 马勇 著. 中国金融出版社. 2016 年 4 月

[18] 中国艺术品金融 2015 年度研究报告. 庄毓敏、陆华强、黄隽 主编. 中国金融出版社. 2016 年 3 月

四、金融下午茶系列

[1] 有趣的金融. 董希淼 著. 中信出版集团. 2016 年 7 月

[2] 插嘴集. 刘志勤 著. 九州出版社. 2016 年 1 月

[3] 多嘴集. 刘志勤 著. 九州出版社. 2014 年 7 月

[4] 金融是杯下午茶. 中国人民大学重阳金融研究院 主编. 东方出版社. 2014 年 4 月

中国人民大学重阳金融研究院“金融强国系列”

大金融时代：走向金融强国之路

内容简介：金融是经济的血脉，中国从“站起来”到“富起来”意味着从舒筋活血到血气方刚，而“强起来则需要“血脉偾张”。本书以中国金融由“小”到“大”、由“弱”到“强”的历程为出发点，揭示中国“富起来”的特点更多地体现为中国的整体资产估值更高而非简单的产量增加，探索当前金融与经济的关系发展变化、金融对中国发展的作用变迁及全球格局中的中国金融等重大现实问题，阐释了金融如何服务于人民日益增长的美好生活需要并走出中国自主的金融强国之路等时代之问。

出版信息：人民出版社 2019 年 10 月第 1 版

货币主权：金融强国之基石

内容简介：货币主权是纸币时代的一个国家所拥有的全部主权的一部分，是国家主权在货币发行领域的体现。本书阐述了货币主权的理论，研究了不同国家和地区货币主权建立的过程，探索在当前国际金融大变局背景下完善我国货币主权的必要性，并从强化地方政府预算、打破银行理财刚性兑付、落实国企改革以及建立多层次资本市场等方面阐述其对我国货币主权的重要性。

出版信息：中国金融出版社 2020 年 5 月第 1 版

负利率陷阱：西方金融强国之鉴

内容简介：负利率这一全面改变世界经济与金融生态的历史性现象是经济与金融关系的“倒转”，堪称五千年来所未有。本书从理论上剖析了负利率现象发生的根源，勾勒了其从源头到蔓延的图景，并从负利率对当代西方经济社会的侵染、对老龄化社会中社保体系的威胁、对数字货币等经济新趋势的作用，以及对国际格局的冲击四个方面，揭示了负利率现象对世界的影响，并在最后从中国立场出发，提出了于“外”利用“利率势能差”谋发展，于“内”拉长中国利率走低之路的实现路径。

出版信息：中国金融出版社 2020 年 10 月第 1 版

中国金融软实力——金融强国新支撑

内容简介：《中国金融软实力——金融强国新支撑》一书以大变局开篇，分为“时代变局”“金融软实力”“打造中国软实力”三个篇章，邀请多位知名专家学者撰文，探讨在世界失衡与全球治理再平衡的大背景下，中国金融软实力建设的途径。当今世界正经历百年未有之大变局，新冠肺炎疫情席卷全球，世界经济陷入深度衰退，国际金融市场剧烈震荡，本书从金融政策宏观取向、后疫情时代多层次医疗保障体系的完善等角度，挖掘中国从金融大国转变为金融强国过程中，金融软实力全方位立体提升的潜力，为走出新时代中国特色金融发展之路进行了积极探索。

出版信息：人民出版社 2021 年 10 月第 1 版

绿色金融：金融强国的新动能

内容简介：金融对实体经济提供了重要的支持作用，经济强国、科技强国、贸易强国的背后都离不开金融强国。我国从经济大国走向经济强国的过程，必然伴随着金融市场和成熟和强大。金融强国具有时代性，在中国式现代化进程开启之后，如何进一步推动经济社会的高质量发展，有待于金融业挖掘新的增长点。为此，《绿色金融：金融强国的新动能》一书从理论和实践角度，全面阐述了刚起步不久便实现蓬勃发展的绿色金融，如何凭借着对绿色低碳转型活动的支持与倾斜，在"双碳"目标提出之后为产业经济的绿色革命提供核心推动作用，并成为金融强国的新引擎与新动能。

出版信息：中国金融出版社 2023 年 9 月第 1 版